Collection **marabout service**

D0695934

Lillian RUBIN

Des étrangers
intimes

*Traduit de l'américain
par Théo Carlier*

Titre original: INTIMATE STRANGERS

© Lillian B. Rubin, 1983.
Traduction française: Éditions Robert Laffont, S.A.,
Paris, 1986

A Hank
avec toute ma gratitude
pour ce qu'il est
et tout ce que nous partageons.

1.

CHANGEMENT DE RÊVE

« Je t'aime »... mots magiques, ardemment attendus, espérés, rêvés. « Je t'aime », mots qui promettent la fin de la solitude, l'accomplissement de la vie. Autrefois, il n'y a pas tellement longtemps, ces mots évoquaient l'éternité ; ils marquaient le terme d'une quête, signifiaient que l'on allait se marier et vivre heureux à jamais. Maintenant, on n'en est pas aussi certain.

Peut-on vraiment savoir ce que voulait dire ce « vivre heureux à jamais » ? Tout ce que nous savons, c'est que ce rêve de naguère paraissait très simple. La femme et l'homme avaient chacun sa place, un ensemble de rôles et de responsabilités spécifiques clairement définis, que l'un et l'autre assuraient. La femme s'occupait de la maison et du foyer, élevait les enfants, et l'homme pourvoyait à l'entretien du ménage. Elle soumettait sa vie à la sienne, sans même s'en rendre compte ; étant dans l'impossibilité d'affirmer personnellement son autonomie et son autorité, elle n'obtenait de satisfactions qu'indirectement, grâce à la réussite de son mari et de ses enfants.

A l'époque, tout cela paraissait juste : une division satisfaisante du travail, rarement contestée. Ce que l'homme et la femme espéraient d'eux-mêmes, ce qu'ils attendaient l'un de l'autre était, après tout, dans la nature des choses et conforme à leurs natures respectives. Aujourd'hui, tout cela est beaucoup moins sûr.

Tandis que le temps passait et que le monde changeait, il devint évident que le vieux rêve, dans son ensemble, ne fonctionnait pas tellement bien pour la majorité des individus. Les mariages vacillaient sous le fardeau des rôles ainsi définis ; le rêve tournait au cauchemar. La plupart des femmes ne pouvaient plus renoncer aussi facilement à elles-mêmes et à leurs besoins, du moins sans exprimer leur révolte d'une manière détournée : sous la forme d'une dépression, d'un comportement par trop autoritaire, exigeant, harcelant ; ou par tout autre subterfuge leur permettant d'affirmer certains aspects de leur personnalité et de revendiquer quelque pouvoir dans leurs rapports avec les hommes.

La tâche de ceux-ci n'était guère plus aisée. Le rôle du héros folklorique, dur, intrépide, impassible était très difficile à tenir dans la vie réelle et provoquait une énorme tension émotionnelle. Dans une économie menacée par le chômage et où la plupart des hommes ayant la chance de travailler ne gagnent pas assez pour répondre aux notions idéalisées de la responsabilité masculine, la réussite, dans le monde du travail n'est pas moins problématique... surtout quand le succès de l'homme est censé être également celui de son épouse. Il supporte difficilement de voir avorter ses propres rêves, et il souffre d'autant plus qu'il sait avoir également ruiné ceux de sa compagne.

Nous constatons de plus en plus que nous avons conclu un marché déplorable, sinon impossible ; l'homme et la femme en fin de compte se sentent impuissants et irrités, ce qui les conduit trop souvent à se dresser l'un contre l'autre. Comme celle de la femme, la révolte de l'homme se camoufle derrière des comportements dont la vraie nature est difficilement identifiable : replis sur soi hostiles ; exigences perfectionnistes vis-à-vis de la femme et de ses enfants, attitudes critiques ; fuite dans le travail, la télévision, la boisson et parfois même la violence.

Les idéaux culturels, toutefois, sont des forces puissantes qui façonnent non seulement notre façon de penser et d'agir, mais aussi notre manière d'être, en donnant forme au contenu conscient et inconscient de notre vie intérieure. Le changement, donc, se produit lentement, car il rencontre une forte résistance à la fois en nous-mêmes et dans le système des institutions sociales appuyant les règles sociales qui déterminent ce que doit être la vie d'une femme ou d'un homme dignes de ce nom.

Et pourtant, incomplet et hésitant, le changement a lieu. Les perspectives idéales d'une époque ne sont plus que des excès pour la suivante. Ainsi, par exemple, la répression rigoureuse qui accablait l'ère victorienne fut le joug contre lequel lutta la génération suivante. Les liens étroits de l'unité familiale, qui marquaient les années cinquante, devinrent l'objectif de la révolte des jeunes au cours des années soixante. Il ne s'agissait pas d'une guerre choquante qui s'en prenait à une abstraction nommée « société » : la structure même de la famille et ses rapports internes étaient en cause. L'unité familiale était éliminée, l'« éternité », contestée ; l'engagement mutuel, écarté pour laisser la place à la recherche du moi. Le conflit des générations fut à l'ordre du jour, et les souffrances propres aux parents et aux enfants furent séparées par un système de valeurs différent qui creusa entre eux un énorme fossé.

Mais le changement s'effectue bien moins vite dans la conscience de chacun que dans l'évolution des normes sociales et même des comportements personnels. En fait, en dépit de l'apparence révolutionnaire de toute période de changement, les vieux mythes continuent de nous inspirer. Consciemment vilipendés, inconsciemment évités et niés, ils continuent de nous influencer avec une force et une insistance inébranlables. Par conséquent, chacun a en soi deux systèmes d'idéaux contradictoires : le nouveau cherche à dominer l'ancien, et les nouveaux comportements, en se heurtant à des règles périmées, mais toujours vivaces, créent des conflits internes. Les enfants, qui, eux-mêmes, avaient mis en route le changement, n'ont pas totalement renoncé au rêve du bonheur éternel. Ils l'ont simplement limité dans le temps. Chaque nouvelle relation fait naître de nouveau le fantasme de l'amour éternel et du bonheur infini, avec la différence que, une fois venue l'heure de la déception, ils se sentent aujourd'hui plus libres de poursuivre leur quête.

Le changement, en vérité, n'est pas mince ; les taux de divorces et de remariages témoignent de son ampleur. Mais, contrairement à ce que prétendent certains observateurs, ce qui rend de nos jours si difficile la survie des liens matrimoniaux, ce n'est pas seulement l'égoïsme, l'immaturité, le narcissisme, ou tout autre défaut de caractère récemment découvert et répandu. Régler leur compte à des changements sociaux aussi essentiels en utilisant une analyse centrée sur la psychopathologie individuelle, c'est banaliser l'impact du monde social sur l'existence des individus qui y vivent et faire de la psychologie l'une des causes de notre malaise social et non pas l'un de ses effets. Comme le dit si pertinemment Russel Jacoby : « Le social n'"« influence "» pas le privé ; il réside en lui *. »

En fait, les changements intervenus récemment dans la vie de la famille sont liés à un ensemble complexe de forces sociales, la moindre de ces forces sociales n'étant pas l'intervention concomitante de changements économiques et démographiques. Le nombre croissant des femmes dans le monde du travail, par exemple — qui contribue fortement, mais pas toujours consciemment, à l'évolution des relations familiales —, est lui-même lié aux facteurs économiques et sociaux. L'importance croissante accordée aux biens de consommation et la spirale inflationniste persistante sont deux bonnes raisons qui expliquent pourquoi tant de femmes ont rejoint le monde des travailleurs au cours des deux dernières décennies. Mais sans les progrès médicaux, qui ont augmenté la longévité de façon spectaculaire, et sans l'avènement des méthodes modernes du contrôle des naissances, qui

---

* *Social Amnesia*, Beacon Press, Boston, 1975.

permettent de régler avec une bonne marge de certitude le nombre et l'espacement des enfants, un tel bouleversement eût été impossible. Dans l'ensemble, toutefois, de tels changements dans le monde extérieur à la famille ont des effets profonds sur ce qui se passe en son sein ; cela, par contrecoup, affecte les rapports de la famille avec la société et l'économie. En fin de compte, tous ces changements contribuent à mettre en branle des modifications dans la signification et l'idée de la masculinité, de la féminité, du mariage et de l'âge adulte.

Telle est la situation où nous nous retrouvons aujourd'hui. Les progrès en matière d'hygiène et de technologie médicale ont entraîné des progrès remarquables de longévité *.

De 1920 à 1978, l'espérance de vie, pour les femmes, a fait un bond de près de trente-trois ans (de 54,6 à 77,2). Pour les hommes, l'accroissement est moins spectaculaire, mais néanmoins impressionnant : de 53,6 à 69,5. Il n'y a pas tellement longtemps, le contrôle de la fécondité était une affaire de hasard, de chance. La pilule et les autres techniques contraceptives ont changé tout cela. Le taux de natalité est tombé de 24,1 pour une population de 1 000 en 1950 à 15,3 en 1978, tandis que le nombre moyen des enfants par femme s'est abaissé radicalement de 3,5 en 1950 à 1,9 en 1980.

L'accroissement de la longévité signifie que, pour la première fois dans notre histoire, si nous nous marions à vingt-cinq ans, nous aurons devant nous, en moyenne, quarante-cinq ans de vie commune. Le déclin du taux de natalité signifie que, également pour la première fois, une partie considérable de ces années sera libre de toute responsabilité concernant les soins à apporter aux petits enfants.

Ces faits ont d'importantes conséquences sur le compor-

---

* Les statistiques qui suivent sont extraites d'un document du Bureau national des statistiques : *Statistical Abstract of the United States,* 102ᵉ édition, Washington, 1981.

tement des individus dans le mariage et l'âge adulte. Ils donnent le ton à ce que nous pensons de notre vie, à ce que nous envisageons de faire d'elle, à ce que nous attendons de nos interactions. En réalité, à partir de ces changements, nous pourrions dire que l'âge adulte a été « découvert » de nos jours tout comme l'enfance le fut au XVIIᵉ siècle * et l'adolescence, à la fin du XIXᵉ siècle **. L'adolescence, en tant que stade particulier de la vie, est devenue possible du jour où, l'évolution de la production introduite par la révolution industrielle étant achevée, les usines n'ont plus eu besoin d'enfants. Et l'âge adulte, tel que nous le concevons aujourd'hui, est devenu possible à partir du moment où nous avons eu moins d'enfants, où nous avons vécu plus longtemps et où, en notre ère postindustrielle, nous sommes passés d'une économie de production à une économie de service.

Philippe Ariès, l'historien français qui a commenté très brillamment la découverte de l'enfance, fait remarquer, par exemple, qu'au XVIᵉ siècle, en France, le concept d'un stade de vie entre la jeunesse et la vieillesse n'existait pas. La jeunesse était le premier état, après quoi venaient la vieillesse et la mort. Cela peut nous paraître étrange, mais à une époque où un individu de quarante ans était jugé très vieux, c'était logique. De nos jours, où l'individu de quarante ans est encore jeune, la période adulte devient un stade de vie qui s'accompagne de nouvelles et extraordinaires possibilités... et d'un ensemble de problèmes nouveaux. L'évolution personnelle, la croissance, le développement, la formation de l'identité, toutes ces tâches qui étaient autrefois censées appartenir à l'enfance et à l'adolescence, sont maintenant reconnues comme faisant également partie de l'âge adulte. Finie l'idée

---

* Philippe Ariès, *L'Enfant et la Vie familiale sous l'Ancien Régime*, éditions du Seuil, 1973.

** David Bakan, « Adolescence in America : From Idea to Social Fact », in Jerome Kagan et Robert Coles : *From Twelve to Sixteen, Early Adolescence* W.W. Norton, New York, 1972.

que l'âge adulte est ou devrait être une époque de paix intérieure et de bien-être, que les souffrances de la croissance n'appartiennent qu'à la jeunesse ; finie l'idée qu'il existe des événements jalons — un travail, une compagne ou un compagnon, un enfant — grâce auxquels nous entrerons dans une vie relativement tranquille.

De même que le mariage n'est plus nécessairement un engagement durable, ainsi l'âge adulte a cessé d'être un événement, quelque chose que nous atteignons à un moment donné de notre vie, quand nous parvenons à un certain âge, quand nous traversons un certain stade, quand nous assumons ce qui, en d'autres temps, était appelé les « responsabilités de l'adulte ». Le langage dont nous nous servons exprime lui-même la différence. On ne parle plus, comme avant, d'*entrer dans l'âge adulte*; on *devient adulte*. Le premier terme évoque le franchissement d'une frontière, une réalisation statique ; le second implique un processus dynamique incluant le changement, le développement et le progrès en tant qu'aspects continus de la vie adulte.

Mais il flotte une incertitude qui nous rend anxieux, craintifs, mal à l'aise. Si l'amour n'accorde aucune garantie d'un bonheur éternel, où le trouvera-t-on ? Si la paix, la tranquillité et la satisfaction ne sont pas les récompenses de la vie adulte, vers quoi pouvons-nous nous tourner ? Si la dépendance, l'engagement, l'adhésion et le sacrifice sont éliminés, par quoi sont-ils remplacés ? Si le changement, et non la stabilité, est le mot d'ordre actuel, comment pouvons-nous nous connaître, nous définir ; comment apprendre à vivre avec nous-même, sans parler d'autrui ?

Ce sont là des questions ardues, et de temps éprouvants. Les contradictions nous assaillent de toute part. A un certain niveau, par exemple, nous parlons du bonheur, et tout se passe souvent comme si nous le cherchions avec acharnement. A un autre niveau, de nos jours, on entend communément parler de la nécessité de « lutter ». Le bonheur, dans ce contexte, est vu comme une sorte d'état d'inactivité insouciante et non comme une récompense enviable. Nul bien sans peine, dit-on. La vie est dure, seul ou à deux ; les relations ne se font pas spontanément ; l'amour est quelque chose qu'il faut trouver. Tout cela exige un travail ardu, sans garantie de récompense et souvent même sans que l'on sache ce que pourrait être la récompense.

Idées fort intéressantes, n'est-ce pas, pour une époque qualifiée de narcissique, d'hédoniste ! Et déroutantes, aussi, parce que nous pensons instinctivement que la vérité est double. Nous avons bel et bien refusé les vieilles définitions de la vie adulte, les anciennes façons de se relier à l'autre. Même ceux qui ne pensent pas que notre unique devoir est d'« être le meilleur » insistent aujourd'hui sur notre droit à ne pas renoncer à notre moi dans l'intérêt d'autrui. Jamais dans notre histoire, sans doute, nous n'avons attendu tant et si peu à la fois ; jamais nous n'avons rencontré cette étrange conjonction de hautes perspectives sur les possibilités des relations humaines, d'une part, et de désillusions, voire de désespoir, d'autre part.

C'est précisément ce paradoxe qui donne à notre époque son parfum unique et stimulant. C'est ce paradoxe qui a échappé à certains des spécialistes des sciences humaines parmi les plus insignes, ce qui nous laisse l'impression désagréable que l'analyse des maux de notre époque est à la fois exacte et fausse. Nos perceptions n'y sont pour rien ; seule en est responsable une analyse qui n'a pas su affronter ces pulsions contradictoires et qui, d'un certain point de vue, présente notre époque comme celle de l'hédonisme, et d'un autre, lui donne nettement une estampille ascétique.

Le nouveau rêve n'est donc pas tellement simple, ni même cohérent, ni clairement compris par la plupart de ceux de nos contemporains qui essaient de le vivre. Nous savons que les anciens comportements ne sont pas pour nous, mais nous n'avons pas encore une image bien nette de ce que seront les nouveaux. Nous savons qu'il existe une nouvelle idée de la masculinité et de la féminité, mais sommes incapables d'imaginer comment elle s'adapte à chacun d'entre nous. Les hommes se demandent : si nous ne sommes plus censés être forts, calmes, autoritaires, alors, que deviendrons-nous ? Et les femmes s'interrogent : si la féminité ne se définit plus par la passivité, l'impuissance, la séduction et la coquetterie, par quoi les remplacer ? Qu'est-ce qui prendra la place du masochisme s'il est démodé ?

On parle de l'égalité entre hommes et femmes, et on se demande : de quoi s'agit-il ? On affirme vouloir des rapports intimes, un esprit d'équipe, un partage des responsabilités, sans savoir exactement ce que l'on cherche. Les gens se disent entre eux qu'il faut « mieux communiquer », mais par où commencer, et comment, ils n'en ont pas la moindre idée. On nous dit que l'un de nos problèmes est de ne pas savoir exprimer notre colère, alors nous lisons des livres, nous prenons des leçons, apparemment sans résultats. Nous allons chez le psychologue pour travailler sur nos relations, sans savoir ce que nous attendons les uns des autres.

Telle est la lutte où sont engagés les hommes et les femmes de notre temps, vis-à-vis d'autrui et vis-à-vis d'eux-mêmes. Nous parlons de nos relations, nous y réfléchissons, elles nous tracassent, nous nous demandons pourquoi elles nous semblent si difficiles. Aucune réponse n'est satisfaisante. *Intimité, esprit d'équipe, partage, communication, égalité...* telles sont, disons-nous, les qualités les plus appréciables dans la relation du couple ; nous peinons et luttons pour elles, nous n'en finissons pas de nous analyser ainsi que les êtres que nous aimons, et elles continuent de nous échapper. Nous nous disons que tout vient de notre éducation, et que nous ferons mieux avec nos enfants. Puis nous tombons des nues, le cœur serré, en observant nos petits garçons qui se comportent typiquement en « garçons », et nos petites filles dans un style nettement « fille ». « Si jeunes ! » pensons-nous avec désespoir. « Est-il possible que cela se produise si jeunes ? » Nous nous disons : « J'ai dû commettre des erreurs », nous nous sentons coupables et nous n'en parlons à personne. « Est-il possible que les caractéristiques que nous appelons

« masculines » et « féminines » soient inscrites dans les gènes ? »

Est-ce possible ? Depuis plus d'une décennie, des savants féministes des deux sexes se sont efforcés de nous présenter une nouvelle vision de la nature des hommes, des femmes et des origines de leurs différences. A un certain niveau, les mots nous persuadent ; à un autre, les vieilles questions viennent nous assaillir avec une insistance obsédante. Nous discutons en nous-mêmes et avec les autres, sans pouvoir comprendre pourquoi ce que nous voyons ne coïncide pas toujours avec ce que nous croyons ; pourquoi, malgré tous nos efforts pour donner à nos enfants une éducation non sexiste, nos filles continuent de s'intéresser aux poupées et nos garçons aux camions. Et nous nous demandons en silence : « Suis-je sûre de ne pas rêver ? »

Notre propre expérience ajoute à la confusion. Même si nous n'hésitons pas sur la direction du changement que nous voulons, même si les hommes savent qu'ils doivent accentuer leur contact avec le côté « féminin » de leur nature, et les femmes avec leur moitié « masculine », la démarche est tellement lourde de conflits qu'ils se demandent : « Est-ce possible ? »

Au cours des quinze dernières années, j'ai observé des femmes et des hommes (y compris mon mari et moi-même) luttant pour changer, étonnés de la ténacité des anciens comportements même lorsque les meilleures intentions s'opposaient vigoureusement à eux. En tant que spécialiste des sciences humaines, j'ai étudié à fond des centaines de relations ; j'ai examiné les types de conflits qui préoccupent les couples de notre temps ; j'ai observé comment les problèmes qui les divisent se manifestent et comment ils essayent de les résoudre. En tant que psychothérapeute, j'ai travaillé avec un très grand nombre de femmes et d'hommes, séparément ou par couples, qui tentaient de régler les conflits issus de leur volonté de changement. En tant que femme, j'ai vécu une relation avec un homme pendant la plus grande partie de ma vie adulte, prenant ma juste part de peines et de plaisirs, luttant pour réduire les dissonances aux moments où l'idée du changement était en contradiction avec mon expérience intérieure. Et, toujours, les mêmes questions revenaient, menaçantes : Pourquoi est-ce si difficile ? Faut-il qu'il en soit ainsi ?

Pendant ces années d'observation et d'écoute, de questions et de réponses, de lecture et d'écriture, de vie et de lutte, si j'ai appris quelque chose sur la vie familiale et sur la façon dont nous vivons aujourd'hui, c'est ceci : la réalité a de multiples facettes. Si on regarde sous un certain angle, il serait facile de dire que la vie familiale n'a guère changé. Tournons le prisme, des changements spectaculaires apparaissent. Ainsi, la seule vérité sur laquelle on puisse compter en ce qui concerne les relations entre hommes et femmes, c'est qu'elles ne cessent d'être les mêmes et de changer... à tel point que les individus ne savent pas très bien ce qui, dans le couple, est inchangé et ce qui est différent.

Je suis convaincue d'une chose ; le monde social où nous vivons est la terrre nourricière de nos états psychologiques. Dès que nous nous orientons vers de nouvelles façons de vivre, nous nous heurtons à des contraintes sociales qui ne cèdent que très lentement. Si nous parvenons finalement à les écarter, ce sont des barrières psychologiques qui se dressent sur notre chemin et qu'il faut à leur tour dépasser. Par conséquent, penser que des changements psychologiques généralisés puissent se produire sans changements fondamentaux dans nos institutions sociales relève de la pure utopie. Parmi ces institutions, c'est la famille qui influence le plus profondément l'expérience de la vie adulte. C'est là, en effet, que se forme la structure de la personnalité masculine ou féminine, non par accident, ni par la biologie, mais par la nature des rôles et des relations traditionnels qui ont jusqu'ici existé sans être mis en question. Mais dès que notre psychologie est bien enracinée en nous, elle élabore une réalité qui lui est propre. Et penser que le changement psychologique viendra sur les talons du changement social est également un rêve irréalisable.

Tel est le conflit où nous nous débattons si intensément aujourd'hui ; conflit où tant d'entre nous luttent pour sauvegarder ne serait-ce qu'une partie de leur moi malgré l'évolution de la société. Il nous tient en alerte, nous épuise et nous déconcerte tandis que nous oscillons entre triomphe et désespoir.

C'est cette réalité mouvante, changeante, à la fois dans nos mondes externe et interne, qui rend si difficile l'élaboration d'un livre sur les relations hommes-femmes. L'écriture est une démarche logique et linéaire alors que celle de la vie est interactive et dialectique, un processus continu d'actions et de réactions qui nous met constamment en prise, pas toujours consciemment, avec nos besoins contradictoires de changement et de stabilité. Nous faisons notre apprentissage, nous progressons, nous changeons et nous accrochons à notre passé tout à la fois ; telle est l'une des situations difficiles de la vie qui peut être en même temps frustrante et stimulante, et à laquelle personne n'échappe, pas même l'écrivain qui s'est imposé la tâche d'éclairer le changement et la stabilité à un moment de notre histoire où ces forces se heurtent violemment.

Mon propos est non seulement de braquer les projecteurs sur les réalités actuelles, mais également de les expliquer. Mon but essentiel est de montrer comment certaines caractéristiques des personnalités masculine et féminine se forment, pourquoi elles subsistent, et comment elles affectent les facteurs les plus fondamentaux de nos relations, depuis notre façon de jouer nos rôles sociaux jusqu'aux différences internes les plus profondément enracinées, telles que la dépendance, l'intimité, la sexualité, le travail, la paternité et la maternité.

Je me distingue des théoriciens traditionnels de la socialisation en ce que je pense que nous devons, pour comprendre la généralisation et la persistance de ces différences caractéristiques, voir au-delà des théories de l'apprentissage et de la formation des rôles. Et je m'écarte de la théorie psychologique classique en ce que je ne crois pas à une direction unique dans le développement de l'enfant, le garçon étant défini comme normal, la fille était définie comme une déviation de cette norme. J'estime pour ma part que certains impératifs de développement existent, bien sûr, pour les enfants des deux sexes (par exemple, la constitution du sens continu et cohérent du moi et de l'identité du sexe), mais les tâches qu'affrontent la fille et le garçon sont très différentes et aboutissent pour chacun d'eux à des modèles distincts de personnalité. Ce sont ces différences qui, d'une part, sont pour le moins responsables de l'attraction entre les hommes et les femmes et qui, d'autre part, suscitent la plupart des problèmes qui existent entre eux.

Mais je soulignerai également que ces tâches distinctes, et les différences psychologiques qui en résultent, ne sont pas inhérentes à la nature du développement humain mais constituent une réponse au contexte social (en particulier à la structure des rôles et des relations à l'intérieur de la famille) où les filles et les garçons naissent et grandissent. Dès la naissance, la psyché et la société s'engagent dans une interaction complexe et dynamique. Nos expériences familiales les plus précoces forment la base de nos façons d'être caractéristiques, et les impératifs culturels relatifs à la masculinité et à la féminité les renforcent et les figent.

Ici, une question se pose : la classe sociale, la race, les groupes ethniques ne sont-ils pas responsables de certaines différences ? Bien sûr qu'ils le sont ! Que la famille soit riche ou pauvre, en bonne ou mauvaise santé, de race blanche ou noire ; où et comment elle vit..., tous ces éléments ont leur importance si l'on veut comprendre ce qui, dans leur vie, pose problème, et comment ces problèmes sont affrontés. Ainsi, par exemple, dans une famille dont l'un des membres est gravement malade, la qualité de l'intimité des relations peut, momentanément, ne pas être une préoccupation importante. De même, si les enfants ont faim, leurs parents seront plus préoccupés par la recherche de la nourriture que par le besoin d'en parler.

En dehors même de toute question de survie, la classe sociale marque une différence dans la façon de vivre des individus, dans leur échelle des valeurs et ce qu'ils espèrent pour eux-mêmes et leurs enfants, aspects sur lesquels je me suis longuement étendue par ailleurs *. Dans mon livre précédent, j'étudiais ces différences dans l'idée de comprendre les expériences de la vie des classes laborieuses menant au développement d'une culture de classe : manières d'être et de vivre permettant aux individus de faire front et de survivre.

Tandis que ces différences ne doivent pas être écartées ni minimisées si l'on veut comprendre la vie aux États-Unis, il faut également tenir compte des similitudes qui existent au-delà de toutes les frontières de groupe et de classe — similitudes provenant du fait d'appartenir à la même société, de vivre dans le même contexte historique, d'affronter les problèmes universels de la vie familiale : travail, loisirs, éducation des enfants, relations interpersonnelles. Il est certainement vrai que la classe sociale, la race et les différences ethniques donnent une certaine tournure aux expériences partagées. Mais cela signifie seulement qu'il existe des variations parmi les groupes : certains peuvent être culturellement uniques, d'autres peuvent être simplement des variations subculturelles sur des thèmes de la culture dominante.

Mon idée, par conséquent, est que les changements sociaux importants de notre époque nous affectent tous. Les progrès de la technologie médicale qui ont allongé notre espérance de vie s'accompagnent de progrès semblables dans le monde du travail (que ce soit à l'usine, au bureau ou à domicile) et ces progrès ne sont pas loin d'exiger que nous trou-

---

* Lillian Breslow Rubin, *Worlds of Pain : Life in the Working-Class Family* Basic Books/Harper Colophon, New York, 1976.

vions de nouvelles façons de les vivre. Notre situation de classe détermine notre approche vis-à-vis de ces changements et, très souvent, limite le nombre des solutions possibles. Mais les effets des changements eux-mêmes et les nouvelles aspirations qui les suivent de près sont ressentis par tous, indépendamment des classes sociales et des groupes ethniques.

Au cours des enquêtes nécessitées par ce livre, je n'ai pas dû chercher loin, ni sonder profondément pour constater que le désir de changement dans nos relations est intense et très répandu. N'importe qui peut le voir à travers tout le pays : ce sont les hommes et les femmes de toutes origines qui, en très grand nombre, ne demandent qu'à parler de ces problèmes ; ce sont les dizaines de milliers de couples qui ont consulté les conseillers conjugaux et tous les organismes du même genre dont le succès, ici et à l'étranger, et dans toutes les classes sociales et les groupes ethniques, est étonnant et éloquent.

Mais le style avec lequel nous exprimons nos préoccupations et le choix de ce que nous désirons exprimer varient d'une classe à l'autre. Ainsi, une femme issue d'une famille dont le père était un ivrogne brutal qui ne travaillait que par intermittence m'a dit combien elle appréciait son mari, « un travailleur, qui ne buvait pas et ne la battait jamais ». Mais cela ne veut pas dire qu'elle n'attendait pas autre chose de lui, par exemple, plus de solidarité. Sans doute se dit-elle que son sort est plus enviable que celui de sa mère, sans doute se reproche-t-elle de ne pas être reconnaissante sans arrière-pensée. Mais, malgré tout, une partie d'elle-même se sent dupée, comme s'il lui manquait quelque chose. De même, son mari peut estimer qu'il n'a pas à se plaindre de sa vie, avec un travail stable, une épouse fidèle, qui s'occupe parfaitement de la maison et des enfants, et qui ne le harcèle pas trop. Mais il se sent mal dans sa peau, avec l'impression que certaines promesses de la vie restent insatisfaites, et il cherche quelque chose sans savoir exactement quoi. Quand de tels sentiments affleurent, la femme et le mari se tournent l'un vers l'autre, désirant que leur mariage leur apporte quelque chose d'autre ; mais incapables de dire ce que c'est, ils se blâment réciproquement sans savoir vraiment pourquoi...

Dans les pages qui vont suivre, je présenterai les expériences de couples pour la plupart légalement mariés. Ce livre est un condensé de quinze années de recherches sur le mariage, la famille et de travail psychothérapeutique ; il s'appuie également sur des entrevues que j'ai eues, spécialement dans la perspective de cet ouvrage, avec cent cinquante couples, dont l'âge s'échelonne entre vingt-cinq et cinquante-cinq ans, qui ont eu au moins cinq ans de vie commune, et certains jusqu'à trente-cinq ans, la majorité d'entre eux se situant quelque part entre ces deux chiffres ; des personnes originaires de toutes les régions du pays et appartenant à des milieux sociaux très variés.

Tout au long de mon travail, je me suis laissé guider par cette question : pourquoi ce changement se produit-il si laborieusement ? Dans notre recherche d'une réponse, nous verrons d'abord des personnes qui, de bien des façons, se situent à l'avant-garde de la lutte pour le changement et qui ont cependant constaté que, en dépit de leur détermination et de leurs bonnes intentions, changer les vieilles manières d'agir et d'être est en effet une tâche bien difficile !

2.

NOUVEAUX RÔLES
NOUVELLES RÈGLES

Il arrive rarement — pour ne pas dire jamais — qu'un mariage parvienne en douceur et sans crises à une véritable relation d'individu à individu : une prise de conscience ne se fait jamais sans douleur.

CARL GUSTAV JUNG

De nouveaux rôles, de nouvelles règles s'imposent aux hommes et aux femmes qui, vivant en couple, essayent de changer. Au début, nous pensions que ce serait facile, qu'il suffisait de voir ce qu'il y avait à faire, et de le faire. Maintenant, nous voyons que nos efforts pour changer sont récompensés par quelques progrès, mais nous constatons aussi une régression : les résistances dans le monde extérieur comme dans notre monde intérieur, qui nous empêchent de consolider le chemin déjà parcouru. Les solutions nous semblent moins évidentes, alors que des questions nous obsèdent : « Pourquoi le changement se produit-il si lentement, si péniblement ? »

Un ingénieur de trente-huit ans et sa femme, trente-six ans, dessinatrice depuis quatre ans, racontent l'histoire de leur mariage, en bien des aspects, caractéristique de notre époque, et expriment la nécessité de le changer.

Le mari :

J'avais vingt et un ans quand nous nous sommes mariés, je venais de sortir de l'université. Beth, je pense, n'avait pas encore vingt ans. Nous avons fait comme tout le monde : nous nous sommes mariés, tout simplement, sans réfléchir. J'étais accaparé par l'évolution de ma carrière. Je ne pensais qu'à ça. Il ne m'était jamais venu à l'esprit que je passais à côté de quelque chose, qu'il y avait une autre façon de vivre... du moins jusqu'au moment où Beth a commencé à me harceler...

La femme :

Pendant les premières années de notre mariage, je ne savais même pas que j'étais malheureuse. Je voyais autour de moi des hommes qui étaient de véritables tyrans, et je me disais : « Regarde comme tu as de la chance ! Ted n'est pas comme eux. » Maintenant, avec le recul, il me semble que j'étais stupide.

Le mari :

Rétrospectivement, nous pourrions dire tous les deux que je savais mieux que maintenant ce que je voulais. Les hommes sont mis sur les rails très tôt dans leur vie, et ils les suivent.

La femme :

Vous me demandez ce que j'attendais du mariage, et je suis incapable de vous répondre... Je pensais peut-être que quelqu'un s'occuperait de moi, que ce serait amusant. Je ne sais pas... J'espérais peut-être que je ne serais pas obligée de penser à ce que je ferais de ma vie.

Le mari :

Quelqu'un (était-ce Freud ?) a dit que le travail et l'amour étaient ce qu'il y a de plus important dans la vie. Je pense que Beth se sentait surtout responsable de tout ce qui touchait à l'amour et qu'elle était coupée du monde de la création et du travail personnels. Moi, j'étais comme un robot, je ne savais absolument rien de l'amour. Mais ce sont des réflexions après coup. A l'époque, nous n'en savions rien ni l'un ni l'autre.

La femme :

Au début, tout allait bien ; mais après la naissance des enfants, tout est parti en morceaux. Je harcelais Ted, lui reprochant de n'être pas assez à la maison, de ne pas prendre sa part de responsabilités. Beaucoup d'amertume et de jérémiades ! Et nos rapports sexuels n'étaient plus ce qu'ils étaient. Trop de conflits, trop de soucis. Tout se passait comme si je réalisais soudain que je ne vivais pas pleinement. J'avais toujours été une gosse brillante, pleine de talent, et j'allais tout gâcher. Il fallait que je fasse quelque chose, mais j'avais besoin de l'aide de Ted.

Le mari :

Je me rendais compte peu à peu de ce qui se passait. J'avais l'impression qu'un revolver était braqué sur ma tempe ; je savais que notre famille, telle qu'elle était partie, ne pourrait pas survivre. Comme tant de nos amis, nous courions au désastre. Ils en étaient tous au divorce, et je ne voulais absolument pas de ça. Jamais !

La femme :

Je me suis remise au dessin et à la peinture il y a sept ans. Cette fois je me prenais au sérieux. L'atmosphère, l'environnement, étaient favorables, sans doute grâce au mouvement féministe. Parce que je me prenais moi-même au sérieux, d'autres personnes, y compris Ted, eurent la même attitude à mon égard. Il y a quatre ans, j'ai eu mon premier job de dessinatrice et, depuis, je suis nettement sur la pente ascendante. J'aime mon travail. J'ai l'impression qu'un monde vient de s'ouvrir devant moi. Comme j'étais moins disponible qu'avant, Ted a été bien obligé de modifier ses relations avec les gosses, et je crois sincèrement qu'il n'en est pas mécontent. Demandez-le-lui...

Le mari :

J'ai commencé par avoir peur de ce qui allait nous arriver, mais ce fut formidable ! J'ai pu connaître, je veux dire connaître vraiment mes enfants. Je ne pouvais pas rêver mieux ! Au début, Beth ne gagnait pas assez d'argent pour que l'on pût parler de changement. Mais maintenant, quel soulagement ! Je ne savais pas que le fait de porter matériellement la famille pouvait être un pareil fardeau, jusqu'au moment où je n'ai plus été seul à le faire. Quel soulagement de pouvoir m'abandonner sans risque à ce sentiment ! J'ai compris tout à coup que la plupart du temps, quand je me conduisais comme un ignoble macho, j'étais tout simplement furieux de devoir entretenir toute la maisonnée. Beth aussi était furieuse, mais elle exprimait sa colère par des jérémiades et des tracasseries perpétuelles.

La femme :

Mais attention ! Nous avons toujours des problèmes. N'allez pas vous imaginer que je vis dans un monde de rêve où nous sommes entrés en nous donnant la main pour être heureux jusqu'à la fin de nos jours. Il y a quelque chose de bien réel dans notre vie actuelle : nous sommes beaucoup plus près l'un de l'autre qu'auparavant parce que, pourrait-on dire, chacun comprend parfaitement comment l'autre vivait. Maintenant, Ted sait un peu mieux ce que c'est que de se faire des soucis pour les enfants quand on en est l'unique responsable. Ce n'est pas encore comme je le voudrais, mais il y a du progrès. De mon côté, j'apprends beaucoup de choses tous les jours sur la tension pénible qui existe dans le monde extérieur.

Peut-être ne serez-vous pas d'accord, ou trouverez-vous que c'est stupide... je ne sais pas... je pense parfois qu'il y a entre les hommes et les femmes des différences fondamentales que nous ne changerons jamais. Je veux dire que tout va bien pour certaines choses, mais pour d'autres c'est l'obscurité totale. Enfin, peut-être pas tout à fait, mais j'en ai parfois l'impression, et je dois me répéter alors que tout va beaucoup mieux qu'avant et que je n'ai pas à me plaindre. Mais quand même, ça fait réfléchir, n'est-ce pas ?

Le mari :

Évidemment, ce n'est pas parfait, mais, sacré nom, qu'est-ce qui est parfait en ce bas monde ? Nous avons nos différences, et sans doute restons-nous braqués sur elles, je ne sais pas. Par moments, tout semble aller bien, et tout à coup... Je ne sais comment dire... oui, tout va de travers. Quand ça arrive, c'est souvent décourageant, désespérant. Autrement dit, nous nous entendons très bien la plupart du temps quand il s'agit du partage des responsabilités. Mais il reste un problème difficile à définir. Pour beaucoup de choses, Beth continue à se plaindre de ce que je ne m'y prends pas comme elle et j'ai alors l'impression désagréable que, malgré tous mes efforts, je n'en ferai jamais assez. C'est ce que je lui dis, mais elle affirme que la question n'est pas là. Alors, où est-elle. (*Avec un petit rire ironique*) J'ai une véritable passion pour les vieilles chansons, et une ritournelle de l'une d'elles me trotte sans arrêt dans la tête : « Ce qui compte, c'est pas ce qu'on fait, mais la façon de le faire. » Voilà peut-être le hic !

Tout en les écoutant, j'étais frappée une fois de plus par les difficultés que nous rencontrons lorsque nous essayons de faire du rêve une réalité. Car nous avons ici un homme et une femme qui se sont engagés sans équivoque dans leur mariage, tout en sachant qu'il exige certaines nouvelles règles ; deux êtres qui ont déjà pu connaître les avantages d'une modification des rôles. Et pourtant, il reste entre eux « un problème difficile à définir ».

Le cas de ce couple me fait revenir une douzaine d'années en arrière dans ma propre vie. Comme mes études avaient été longues, ma fille était déjà adolescente quand j'ai entrepris une carrière libérale. Comme Beth, j'aimais beaucoup mon travail. Comme elle, j'avais l'impression qu'un monde s'ouvrait devant moi. A l'époque, j'enseignais dans une école qui préparait ses élèves à un diplôme de psychologie. Chaque fois que je m'approchais du campus, je m'émerveillais du miracle qui s'était produit dans ma vie et je devais faire un effort pour me persuader que tout ne s'évanouirait pas comme un mirage. Je pensais alors, comme maintenant : « C'est ce que doit ressentir un jeune homme à l'aube de sa carrière. » Mais je n'étais pas un jeune homme. J'étais une femme entre deux âges.

Mon mari avait à peu près le même âge que moi. Pendant des années, sans se plaindre, sans se poser des questions, il avait subvenu aux besoins du ménage, mais, depuis peu, il me disait qu'il avait envie de faire autre chose dans la vie, qu'il aimerait peut-être écrire. Il me taquinait : « Tu es le meilleur investissement que j'aie jamais fait », allusion aux années où il m'avait entretenue pendant que je préparais mon doctorat. Un jour, il me confia plus sérieusement : « Tu ne peux pas imaginer combien je suis soulagé de savoir que tu peux te suffire à toi-même. » « Pourquoi ne m'as-tu jamais dit de telles choses auparavant ? » demandai-je. « Parce que, jusqu'ici, je ne le savais pas. »

Surprise, je ne savais comment prendre sa réponse. « Les hommes, me dis-je un peu irritée, ne savent jamais rien ! » Puis, calmée, je compris que ses paroles reflétaient une vérité importante, pas seulement pour lui, ni pour les hommes en général, mais pour tout le monde.

Je me souvenais de mon premier mariage, de toutes ces années où je ne « savais » pas, moi non plus. Mariée à dix-neuf ans à un homme qui exerçait avec succès une profession libérale, j'avais essayé pendant des années de me conformer au modèle de l'époque : la maîtresse de maison de banlieue parfaitement heureuse, la charmante hôtesse, la compagne toujours prête à aider son mari au début de sa carrière. Je savais, bien sûr, que je me réveillais presque tous les matins avec l'envie de rester au lit. Mais je me disais que j'étais tout simplement fatiguée. Je savais qu'un certain malaise vivait en moi, rien d'intense, rien de spectaculaire, un petit malaise. Mais je me disais, quand j'essayais de dissiper ce malaise, que j'étais tout bonnement une insatisfaite chronique. Je savais que je me lançais avec une énergie exagérée dans des activités extérieures à la maison. Mais je pensais qu'il était tout naturel que je me conduise de la sorte étant donné l'importance de ces affaires politiques qui me concernaient si profondément...

Ces idées, et bien d'autres, m'ont rappelé combien il est facile de refuser ce que nous savons pertinemment, de chasser par des rationalisations des prises de conscience qui s'éveillent en nous sans être invitées quand, pour une raison ou une autre, elles nous semblent menaçantes. En écrivant ces mots, je me souvins aussi d'un homme, rencontré quelques années plus tôt, qui m'avait parlé de sa jeunesse, dans une famille pauvre des montagnes du Kentucky — une pauvreté cruelle, épuisante, en marge du monde, difficile à apprécier pour un citadin. « Nous ne savions même pas que nous étions pauvres. Nous pensions que la vie était comme ça », me dit-il, en espérant que je le comprendrais. Puis, se rendant compte que je ne comprenais pas, il poursuivit : « On n'est malheureux que si on a la notion d'un autre type de vie. Je vais vous donner un exemple. Quand j'étais gosse, j'avais une oreille qui coulait. J'avais dix ans quand un docteur est venu de sa vallée lointaine pour me guérir de mon infection. Jusqu'alors, j'étais persuadé que tout le monde avait l'oreille malade et je n'avais même pas remarqué que ça faisait mal. Mais à la première récidive, j'ai su que je souffrais et j'ai voulu être soigné. »

Il est vrai, bien sûr, que nous ne pouvons savoir que ce qui appartient à notre expérience et que nos choix sont limités aux termes qui existent dans notre conscience. Mais en ce qui concerne nos relations, il y a une autre vérité : le plus souvent, nous voulons ignorer ce que nous savons ; la réalité que nous nions est trop dangereuse pour le seul genre de vie que nous connaissons, celui auquel nous avons été préparés depuis la petite enfance. Aussi faisons-nous ce que nous *devons* faire, ce que nous dicte la société, selon le sexe auquel nous appartenons.

C'est ce que voulait exprimer mon mari quand il me dit : « Je ne savais pas. » Je l'ai compris encore mieux un peu plus tard. Notre fille unique terminait ses études secondaires et commençait à songer à son avenir. Quand elle nous annonça qu'elle avait décidé d'entrer à la faculté de droit, je ressentis un énorme soulagement. « C'est merveilleux, pensai-je. Je peux dormir tranquille maintenant que je la sais capable de se débrouiller toute seule si nous venions à disparaître. » Cette idée subite, tout à fait inattendue, me laissa toute interdite. Je ne savais pas ! Jusque-là, évidemment, je pensais à son avenir, et parfois même avec une certaine inquiétude. Mais je n'avais jamais songé que je n'avais pas le droit de mourir avant d'être rassurée sur ses moyens d'existence. Plus tard, en repensant à ces conversations que j'avais eues avec mon mari, je me dis : « Seigneur ! Tel est donc le fardeau qu'il a dû porter pendant toutes ces années, et pas seulement pour son enfant, mais aussi pour sa femme ! »

Deux ans plus tard, et après bien d'autres discussions, nous convînmes que le moment était venu pour lui de changer de carrière et d'essayer de réussir dans la littérature. Nous savions qu'il gagnerait moins d'argent pendant un certain temps, et peut-être même à jamais. Mais nous décidâmes que ce n'était pas une raison pour renoncer. A cette époque, tout allait bien de mon côté ; mes recherches, mes écrits, mes cours et ma clientèle privée permettraient à notre famille de vivre sans rien changer à ses habitudes. Rien n'eût été possible si mon mari ne m'avait pas aidée à terminer mes études. Maintenant, c'était mon tour, et j'étais persuadée que je l'acceptais volontiers et même avec enthousiasme. Mais nous allions bientôt déchanter.

Après un mois ou deux de nirvāna, mon mari commença une dépression qui allait durer six mois, tandis que, dans le même temps, j'allais être aux prises avec ma rage. Apparemment, rien n'avait changé dans ma vie. Je fréquentais tous les jours les mêmes endroits, je voyais les mêmes personnes, je faisais le même travail. Mais derrière cette façade, quelque chose s'était profondément modifié.

Je n'avais pas eu une enfance privilégiée (j'avais été élevée dans une famille qui n'était pas à l'abri de la pauvreté), mais jusqu'alors je n'avais jamais su ce que pouvait représenter le fait d'être responsable du toit qui recouvrait ma tête, et surtout celles des êtres que j'aimais. C'est ce qui arrive quand on naît fille et non pas garçon. J'avais travaillé dans ma vie, bien sûr, mais toujours « pour arrondir les fins de mois », d'abord quand je vivais chez ma mère, après son veuvage, puis au sein de la famille que mon mari et moi avions constituée ; mais je vivais dans l'illusion que mon travail d'appoint était bénévole. Maintenant, c'était bien différent ! Je devais travailler pour payer le pain et le loyer. Et c'était quelque chose que je détestais !

J'étais médusée par ma réaction. Car enfin, nous en avions parlé, nous avions tout organisé, nous avions décidé en adultes responsables que mes revenus suffiraient à entretenir la famille et que mon mari pouvait enfin agir à sa guise. Mais formuler les mots et vivre ce qu'ils expriment sont deux choses différentes. Nous nous retrouvions soudain face à notre sentiment intérieur de ce que *devait* être notre vie. Nous étions contraints de constater que nous étions toujours dominés par les images stéréotypées du rôle masculin et du rôle féminin, images que nous avions bannies une fois pour toutes de notre conscience, nous l'aurions juré !

Mon mari lutta contre son sentiment d'échec, contre la peur de se sentir d'une certaine manière atteint dans sa virilité. Moi, l'intellectuelle, la femme libérée, j'étais indignée, furieuse de voir qu'il n'était plus responsable de moi. J'avais l'impression qu'il avait violé ce contrat fondamental qui avait réglé notre vie, trahi le premier de ses devoirs : assurer ma sécurité, mon confort, ma survie.

Je savais que ces sentiments venaient d'une partie très profonde de moi-même qui avait appris dès la plus tendre enfance qu'il y aurait toujours près de moi quelqu'un, de préférence un homme, pour me faciliter la vie. Et je savais aussi que je n'avais que faire de ces idées et des sentiments qui les accompagnaient. Je me raisonnais, je me chapitrais, et cela en pure perte. Pendant des mois et des mois, je fus obsédée par l'idée d'avoir été trahie, et je ne décolérais pas.

Je n'étais plus du tout sûre, soudain, d'avoir envie de travailler, et mes occupations me semblaient beaucoup moins plaisantes. Travailler parce qu'on en a envie, c'est une chose, travailler par obligation en est une autre. De même, travailler pour « donner un coup de main » (comme le font la plupart des femmes mariées qui ont un emploi salarié) ou pour faire vivre une famille sont deux choses très différentes.

Soit dit en passant, c'est la même différence qui explique pourquoi les hommes qui participent aux travaux ménagers ne comprennent pas que leur femme puisse se plaindre amèrement de son sort. Comme leur contribution est le plus souvent épisodique, ils ne sont pas tyrannisés par les corvées répétitives. Ils ne sont pas accablés par les responsabilités domestiques, ni par les soins à apporter aux enfants, qui ne sont pas de leur ressort. De leur côté, les femmes dont le mari travaille ne sont pas harcelées par le souci de gagner assez d'argent puisque ce n'est pas leur obligation principale dans le cadre familial. Si elles travaillent pour compléter le salaire du mari, elles subissent avec moins d'intensité les dures lois du monde du travail, parce qu'elles peuvent se dire qu'il y a une issue : quitter leur emploi.

Quand j'ai eu sur les épaules tout le poids de l'entretien de la famille, je me suis rendu compte de la responsabilité énorme que cela représentait. C'est alors que j'ai dit à mon mari : « Vous êtes vraiment fous, vous les hommes, d'accepter une vie pareille ! A votre place, je n'aurais pas attendu que les femmes lancent leur mouvement de libération ; j'en aurais pris moi-même l'initiative. » Mais il y a une telle différence entre les hommes et les femmes qu'il me regarda gentiment, tendrement, en disant : « Non, si tu avais été un homme, cette idée ne te serait jamais venue à l'esprit. Avant que les femmes commencent à revendiquer, je n'ai jamais été conscient d'une oppression. Ce que je faisais me semblait naturel, c'est tout. »

La dépression de mon mari prit fin, ainsi que ma colère, mais seulement après que nous nous fûmes livrés, l'un et l'autre, à un gros travail psychologique. Quand j'y repense, je suis encore étonnée de l'intensité de nos réactions émotionnelles. Maintenant, nous en sommes bien récompensés ; nous faisons l'un et l'autre ce que nous avons envie et besoin de faire. Mais les problèmes soulevés par des changements de cet ordre sont si profonds que, après tant d'années, il nous arrive parfois d'éprouver le besoin de nous expliquer, de chercher des arguments pour nous défendre des réflexions des autres et d'avoir de temps en temps du mal à mettre de l'ordre dans nos opinions, notre comportement et nos sentiments.

Si nous réagissons ainsi, c'est en partie parce que le monde social est en général hostile à ces changements de rôle au sein d'une famille. Même les amis intimes n'en croient pas leurs yeux. Ils nous parlent de leurs appréhensions, se demandent si nous ne sommes pas en train de refuser l'existence de nos conflits et de saboter notre mariage. Tout cela, évidemment, ne facilite pas les choses. Mais nous avons très bien compris que les conflits ont leur origine en nous — et non pas à l'extérieur —, dans nos expériences précoces et dans l'idée que nous nous faisons des rôles respectifs de l'homme et de la femme dans la société où nous vivons.

Il m'est arrivé de penser que ces problèmes nous étaient particuliers du fait que nous réagissions à la situation avec une génération de retard. « Les hommes et les femmes qui ont une trentaine d'années, pensai-je, n'auraient pas le même comportement que les quadragénaires ou les quinquagénaires. » Mais les résultats de mes recherches récentes montrent que la plupart des adultes — même ceux qui ont l'esprit le plus moderne — ont encore des difficultés à accepter des renversements de rôles de cette importance. Les changements mineurs sont tolérés aisément ; mais quand la femme se place dans une position de supériorité économique et l'homme dans le rôle de la femme dépendante, c'est bien différent ! La plupart des hommes ne supportent pas l'idée d'être incapables d'entretenir leur famille et la plupart des femmes acceptent mal la nécessité de se suffire à elles-mêmes. Une féministe convaincue de trente ans, qui, conformément à ses principes, avait décidé de ne jamais se marier légalement a connu ce conflit et m'a parlé de son désarroi et de ses souffrances :

> Il est juste que mon mari et moi partagions les charges familiales, mais j'ai souvent une pénible sensation de solitude, et je rêve de me retirer du jeu et de le laisser se débrouiller tout seul. Je me surprends même à penser avec colère qu'il ne fait pas pour moi ce que mon père a fait pour ma mère. J'ai l'impression d'être victime d'une injustice, comme si l'on me refusait quelque chose que j'ai mérité.

D'autres femmes, très nombreuses, ont encore des problèmes quand elles craignent que leur partenaire ne soit pas plus brillant, plus fort, plus intelligent et doué qu'elles-mêmes. L'indépendance et la capacité de ne dépendre que de soi sont encore des conditions essentielles de la seule masculinité, aux yeux des hommes, bien sûr, mais également de certaines femmes, comme nous le dit Linda, qui occupe brillamment une situation de cadre dans une entreprise :

Je n'aime pas y penser, mais je sais que si Roger ne réussit pas mieux, notre mariage sera compromis. Ce n'est pas une question d'argent. Mon salaire nous suffit à peu près. Vous me trouverez peut-être stupide étant donné l'organisation de notre vie et mes convictions sur l'égalité de l'homme et de la femme, mais... C'est difficile à dire... Eh bien, voilà : je ne pense pas pouvoir le respecter s'il est incapable d'entretenir sa famille, même s'il n'y est pas obligé à cause de ma situation.

Et la plupart des hommes ont encore et toujours les mêmes problèmes à propos du conflit qui oppose les anciennes et les nouvelles idées sur la masculinité et la féminité. Écoutons Roger, le mari de Linda :

Un homme ne peut absolument pas se respecter s'il est incapable d'être indépendant et d'entretenir sa femme et ses enfants. Je n'ai sans doute pas envie d'être obligé d'imiter mon père, mais c'est une question de choix. Je veux dire... Je veux savoir si j'en suis capable, et c'est également ce que veut savoir Linda. Elle ne l'avouera pas à haute voix parce que l'idée ne lui plaît pas, mais c'est certainement ce que nous pensons tous les deux. Tout irait bien si elle ne réussissait pas ; mais je pense que nous sentirons bientôt très mal dans notre peau si je ne perce pas dans cette nouvelle affaire où je me suis lancé. C'est ma dernière chance de faire mes preuves. Elle a besoin de savoir que j'ai ce qu'il faut pour réussir, ou plus exactement, pour réussir mieux qu'elle...

Cela nous ramène sous une forme légèrement différente à la même question : pourquoi un homme ne peut-il pas « se respecter » s'il est incapable d'« entretenir sa femme et ses enfants » ? Et pourquoi une femme ne peut-elle pas le respecter s'il refuse ce rôle traditionnel ? Il est facile de répondre, comme on le fait depuis plus d'une décennie : c'est à cause des définitions sociales de l'homme et de la femme. Mais cette réponse n'est plus satisfaisante. Et d'autres questions se posent, qui demandent à être comprises.

J'ai déjà dit qu'au cours de mes recherches et de ma pratique clinique, des jeunes femmes et des jeunes hommes m'ont exprimé les sentiments contradictoires et conflictuels qu'ils éprouvent à propos de ces problèmes. Ils savent ce qu'ils *devraient* ressentir, mais la réaction intérieure ne correspond pas toujours aux impératifs extérieurs. Idéologiquement, ils se sont engagés à rompre avec les stéréotypes qui décrivent ce que doivent faire les hommes et quel doit être le comportement des femmes. Mais leurs émotions contredisent leur intellect. Ils savent que les nouveaux rôles et les nouvelles règles ont leur raison d'être ; ils n'ignorent pas l'importance de la lutte qu'ils devront livrer pour faire de ces règles et de ces rôles la réalité de leur vie et de celle de leurs enfants ; ils sont bien décidés à aller jusqu'au bout. Mais ils savent aussi qu'ils auront à payer le prix de la mutation, et qu'elle ne se fera pas sans conflits externes et internes qui ne se transformeront que trop souvent en conflits de couple. Tout cela nous amène à nous poser cette question : pourquoi, après tant de lutte, cette situation se reproduit-elle la plupart du temps ?

A l'extérieur, la désapprobation sociale à l'égard de ceux qui défient les conventions se fait sentir de bien des façons. Les parents sont souvent déçus de ce qu'ils voient. Une jeune femme exerçant une profession libérale, mère de deux enfants, m'a exposé ses doléances :

> Mes parents eux-mêmes n'approuvent pas notre façon de vivre. Mon père est scandalisé de constater que Paul s'occupe des affaires familiales au point de compromettre son statut professionnel. Ma mère essaye de comprendre, mais elle s'inquiète pour les enfants, pour l'avenir de notre mariage, etc. (*Rageusement.*) J'en ai par-dessus la tête et je me bouche les oreilles, mais ça m'empêche de penser tranquillement à ce que nous faisons.

Son mari ajoute :

> En procédant par allusions subtiles, son père me fait comprendre qu'à son avis je pourrais mieux réussir dans la vie. Quant à mes parents... eh bien, ils ont leur petite idée sur ce que devrait être leur juriste de fils. (*Profond soupir.*) Et je ne cadre pas du tout avec cette idée. Je n'ai pas la moindre envie de créer en association un cabinet juridique ambitieux. J'ai une bonne situation au service contentieux d'une société, mais ce n'est pas

là qu'un juriste peut gagner une fortune, ni se faire un nom. (*Il se passe les mains sur les yeux avec lassitude.*) Et ils sont donc déçus. Je comprends très bien leurs sentiments, mais je regrette amèrement qu'ils n'essayent pas de leur côté de comprendre pourquoi je mène ainsi ma carrière. Mon père s'est fait une très belle situation, et ma mère est la parfaite épouse du « grand homme ». Ni Kathy ni moi n'avons envie de suivre leurs traces.

Les amis, les voisins, les frères, les sœurs et les autres membres de la famille auront aussi leur mot à dire, et cela se comprend facilement : les personnes qui essayent de vivre selon les nouvelles règles suscitent souvent des controverses et de l'anxiété dans leur entourage. Parfois, on voit simplement en eux un cas anormal très intéressant. Le plus souvent, ils apparaissent aux yeux d'autrui comme un modèle pour l'avenir et, selon l'échelle des valeurs de l'observateur, ils sont considérés comme une menace ou une promesse. Un homme et sa femme, entre trente et quarante ans, tous les deux officiers de police dans le même service, m'ont parlé des difficultés qu'ils ont rencontrées aussi bien dans leur vie personnelle que dans leur vie professionnelle. Le mari, un homme robuste et séduisant dont le sourire facile et le calme dissimulaient une forte tension intérieure, me raconta :

Quand j'ai annoncé aux collègues que Gail avait décidé d'entrer dans la police, ils m'ont tous mis en boîte. Ils pensent que les femmes sont incapables de faire un métier d'homme et ils n'aiment pas travailler avec elles. Ils m'ont fait la vie dure. Quand j'allais au travail, j'étais toujours prêt à esquiver, comme si quelqu'un me menaçait d'un coup de poing. Mais je me disais aussi que Gail était dans son droit. Elle avait trente-deux ou trente-trois ans, les gosses grandissaient et elle s'était mis en tête qu'une femme doit faire quelque chose dans la vie... Elle n'avait pas envie de faire comme sa mère qui se contentait le plus souvent de regarder le temps passer.

« Comment en êtes-vous venu à comprendre ses besoins malgré la résistance de votre entourage ? » demandai-je.

Je ne sais pas trop... Nous en avons beaucoup parlé. (*Petit rire bref.*) Je veux dire : « Elle en a beaucoup parlé. » Moi, j'écoutais. Nous avons eu quelques scènes, aussi. Mais elle savait s'y prendre pour ne pas me laisser une minute de répit. Elle est bagarreuse, voyez-vous, et ne met pas facilement les pouces. Toujours est-il qu'au bout d'un moment, je me suis dit qu'elle avait raison. Après tout, elle avait élevé les gosses presque toute seule, et je dois dire qu'elle avait fait un sacré bon travail. (*Longue pause pensive.*) Quand elle a commencé à me parler de ses projets, les enfants avaient, je crois, dix ou douze ans. J'ai pensé que je lui devais bien ça. Elle avait toujours été près de moi, m'avait soutenu dans les moments difficiles ; c'était bien mon tour de lui donner un coup de main.

Au début, je ne savais pas qu'elle voulait entrer dans la police. Elle me disait qu'elle voulait travailler, sans rien préciser, et nos discussions se limitaient à ça. Quand elle me dit qu'elle voulait passer le concours d'officier de police, ce fut une autre paire de manches ! « *La mère de mes enfants,* un flic ! » Je pensais qu'elle perdait la tête. Et son projet m'inquiétait... notre métier devient de plus en plus dangereux. Je me souviens de m'être dit : « Ce n'est pas vrai ! Il n'est pas possible qu'une chose pareille m'arrive, à moi ! Elle ne parle pas sérieusement ! » Ma première réaction fut de lui dire : « Ma femme ne sera jamais un flic ! Rien à faire ! Devrais-je y laisser ma peau ! » Mais, comme je vous le disais tout à l'heure, quand elle a quelque chose en tête, elle plante ses crocs, et ne lâche pas, comme un bouledogue !

« Maintenant qu'elle a obtenu gain de cause, que se passe-t-il ? »

Tout se passe à peu près bien. Les copains me lancent moins de vannes, et c'est moins grave qu'avant. Il y a un an qu'elle travaille avec nous et les collègues constatent qu'elle ne demande pas un traitement de faveur parce qu'elle est une femme. Mais quand j'entends dire que sa brigade est appelée pour une opération qui pourrait être dangereuse, mon estomac se noue, et je ne cesse d'avoir peur qu'au moment où j'entends sa jolie petite voix qui répond à l'appel.

Gail, une femme dynamique, délurée, étonnamment frêle pour la quantité d'énergie qui émane d'elle, parle de son expérience :

Mon travail me passionne. Wayne s'habitue, et je pense même qu'il est fier de moi parce qu'il peut constater que je suis à la hauteur. J'y suis arrivée toute seule. Il ne m'a pas particulièrement encouragée. Je ne voulais plus qu'il me traîne comme un boulet ; je ne voulais plus faire appel à son aide à tout bout de champ et j'ai atteint mon but.

« Que se passe-t-il à la maison ? demandai-je. Est-ce que vous y partagez également les responsabilités ? »

Nous ne travaillons pas toujours aux mêmes heures. Celui qui est à la maison s'occupe des enfants. Il faut dire qu'ils ont de moins en moins besoin de nous. Mais il faut encore que quelqu'un soit là pour superviser les choses, pour en conduire un chez le dentiste, l'autre à la gymnastique, etc. La cuisine, c'est surtout mon rayon. Si nous comptions sur Wayne de ce côté-là, nous ne tarderions pas à mourir de faim. Mais maintenant, il prend sa part des corvées ménagères. Sur ce plan-là, je n'ai pas à me plaindre.

« A vous entendre, vous vous plaignez de quelque chose...

Bien sûr. Le problème ne vient pas de nous. Je pense que nous nous organisons fort bien. Il vient de notre entourage..., de nos collègues, de nos familles et de certains de nos amis. Les hommes avec lesquels nous travaillons sont mieux qu'avant, mais à mon avis ils n'acceptent pas *vraiment* de considérer une femme comme leur égale. Et ils mènent la vie dure à Wayne. Il essaye de faire la sourde oreille, mais, vous comprenez, il travaille avec ces types depuis dix ans, et c'est terriblement dur de devoir supporter leurs rosseries à longueur de journée. (*Soupir excédé.*) C'est quand même lamentable ! Les gens ne vous laissent pas vivre votre vie si elle est différente de la leur ! On dirait qu'ils se sentent menacés par notre façon actuelle de vivre... Ma sœur, par exemple, ne perd pas une occasion de me faire comprendre que, si je ne fais pas attention, Wayne me quittera pour une femme qui sera contente de rester chez elle pour lui garder une maison bien propre. Avec ma belle-mère, ce n'est pas mieux : elle m'a dit que pour rien au monde elle ne parlerait à quiconque de ce que je fais parce qu'elle est honteuse que la femme de son fils fasse un pareil métier, et patati et patata... Ma mère est moins pénible. Elle essaye de se montrer compréhensive, mais elle se fait des soucis pour nous, surtout pour les enfants. Elle aussi, je crois, a peur que Wayne se lasse d'être marié à une femme comme moi. On dirait qu'elle veut me rappeler que le rôle d'une femme est de contribuer au bien-être de son mari... Comme si je l'avais oublié !

Lorsque les couples qui essayent de réorganiser les dispositions familiales traditionnelles vivent dans un grand centre urbain, ils se sentent en général assez soutenus par une partie de leur environnement pour supporter les critiques les plus acerbes. Pour ceux qui vivent dans des petites villes ou des villages, il est beaucoup plus difficile de maintenir le type de vie qu'ils veulent construire. Mais indépendamment de l'endroit où ils vivent et des pressions extérieures (qui les poussent parfois à tenir bon), une voix intérieure leur rappelle qu'ils n'ont pas encore tout à fait abandonné les anciennes valeurs. C'est ainsi qu'une femme de trente et un ans, mère de deux enfants, qui travaille à plein temps, parle de son sentiment de culpabilité parce que sa vie n'obéit pas aux règles traditionnelles.

Le plus dur, pour moi est de vivre avec mes remords. Oui, je me sens coupable de ne pas être la petite femme parfaite, la maman idéale, comme le sont la plupart des collègues de Phil ; l'épouse qui organiserait des réceptions pour favoriser son avancement, qui veillerait à ce que tout soit en ordre, afin qu'il puisse se concentrer sur *sa* carrière, et ainsi de suite. Vous voyez ce que je veux dire, inutile de mettre les points sur les « i ».

Deux semaines plus tard, Phil, son mari, m'a parlé de son anxiété parce qu'il ne remplit pas le rôle qui lui revient aussi bien que les hommes qu'il connaît et qui vivent selon les anciennes règles.

Je sais, je sais, mon travail n'est plus censé entretenir *à lui seul* la famille. Mais quand les choses vont mal, nous comptons tous les deux sur moi pour gagner plus d'argent. Et c'est moi, et pas elle, qui n'y coupe pas.

Ces sentiments sont animés par le besoin masculin de faire ses preuves et, pour sa femme, par les soucis envahissants provoqués par les relations familiales. Mais ce n'est pas tout. Ces sentiments sont maintenus vivants par le fait que les femmes ont des salaires inférieurs à ceux des hommes. La différence est très frappante quand on pense que les femmes gagnent soixante cents pour chaque dollar gagné par les hommes.

Dans le couple qui nous intéresse, Phil est dentiste, et sa femme professeur, ce qui signifie qu'il gagne probablement trois fois plus qu'elle. C'est donc à Phil que revient la charge d'équilibrer le budget familial, malgré les remous de la période inflationniste que nous vivons. C'est logique, dira-t-on ; cela semble juste et raisonnable. En effet, si on accepte les hypothèses qui prétendent justifier une telle différence de revenus.

Mais posons-nous quelques questions. Qu'y a-t-il de logique dans cette inégalité ? Le travail du dentiste et celui de l'enseignante n'ont-ils pas l'un et l'autre une valeur sociale ? N'est-il pas au moins aussi important d'éduquer nos enfants que de soigner leurs dents ? Considérée sous cet angle, l'inégalité ne nous semble ni « juste », ni « raisonnable » ; et nous pouvons conclure qu'elle s'explique par le fait que le premier métier est exercé en grande majorité par les hommes et le second par les femmes. Remarquons également que la même inégalité s'étend à l'ensemble de la structure salariale de notre économie et que nous — en tant que société — avons systématiquement déprécié le travail accompli par les femmes, en justifiant par le fait même cette injustice.

L'argument traditionnel en faveur d'un bon nombre de ces inégalités de traitements est que l'art dentaire, par exemple, exige une période de formation plus longue que l'enseignement et doit donc être mieux récompensé. Mais ce raisonnement ne résiste pas à l'examen. Les professeurs de l'enseignement supérieur font en général des études aussi longues que celles des médecins, plus longues que celles des dentistes, des avocats ou des cadres de l'industrie, alors qu'ils sont loin de gagner autant qu'eux. La secrétaire de direction dont on a exigé un diplôme d'enseignement supérieur gagne notablement moins qu'un conducteur de chariot élévateur dans un entrepôt où personne ne se soucie de son degré d'instruction. Et on pourrait allonger indéfiniment la liste.

Là où les femmes et les hommes ont le même niveau d'instruction et les mêmes références, les premières gagnent malgré tout nettement moins que les seconds. Une enquête du ministère du Travail a constaté en 1981 que les femmes étaient payées beaucoup moins que les hommes dans la quasi-totalité des emplois *. La situation est la même, que la femme ait obtenu le diplôme très coté d'une université prestigieuse, ou qu'elle sorte d'une faculté locale peu connue. Par exemple, une enquête récente sur les femmes et les hommes ayant obtenu un diplôme de gestion de l'université de Stanford au milieu des années 1970 montre qu'après quatre ans de carrière les hommes gagnent en moyenne 35 000 dollars par an, et les femmes 27 500 seulement **.

Certains chercheurs pensent que ces différences de salaires viennent en partie des attitudes et des buts propres aux hommes et aux femmes, les premiers visant beaucoup plus haut que les secondes. Et en partie, disent-ils, du fait que ce sont les femmes qui quittent le monde du travail pour s'occuper de leurs enfants en bas âge ou pour suivre leur mari lors d'une mutation. Mais il ne s'agit pas de deux phénomènes distincts, l'un étant la conséquence directe de l'autre. La femme qui entreprend des études en vue d'un diplôme supérieur de gestion montre déjà clairement l'idée qu'elle se fait d'elle-même et de ses ambitions. Mais parce qu'elle est une femme, elle ajustera vers le bas ses aspirations aux exigences du mariage et de la maternité, alors que l'homme, sur ce plan, ne renoncera à rien.

Les réalités économiques de la dernière décennie ont eu,

---

* Voir aussi Jay Cocks, « How long till equality », in *Time,* vol. 120, juillet 1982.
** Myra H. Strober, « The MBA, Same Passport to Success for Women and Men ? », *in* Phyllis Wallace, *Women in the Workplace,* Auburn House, Boston, 1981.

bien sûr, un fort impact sur la vie familiale, à la fois sur le comportement du couple et sur l'idée qu'il se fait de cette vie. Aujourd'hui, plus de la moitié des femmes mariées ont rejoint le monde du travail, contre trente pour cent une génération plus tôt. Les chiffres concernant les femmes mariées ayant des enfants de moins de six ans sont encore plus frappants : il a suffi de vingt années, de 1960 à 1980, pour qu'elles passent de vingt à près de quarante pour cent *. Et bien que dans certaines de ces familles, on maintienne l'illusion que la femme n'a pas besoin de travailler, d'autres familles, plus nombreuses que jamais, reconnaissent que le salaire de la femme est indispensable à la famille si celle-ci ne veut pas renoncer au mode de vie qui lui est cher.

Pas plus tard qu'au début des années soixante-dix, alors que je me livrais à des recherches pour un livre sur les jeunes familles de la classe ouvrière, la plupart des hommes me disaient avec conviction : « Il n'est pas question que ma femme travaille. Sa place est à la maison, avec les gosses **. » Évidemment, beaucoup de femmes appartenant à cette classe ont toujours travaillé hors du foyer, et j'en ai rencontré un grand nombre au cours de mon enquête. Mais les maris estimaient qu'il s'agissait là d'une tare, de l'aveu public de leur insuffisance et, à cause de cela, rendaient malheureuses leur vie et celle de leur femme. De même, les femmes avaient souvent l'impression qu'une promesse avait été trahie, que leur mari, en étant incapable d'entretenir tout seul le ménage, faisait la preuve de son échec. Le mari et la femme savaient peut-être que leurs réactions étaient irrationnelles, mais ils ne pouvaient pas s'empêcher, en général, d'éprouver ces sentiments, et ils étaient incapables de contrôler le comportement que ces sentiments inspiraient.

Pour ces familles, et d'autres semblables, l'histoire est

---

* Ministère du Travail, Bureau des statistiques, *Employment in Perspective : Working Women,* rapport n° 653, Imprimerie nationale, Washington, 1981.

** Rubin, *op. cit.*

aujourd'hui toute différente. Sans pouvoir toujours éviter les conflits, les maris et les femmes reconnaissent plus souvent, et sans se faire prier, que les épouses doivent travailler parce que la famille a besoin de leur salaire. C'est évidemment plus facile à accepter quand tout un chacun, y compris les proches, affronte la même situation difficile. Un homme, nostalgique du passé, exprime avec résignation ce que beaucoup pensent :

> Oui, je regrette souvent que ça ne soit plus comme avant, quand l'homme était un homme et une femme une femme. On ne mélangeait pas tout. Chacun savait ce qu'il avait à faire et le faisait sans rechigner. Maintenant, sacré nom, c'est différent, oh oui ! très différent. Et ça ne sera plus jamais comme avant, c'est sûr, avec les prix qui n'arrêtent pas de grimper. Ce n'est pas demain que ma femme arrêtera de travailler, et je suis bigrement content qu'elle puisse le faire. Sans ce qu'elle apporte à la maison, nous n'arriverions pas à joindre les deux bouts.

Ce changement de situation signifie que de nouvelles règles modifient les anciens rôles. De même que l'homme accepte plus volontiers l'aide extérieure de sa femme, de même celle-ci se sent plus en droit de compter sur l'aide de son mari à la maison. Il est vrai qu'elle devra très souvent se battre encore pour l'amener à partager ce qu'on a traditionnellement défini comme un « travail féminin ». Mais, il est également vrai qu'un sens élémentaire de justice entre souvent en jeu. Quelques minutes plus tard, le même homme ajoutait :

> J'en fais peut-être moins que je ne devrais, mais je lui donne un coup de main pour les gosses et les corvées ménagères. J'ai même appris à faire un peu de cuisine. Vous comprenez, elle rentre après moi à la maison deux jours par semaine, et tout le monde commence à avoir faim. Alors, ces soirs-là, je mets le repas en route. Ce n'est que justice, non ? Elle aide à sa façon, et moi à la mienne.

Nous avons là un domaine où la classe sociale fait une différence. Dans les familles ouvrières, les traditions ont la vie dure parce que la vie elle-même est plus dure. On y a souvent l'impression que la survie dépend du maintien des méthodes connues et éprouvées. On peut donc s'attendre à ce qu'il y ait bien des discussions sur les valeurs du passé, alors que les individus vivent en réalité d'importants éléments de l'ordre nouveau. Dans les classes moyennes, où le choix (qu'il s'agisse du travail ou du style de vie) est plus immédiatement possible, le changement lui-même est beaucoup plus apprécié. Mais cela, en général, signifie seulement que les nouveaux rôles et les nouvelles règles tendent à avoir plus de crédibilité dans les paroles que dans les faits. En réalité, dans la plupart des familles, quelle que soit la classe sociale, on considère encore que l'homme aide sa femme dans son travail à elle, et réciproquement. Mais les frontières de ces tâches respectives sont beaucoup plus confuses aujourd'hui qu'elles ne l'étaient à une époque toute récente.

Ces propos peuvent sembler pessimistes, mais posez-vous ces questions : combien d'hommes, de nos jours, n'ont jamais changé les langes d'un bébé, jamais utilisé un aspirateur, jamais cuit un œuf, jamais gardé les enfants toute une journée pendant que la mère allait travailler ou se distraire ? Combien d'hommes, encore de nos jours, sont éloignés des réalités quotidiennes de la vie de famille au point de ne pas songer, ne serait-ce qu'une seconde, que les choses *devraient* être différentes ? Combien croient encore dur comme fer que la place de la femme est à la maison et celle de l'homme hors de la maison ?

Je venais à peine d'écrire ce qui précède que je me demandais : « Qu'importe ce que pensent les gens, ce qui compte n'est-ce pas ce qu'ils font ? » J'ai beaucoup réfléchi à cette question, la tournant et la retournant dans ma tête et revenant une fois de plus à ce que j'avais vu et entendu pendant les années que j'avais passées à étudier la vie familiale aux États-Unis. Je pense finalement que la question repose sur un point de vue simpliste qui ne tient pas compte des relations complexes qui lient la pensée, les croyances et le comportement.

Je sais, bien entendu, que ce que l'on croit ne garantit pas le changement et que le comportement traîne souvent loin derrière la conscience. Mais je sais aussi qu'une conscience modifiée est le prélude d'un changement de comportement ; que sans cette conscience modifiée il ne peut absolument pas y avoir de changement. Et l'une des choses les plus intéressantes, lorsque l'on essaye de comprendre ce qui se passe dans les zones intimes de la vie familiale — ce que les femmes et les hommes font en réalité quand la porte est fermée et qu'ils se savent à l'abri des regards indiscrets —, est qu'ils en disent plus qu'ils n'en font et en font plus qu'ils n'en disent. Cela signifie que parfois, sur certaines choses, ils approuvent pour la forme les nouvelles façons de vivre, tout en s'accrochant avec acharnement aux anciennes. Et, tout aussi souvent, ils s'expriment dans les termes des rôles traditionnels en s'orientant néanmoins vers les nouveaux.

Combien ces nouveaux rôles ont du mal à se mettre en place ! Nous en sommes encore à nous battre pour eux, à lutter contre les contraintes sociales et celles qui survivent en nous. Nous en discutons, nous les défendons ou les dénigrons dans un débat bruyant, souvent aigre. Pourtant chacun d'entre nous, même celui qui défend avec le plus de vigueur les anciennes façons de vivre, a été touché par les nouvelles. Une adversaire acharnée du nouveau féminisme, Phyllis Schlafly, n'a pas hésité elle-même à faire des études de droit. Elle a mené une brillante carrière juridique hors de chez elle pour plaider contre la révision de l'égalité des droits... quelque chose que sa grand-mère, eût-elle été suffragette, n'aurait certainement pas fait.

Mais des années de luttes et de conflits, à propos des nouveaux rôles et des nouvelles règles au sein de la famille, nous ont appris que le fait de préciser différemment qui travaille à la maison et qui travaille à l'extérieur, et d'équilibrer les responsabilités à l'intérieur du couple ne constitue qu'une partie du problème ; partie certes difficile à résoudre, mais néanmoins facilement accessible à notre intervention directe.

Les problèmes les plus profonds se situent dans la lutte visant à changer ce qui se passe *en nous*. Pour voir à quelle profondeur les anciens modes de vie sont encore actifs en nous, pour saisir la force avec laquelle ils influencent la vie et le comportement adultes longtemps après que nous avons pris conscience des nouvelles façons d'être, et pour comprendre pleinement l'origine de tout cela, il nous faut remonter à l'enfance.

3.

L'ENFANT QUI VIT EN NOUS

L'enfant annonce l'homme
Comme l'aube le jour.
JOHN MILTON

La dernière décennie a vu un déluge de livres de sciences humaines qui étudiaient comment la société et la famille s'unissaient pour former les filles et les garçons à leurs rôles respectifs approuvés par la société. Dès son apparition, le nouveau-né est identifié par son sexe : « C'est une fille ! » « C'est un garçon ! » Ces mots joyeux sont les premiers à être prononcés en présence de l'être humain qui vient de naître. A partir de là, cette identité déterminera de façon essentielle la forme de vie humaine qui lui est attachée.

Chaque société a tout un ensemble de normes relatives à ce qui convient au comportement féminin et au comportement masculin. Dès la naissance, ces attentes sont communiquées à l'enfant de mille façons, parfois si subtiles qu'elles échappent facilement à l'observateur et à l'acteur. Un père ou une mère, par exemple, sont souvent inconscients de la différence de traitement subi par les garçons et les filles au sein de la famille et des messages différents que reçoit l'enfant selon son sexe. Pendant les premiers mois, il semble tout naturel de manier la petite fille comme s'il s'agissait d'une fragile poupée de porcelaine et le petit garçon comme la robuste créature qu'il est supposé être. Sans y penser, nous disons, en regardant une petite fille : « N'est-elle pas mignonne ? » tandis qu'un petit garçon nous fera dire « Regardez-moi ça, comme il est costaud ! » Et quand, plus grands, ils sont capables de participer aux travaux familiaux, il semble tout « naturel » que la fille fasse la vaisselle et que le garçon tonde le gazon. De même, les illustrateurs des livres scolaires n'agissent pas consciemment quand ils ignorent les qualités d'initiative, d'espièglerie et de dynamisme des filles. Eux aussi trouvent naturel de faire figurer les filles comme les supporters passifs et encourageants des activités des garçons. Bien que le ferment féministe des dernières années ait dénoncé ces comportements inconscients, certains restent incompris ou invisibles et reflètent simplement les différences « naturelles » qui existent entre les filles et les garçons, les femmes et les hommes.

Il n'est pas ici question de prétendre que l'enfance détermine la vie adulte sous une forme fixe et immuable. Loin de là. La capacité d'apprendre, de progresser, de changer et même de se transformer ne s'atrophie pas quand vient l'âge adulte. Et si les expériences ultérieures de la vie ne renforçaient pas si efficacement celles de nos premières années, le changement, pour beaucoup d'entre nous, interviendrait plus facilement. Les choses étant ce qu'elles sont, la socialisation, qui aboutit à des comportements approuvés propres à chacun des deux sexes, se poursuit tout au long de la vie ; les institutions sociales font de nous, tranquillement et fort habilement, des hommes et des femmes conformes aux standards acceptés du moment et veillent à ce que nous le restions.

Jusqu'à ces temps derniers, je croyais qu'il suffisait de comprendre ces forces socialisantes pour expliquer les comportements stéréotypés des deux sexes. Mais après avoir observé pendant plus d'une décennie les efforts produits par les femmes et les hommes pour aboutir à ce changement (souvent avec un succès limité), j'ai été convaincue qu'il existe entre nous des différences qui ne sont pas *simplement* le résultat d'un apprentissage de rôles et de pratiques socialisantes. Sans aucun doute, des forces réelles et puissantes donnent forme à la vie humaine. Mais nous avons tous traversé une période de changements sociaux très profonds, une période où les anciennes normes idéales de la masculinité et de la féminité ont été soumises à une attaque en règle. Pourtant, même ceux d'entre nous qui ont été à la pointe du combat se retrouvent en conflit entre les nouveaux comportements et les anciennes idées. Je me demandai alors : « Pourquoi en est-il ainsi ? Il doit y avoir nécessairement autre chose pour expliquer l'obstination avec laquelle ces façons d'être résistent à nos efforts de changement. Autrement, pourquoi serait-il si difficile de désapprendre nos rôles alors que nous nous sommes mis à l'œuvre avec tant de cœur et de résolution ? »

Je pense maintenant que la réponse se situe dans quelques différences psychologiques, profondément enracinées, entre les hommes et les femmes ; différences, je me hâte d'ajouter, qui ne sont pas innées, mais qui sont elles-mêmes un produit de l'organisation sociale de la famille. Afin de comprendre ce que cela signifie pour notre vie et comment ce que nous sommes et notre mode de vie en sont profondément affectés, que ce soit individuellement ou collectivement, remontons au tout début, au jour de notre naissance.

Certains faits de la vie sont, bien sûr, particuliers à chacun d'entre nous : la famille où nous sommes nés, le nombre d'enfants qu'elle comporte, notre état de santé, etc. D'autres — ceux qui sont relatifs à la biologie et à la société des temps modernes — sont partagés.

La longue dépendance du petit enfant humain est un fait biologique. La famille et la façon dont elle s'organise pour répondre à ces besoins de dépendance sont des faits sociaux. Le fait biologique de notre dépendance infantile et les dispositions sociales qui sont prévues pour prendre soin de nous durant cette période font partie de notre fond commun. Les expériences particulières à notre personne, à la classe sociale, au sexe, à la race ou au groupe ethnique dans lequel nous sommes nés donnent un aspect particulier à ce fond commun. Toutes sont importantes pour notre développement ; toutes influencent profondément nos aspirations et nos choix dans les années à venir.

Mais c'est notre héritage commun, biologique et social, qui attire ici notre attention. Car il nous laisse un legs partagé qu'il faut comprendre si nous voulons nous connaître nous-mêmes, ainsi que nos relations, de manière à pouvoir vivre ensemble plus facilement.

En ce qui concerne les faits biologiques, nous ne pouvons rien faire, bien que l'on débatte encore sur la manière de les interpréter et sur leurs effets sur la mère et l'enfant. Certains affirment que les sécrétions hormonales qui accompagnent le processus de la naissance sont une façon, pour la nature, d'établir un lien entre la mère et l'enfant, lien qui oblige la mère à concentrer son attention sur son bébé et qui assure donc la survie de ce dernier. D'autres prétendent que le lien maternel, dont il est tant question ces temps-ci, est un produit social qui n'a pas grand-chose à voir avec la nécessité biologique.

Il est rassurant de penser qu'il existe un impératif biologique dans le lien mère-enfant. Cela justifie notre organisation sociale et calme nos appréhensions d'isolement et de solitude. Mais rien dans la nature, que ce soit aujourd'hui ou autrefois, n'exige le type d'attachement émotionnel que nous sous-entendons lorsque nous parlons de ce lien. En fait, les historiens de la famille ont avancé des preuves convaincantes qui montrent que le lien affectif qui unit la mère et l'enfant, si familier de nos jours, était quasi inexistant à certaines périodes historiques. Edward Shorter, par exemple, a exposé une pratique très répandue en France au XVIIIe siècle parmi les familles de la haute bourgeoisie qui se séparaient de leurs nouveau-nés pour les confier aux soins d'une nourrice pendant les cinq premières années de leur vie *. De son côté, en étudiant les relations parents-enfants dans la Grande-Bretagne du XVIe et du XVIIIe siècles, Lawrence Stone a conclu que les mères étaient « presque toujours aussi éloignées et détachées de leurs enfants en bas âge que l'étaient les pères * ».

Assurément, seule la femme a la capacité de concevoir, de porter un enfant et d'accoucher. Et, en d'autres temps, la vie du nouveau-né dépendait d'une femme, qui n'était pas toujours la mère, pour l'alimentation. Évidemment, ce n'est plus le cas aujourd'hui. Au-delà de la conception et de la naissance, le *maternage* et le « *paternage* » (ces mots ont pour nous un sens dans les termes des attentes qu'ils évoquent et de l'imaginaire qu'ils contiennent) sont strictement des constructions sociales, des rôles que nous assumons parce qu'ils ont été mandatés par un ensemble de conventions sociales établies depuis très longtemps et si bien ancrées qu'ils ont fini par sembler naturels à la plupart d'entre nous.

« *Maternage* » est un mot qui englobe une multitude de choses. Être materné, c'est être élevé dans le sens le plus élémentaire du terme : quelqu'un s'occupe de l'enfant selon ses désirs et ses besoins, sur le plan physique comme sur le plan psychologique. Mais que signifie « paternage » ? C'est un rôle infiniment plus fragmenté. Il est même difficile de concevoir ce que peut être le fait d'être « paterné ». On pense aussitôt à « autorité », « travail », « soutien financier ». L'idée d'être « paterné » n'évoque aucun désir ancien de tendresse, comme le fait par contre le mot « maternage ».

Il est certain que la structure des rôles et des relations sur lesquels reposent ces différences définit ce que nous sommes, comment nous nous relions aux autres et même comment

---

* *The Making of the Modern Family* Basic Books, New York, 1975.
** *The Family, Sex and Marriage in England 1500-1800,* Harper & Row, New York, 1977.

nous expérimentons la vie. Il est pourtant difficile de voir comment ces rôles pourraient être déterminés par la nature. Peut-on raisonnablement penser que quelque chose, dans la nature, désigne péremptoirement qui soutient la famille hors du foyer et qui le fait à la maison ; qui sait manier l'argent et qui sait cuisiner ; qui peut réparer une voiture et qui sait laver le carrelage ? Élever un enfant, le nourrir, l'habiller, l'aimer, lui assurer le confort et la sécurité ; en bref, être l'image de la survie pendant cette longue période de dépendance du petit enfant. Tout cela n'a rien à voir avec la biologie.

Pourtant, *c'est un fait* que la femme, même si elle n'est pas mère, est presque toujours la protectrice fondamentale de la prime enfance. *Et aucun fait, plus que celui-là, n'aura de plus graves conséquences sur ce que seront les enfants devenus hommes et femmes, et par conséquent sur la manière dont ils établiront entre eux des liens au cours de leur vie adulte.* En effet, lorsque le fait social se combine avec la réalité biologique de notre dépendance infantile, tout est prêt pour que se produisent des conséquences de développement dont nous n'avons pris conscience que tout récemment, conséquences qui sont intimement liées aux difficultés que nous rencontrons dans les relations amoureuses et le mariage.

Il ne faut pas croire pour autant que d'autres événements et les années qui suivent la petite enfance n'aient aucune importance et ne soient pas significatifs. Pour tout le monde, les années qui suivent sont sans aucun doute déterminantes et formatrices. Les changements sociaux et culturels des années récentes ont certainement modifié l'idée que nous nous faisons de nous-mêmes et d'autrui ainsi que notre façon de vivre ensemble. Pourtant, les années que nous avons passées à essayer de nous changer, et de changer également nos relations, n'ont obtenu que des résultats limités ; et cela parce que nous n'avons pas encore compris tout à fait que la plupart des éléments que nous voulons modifier sont enracinés dans notre univers interne et dans le monde extérieur ; et parce que, également, pour comprendre la formation de ces éléments, nous devons nous reporter aux années qui vont de la naissance à l'âge de cinq ans et à la structure même du parentage. Ce qui se passe après l'âge de cinq ans peut améliorer ou aggraver les conflits relationnels créés par ces différences. Mais, ainsi que nous le verrons plus loin, comme des éléments essentiels de la personnalité masculine ou féminine se développent pendant ces années précoces, les événements ultérieurs ne pourront pas supprimer totalement les conflits. Tout l'apprentissage qui suivra, quelle que puisse être son importance pour notre développement, se superposera à ces expériences précoces où une femme était le personnage le plus important de notre vie.

Si nous voulons savoir ce qui contribue à la formation des traits uniques de la personnalité d'un individu, c'est vers les faits particuliers de sa vie que nous devons nous tourner. Nous nous demanderons : « Quelle place tenait-il dans la constellation familiale ? Quel type de relations entretenait-il avec ses parents ? Et ses parents eux-mêmes, comment s'entendaient-ils ? Que signifiait pour lui le fait d'être l'aîné des enfants, ou celui du milieu ? Quelle réaction eut-il quand il fut opéré à huit ans ? Quand il fut surpris en train de se masturber, à douze ans ? Comment ressentait-il la pauvreté de sa famille ? Son aisance ? Quel effet produisit sur lui le divorce de ses parents ? Ou un décès dans la famille ? » Et ainsi de suite. Mais si nous voulons comprendre quelque chose sur les hommes et les femmes à un niveau plus général, quelque chose qui nous apprendra pourquoi les femmes, si uniformément, se comportent de telle façon à propos de certaines choses, et les hommes de telle autre, c'est vers leur expérience partagée que nous nous tournerons alors, vers leur culture, leur biologie, les institutions sociales dans le cadre desquelles ils vivent, se développent et travaillent, et vers le fait que ce sont les femmes qui maternent.

Au cours des récentes années, on s'est beaucoup intéressé aux sources culturelles des personnalités féminine et masculine. Le moment est venu de compléter le tableau, c'est-à-dire de prendre en compte la manière dont l'un des faits les plus évidents de la vie — le fait que ce sont les femmes qui maternent — est responsable de la création de structures de personnalités différentes chez les hommes et chez les femmes. Ce n'est qu'alors que nous comprendrons pleinement comment l'idéologie et la culture exercent un contrôle aussi décisif sur notre vie et pourquoi il nous est si difficile, malgré tous nos efforts, de parvenir à des changements personnels.

Pour comprendre pourquoi et comment il en est ainsi, nous ferons une rapide incursion dans la théorie psychologique. Ce n'est pas une entreprise facile, en partie parce que le chemin est pavé de concepts psychologiques dont le sens n'est pas toujours très clair ni immédiatement perceptible. Mais ces concepts sont essentiels si nous voulons aller au-delà de ce que nous savons déjà des différences entre les hommes et les femmes, dans un domaine de compréhension qui n'a jusqu'ici jamais été atteint.

Le voyage commence avec Freud. Quoi que l'on puisse penser de la théorie psychanalytique, Freud, en la développant, nous a donné la première expression claire du fait que la personnalité adulte repose sur les expériences précoces de l'enfance. On peut, aujourd'hui, se quereller sur certains éléments de la théorie, ou sur son ensemble, mais aucun murmure ne s'élève pour contester les prémices qui la fondent : pour comprendre certains éléments essentiels de l'âge adulte, il faut se tourner vers l'enfance.

Tandis que critiques et disciples développaient et étendaient la théorie freudienne, de nouvelles idées apparaissaient sur la psychologie de la petite enfance. Melanie Klein, d'abord, puis les théoriciens de ce qui fut connu plus tard sous le nom d'« École britannique de la relation d'objet », ont montré de façon convaincante que les expériences déterminantes dans le développement de l'enfant interviennent beaucoup plus tôt que ne l'avait pensé Freud et qu'elles émanent d'une autre source *. Au lieu de s'en tenir au développe-

---

* Melanie Klein, *Contributions to Psycho-analysis*, 1921-1945,

ment satisfaisant appuyé sur la résolution réussie du conflit œdipien, thème soutenu par la théorie psychanalytique initiale, ces théoriciens ont compris l'importance de la période préœdipienne (entre la naissance et cinq ans) dans le schéma de développement. Au lieu d'un faisceau d'instinct et de pulsions destinés à être jugulés par les parents en tant qu'agents de la société, ils en sont venus à considérer la vie intérieure du petit enfant comme un monde composé de ce qu'ils appelaient des « objets ». C'est un mot affreux lorsqu'on l'emploie à propos des personnes humaines et de leurs relations. Mais nos auteurs l'ont choisi pour exprimer clairement que chacun de ces « objets » n'est, en fait, ni une personne ni même une chose, mais une *représentation* interne de celles-ci filtrée à travers l'expérience intérieure et la conscience uniques de l'enfant. En langage simple, alors, ces « objets » sont essentiellement les images mentales que nous portons en nous, des

---

Hogarth Press, Londres, 1948 et *The Psycho-analysis of Children*, Hogarth Press, Londres, 1959. Tout en insistant comme Freud sur l'instinct en tant que déterminant principal de la personnalité humaine, Klein a également développé la base de ce qui a été connu plus tard sous le nom de « théorie de la relation d'objet ». Ceux qui suivirent ses traces rejetèrent à la fois le déterminisme instinctuel des premiers théoriciens psychanalytiques et le déterminisme culturel de néo-freudiens comme Erich Fromm, Karen Horney et Clara Thompson. Ce faisant, ils ouvrirent la voie à une théorie intrapsychique dynamique de la personnalité humaine qui tient également compte de la façon dont la culture est intégrée en tant qu'élément essentiel du développement humain. La théorie de la relation d'objet nous permet de comprendre l'interaction individu-société par l'intermédiaire de l'intériorisation du monde objet externe par le développement consécutif du monde objet interne. Parmi les personnages les plus représentatifs de ces développements théoriques, nous pouvons citer : Michael Balint, *Primary Love and Psychoanalytic Technique*, Liveright Publishing, New York, 1965 ; *W.R.D.* Fairbairn, *An Object-Relations Theory of the Personality*, Basic Books, New York, 1952 ; Margaret *S.* Mahler, Fred Pine et Anni Bergman, *The Psychological Birth of the Human Infant*, Basic Books, New York, 1975 ; *Separation-Individuation*, Jason Aronson, New York, 1979 ; *D.W.* Winnicott, *The Family and Individual Development*, Basic Books, New York, 1965 et *The Maturational Processes and the Facilitating Environment*, International Universities Press, New York, 1965.

intériorisations de personnes et de choses qui sont venues à notre connaissance et auxquelles nous nous identifions.

Mais que veut dire « intérioriser quelque chose ? » Comment pouvons-nous savoir que cette intériorisation existe ? Pouvons-nous la voir, la sentir ? La réponse est oui. Mais l'expérience de cette intériorisation exige que nous fassions une incursion en nous-même, pour passer des objets du monde extérieur à leur représentation dans notre monde intérieur.

Au niveau le plus simple, par exemple, si on prononce le mot « chaise », que se passe-t-il ? On forme immédiatement l'image mentale d'une chaise. Le *type* de chaise que l'on voit peut différer d'un individu à l'autre, mais l'*idée* de « chaise » évoque à l'esprit l'imagerie de quelque chose sur quoi on peut s'asseoir. Telle est l'intériorisation, la représentation mentale de l'objet « chaise » que nous portons en nous.

Si nous passons des choses aux personnes, tout se complique quelque peu, car pour ces dernières est impliquée une relation, une interaction continue et dynamique où les choses, en même temps, changent et restent les mêmes. En conséquence, les processus conscients et inconscients entrent davantage en jeu et les *significations* que nous prêtons à nos images intérieures sont au moins aussi importantes que peut l'être la réalité extérieure.

Lorsque je prononce le mot « mère », celui-ci provoque donc une réaction complexe. Nous pouvons d'abord penser à une femme parce que c'est ainsi que nous avons extériorisé l'*idée* de mère et que l'idée s'est symbolisée en nous. Mais pour chacun de nous il existe une personne réelle qui a été notre mère. Nous avons donc en nous également une représentation de cette personne ; représentation, j'insiste sur ce point, qui n'est pas nécessairement une reproduction exacte de la personne réelle, mais d'une personne que nous avons investie de motivations et de significations parfois très éloignées de la réalité.

Le bébé qui pleure de terreur en voyant sa mère s'en aller,

par exemple, le fait parce qu'il n'a pas encore atteint le développement interne qui lui permettrait de croire à l'existence de ce qui n'est pas immédiatement présent. Par conséquent, chaque absence est ressentie comme un abandon qui, pour le petit enfant, est aussi quelque chose qui menace sa vie même. Évidemment, la mère revient ; elle n'en a jamais douté. Mais l'enfant, lui, n'éprouvera aucune certitude tant qu'il ne sera pas capable d'avoir « en lui » l'image maternelle. Cette capacité atteinte, la séparation devient supportable. Mais les frayeurs engendrées dans ces premiers mois de la vie — le sentiment d'une mère toute-puissante, arbitraire — ne s'effacent pas totalement. Une mère fidèle et aimante peut rassurer l'enfant et atténuer ses frayeurs, mais l'*expérience* de l'enfant aux moments où il est frappé de terreur laisse sa trace dans l'image intériorisée de la mère.

C'est une image très complexe, qui s'est modifiée aux différents stades de développement. Mais chaque formation n'occulte pas la précédente ; elles se superposent dans le temps, les plus anciennes continuant de vivre aux niveaux les plus profonds de l'inconscient. La mère dont nous avons eu l'expérience pendant la prime enfance se trouve ainsi sous la mère de l'enfance qui, elle-même, se situe sous celle que nous avons intériorisée pendant l'adolescence. Chacune d'elles a été filtrée à travers les expériences de l'enfant grandissant en une interaction continue et complexe entre l'enfant, la mère, et les besoins des deux tels qu'ils se sont exprimés aux différents points du développement.

C'est pourquoi il nous arrive d'avoir la vision fugitive de la mère réelle aux moments les plus inattendus et de penser, stupéfaits : « Ça alors, je ne m'étais jamais rendu compte qu'elle était si petite ! » L'expérience d'une mère grande et puissante est l'intériorisation de l'enfant ; la prise de conscience de sa taille réelle est le fait de l'adulte surpris par la contradiction entre la réalité et l'imagerie inconsciente qui fait surface à un moment inattendu.

C'est aussi pourquoi, lorsque nous pensons à notre mère

ou que nous parlons d'elle, nous sommes souvent étonnés des contradictions que nous exprimons et ressentons. A un certain moment, elle est éprouvée comme une mère protectrice et bienfaisante ; à un autre, comme une mère coléreuse et répressive. Nous avons donc intériorisé les deux images et, selon les circonstances de notre vie adulte, c'est tantôt l'une, tantôt l'autre que nous prenons pour la réalité. C'est la mère intériorisée de notre prime enfance qui nous intéressera tout au long de ce livre ; l'image de celle qui dominait les années de notre enfance depuis notre premier jour sur la terre, quand nous commencions à connaître et à expérimenter le monde ou, si vous préférez, à l'intérioriser.

Mais comment tout cela peut-il nous aider à comprendre les relations orageuses du couple et expliquer le fait que nous nous sentons si souvent comme des étrangers même si nous vivons dans des rapports étroits et intimes ?

Il a fallu les travaux d'une sociologue, Nancy Chodorow, et d'une psychologue, Dorothy Dinnerstein, pour nous mettre sur la piste *. En s'appuyant délibérément sur les traditions (que je n'ai malheureusement pu qu'esquisser ici) et soutenues par le ferment de la pensée féministe moderne, ces deux écrivains ont commencé par s'interroger sur ces « objets » que nous intériorisons pendant la petite enfance et sur les représentations mentales qui deviennent un élément de notre vie psychique. Et elles ont osé poser des questions

---

* Nancy Chodorow, *The Reproduction of Mothering : Psychoanalysis and the Sociology of Gender,* University of California Press, Berkeley, 1978 ; Dorothy Dinnerstein, *The Mermaid and the Minotaur : Sexual Arrangements and Human Malaise,* Harper and Row, New York, 1976. Ma dette intellectuelle envers Nancy Chodorow est particulièrement importante. Son livre, que j'ai pu lire des années avant sa publication, m'a introduite à une nouvelle façon de voir les problèmes qui sous-tendent les relations conflictuelles entre les sexes. Son intention était d'expliquer comment le maternage se reproduit chez les filles ; la mienne, de montrer comment les structures de personnalités différentes chez les hommes et les femmes affectent des parties importantes de leur vie. Mais l'idée de ce livre est née lorsque j'ai lu pour la première fois Chodorow, il y a presque dix ans.

qui n'avaient jamais été abordées jusqu'alors, la principale étant celle-ci : « Quel est l'effet, sur le développement humain, du fait que seule la mère materne ? » Précédemment, la théorie psychologique tenait pour acquise la primauté de la mère ; elle estimait que tel était le destin de la femme, et que c'était, sinon la seule, du moins la meilleure voie conduisant au bien-être de l'enfant.

Ce n'est donc que tout récemment que l'esprit scientifique s'est permis de remettre en question ce que l'on croyait être généralement un don de la nature. Les recherches d'avant-garde de Margaret Mahler n'ont porté que sur les relations du maternage et du développement de l'enfant aux différents stades de sa croissance ; elle ne s'est jamais demandé si le fait que la mère a la toute première place auprès du petit enfant a en soi une importance primordiale dans le développement de celui-ci *. Aussitôt que cette question fut posée, un tout nouveau champ de possibilités s'ouvrit devant nous ; et l'importance de ce fait pour l'explication des différences masculine et féminine devint alors évidente.

Ce qui suit est donc un condensé des aspects essentiels de la théorie de la relation d'objet, telle qu'elle a été modifiée par Chodorow et Dinnerstein, et de ma propre élaboration de cette théorie, qui explique non seulement comment apparaissent les différences entre les femmes et les hommes, mais aussi comment elles affectent notre manière de vivre ensemble à l'âge adulte, et surtout en ce qui concerne les éléments les plus importants de l'amour et de la vie : l'intimité, la sexualité, la dépendance, le travail et le parentage.

Pour comprendre comment tout cela se passe, remontons à la prime enfance. Nous y voyons que, depuis le début, la vie est un processus consistant à former des liens, à intérioriser des représentations du monde extérieur et à établir des iden-

---

* Margaret S. Mahler, Fred Pine et Anni Bergman, *op. cit.* et Margaret S. Mahler, *op. cit.*

tifications avec les personnages significatifs de ce monde. Comme c'est la mère qui tient la première place auprès de l'enfant — elle le nourrit, le protège, le réconforte, le tient dans ses bras pour calmer ses peurs —, c'est avec elle qu'il forme son premier lien, un lien symbiotique où il ne distingue pas encore son moi de l'autre. Qu'il s'agisse d'une fille ou d'un garçon, c'est une femme qui détient cette place primordiale dans la vie intérieure de l'enfant, c'est une femme qui est l'objet de son plus profond attachement et qui devient le premier « autre » qu'il aime.

A mesure que s'écoulent les premières semaines, les premiers mois, ce lien infantile devient moins global, plus différencié. C'est l'époque où l'on voit chez l'enfant les premières lueurs de sa capacité à se distinguer d'autrui, et en même temps, le premier développement de sa capacité d'identification et d'intériorisation de l'« autre » dans sa vie psychique.

L'identification, dans ce cas, est simplement un pas supplémentaire dans le processus d'intériorisation ou, pourrait-on dire, une extension de ce processus. Elle indique chez le petit enfant le début d'un sens distinct du moi, tout en établissant un nouveau type de lien avec la mère. Pour la première fois, il est capable de s'identifier, de façon encore rudimentaire, avec un autre être, qui est *comme un autre lui-même*. Et parce que c'est une femme qui, jusqu'alors, a tenu la première place dans sa vie, c'est avec elle que s'établit cette première identification. C'est l'image mentale de la mère qui est intériorisée, c'est sa représentation qui vit en lui et à laquelle peut se jauger le moi naissant.

Autrement dit, quel que soit le sexe de l'enfant, ses expériences les plus précoces et les plus primitives de lien et d'attachement ont lieu avec une femme. C'est ce que nous montre le petit garçon de trois ou quatre ans quand il nous dit par exemple : « Quand je serai grand, j'aurai un bébé. » La mère se hâte de répondre : « Non, ce sont les filles qui ont un bébé, pas les garçons. » Et l'enfant, déçu et en colère, se met à pleurer. Il ne peut pas comprendre pourquoi, après avoir intériorisé son identification avec sa mère, il ne peut pas faire ce qu'elle a fait.

Le temps passe ; l'enfant quitte les bras de sa mère, marche à quatre pattes, puis se met enfin debout et fait quelques pas. La période de séparation et d'individualisation, jusque-là en germe, commence à s'épanouir. C'est le moment où le « je » et le « tu » deviennent perceptibles à l'enfant, où le « moi » et l'« autre » deviennent une réalité évidente. C'est aussi la période où les problèmes de séparation et de symbiose * passent irrésistiblement au premier plan, où l'enfant joue un jeu de bascule ambivalent entre son désir de dépendance et son besoin d'indépendance.

Comme on peut l'observer avec n'importe quel bambin, c'est pour lui une phase passionnante et effrayante : il suffit de le voir s'éloigner d'un air triomphant, pour aussitôt revenir le visage angoissé. Il quitte ses jouets qui le fascinaient quelques instants plus tôt, se précipite vers sa mère, grimpe sur ses genoux et se blottit contre elle, comme si sa vie était en jeu. Au moment où sa mère s'apprête à le rassurer, elle ne tient plus dans ses bras qu'un petit paquet de nerfs qui se débat pour s'en aller. Réconforté par sa présence, l'enfant peut retourner à ses jeux.

Séparation et symbiose, tels sont les thèmes qui dominent cette période. Pour l'enfant qui a eu, selon l'expression du psychanalyste britannique D.W. Winnicott, un maternage « acceptable », la peur que la séparation soit synonyme d'abandon, la peur que, la mère étant absente, celle-ci ou lui-même cesse d'exister, sera beaucoup moins intense ; pour les moins heureux des enfants, elle sera beaucoup plus aiguë.

Il n'y a pas de maternage parfait. Il est impossible d'être là pour rassurer l'enfant chaque fois qu'il est angoissé. Ce n'est d'ailleurs pas dans la nature de la vie, ni même souhai-

---

* Louise Kaplan, *Symbiose et Séparation,* coll.-Réponses, éditions Robert Laffont.

table. La mère (ou le père) qui essaye de protéger l'enfant de l'angoisse de séparation lui fait autant de mal que celle qui le pousse prématurément vers la séparation. Les abus de protection peuvent procurer un réconfort momentané, mais ils privent l'enfant de la joie de découvrir et d'étendre son indépendance, du sentiment de sécurité qu'il éprouve en apprenant que son moi existe et qu'il peut compter sur lui et du plaisir de lier connaissance avec ce moi en formation.

La séparation et la symbiose — l'enthousiasme et la peur qu'elles engendrent — seront des thèmes permanents de la vie adulte. Tout dépendra, évidemment, de la manière dont ces besoins auront été traités pendant la petite enfance. Selon notre passé, ils seront plus ou moins puissants et détermineront plus ou moins le type de nos relations. De toute façon, ils persisteront. Bien après que le conflit entre notre besoin de séparation et notre désir de symbiose auront cessé d'être au premier plan, ces problèmes vivront et influenceront nos attitudes.

Ainsi, à l'âge adulte, quand une femme et un homme vivent une relation intime, chacun refait l'expérience, ne serait-ce que sous une forme atténuée, de ces luttes précoces relatives à la séparation et à la symbiose, du conflit entre le désir de ne faire qu'un avec l'autre et le désir d'un moi indépendant, autonome. En s'unissant, la femme et l'homme remuent les désirs d'un passé oublié, mais encore vivement ressenti. Chacun porte en soi deux personnes, l'adulte qui dit : « J'agis » et l'enfant qui a connu autrefois le supplice et l'extase d'une union symbiotique. Extase, parce que l'enfant, dans les bras de sa mère, connaissait la félicité de l'unité et de la sécurité ; le supplice, parce que, à partir de la naissance, la vie semble être une série de séparations, chacune venant rappeler avec insistance celles du passé et annoncer celles à venir, chacune étant ressentie comme une menace à la survie elle-même.

L'adulte, évidemment, sait qu'un retour à l'ancienne union symbiotique est impossible et que la séparation n'est plus une question de vie ou de mort. Mais l'enfant qui vit en nous a l'impression que c'est encore une réalité. Et l'adulte réagit à la mémoire archaïque de ces sentiments précoces, même s'ils sont très éloignés de la conscience. En général, nous ne savons donc pas ce qui nous bouleverse, ce qui, à un certain moment, nous pousse irrésistiblement vers une relation, et, à un autre, nous effraye, nous angoisse et nous incite à reculer. Tout ce que nous savons, c'est que nous rêvons d'avoir un contact intime avec une autre personne, et que, dès que nous avons obtenu ce contact, sans le moindre avertissement, nous commençons à nous sentir angoissés d'une manière mal définie et d'ailleurs indéfinissable. Un homme de trente-neuf ans m'a exprimé ces sentiments :

> Judy et moi sommes très près l'un de l'autre. Nous ne connaissons avec personne une telle intimité. Il lui arrive même très souvent de savoir à quoi je pense. Mais ce n'est pas l'euphorie ! Parfois, j'aime qu'elle me connaisse si bien ; c'est apaisant, rassurant. Mais il y a des moments où je me dis tout à coup : « Bon Dieu ! si je ne la quitte pas tout de suite, elle va me dévorer ! » Ça a l'air idiot, mais c'est bien ce que je ressens. Je ne sais pourquoi, mais à ces moments-là, j'ai l'impression d'être un petit garçon apeuré. Mais de quoi ai-je peur ? Je n'en sais fichtre rien !

C'est en effet difficile à savoir, car ce n'est pas l'homme, mais l'enfant qui vit en lui, qui réagit de cette façon. C'est l'enfant, autrefois materné par une femme, qui, maintenant, se trouve rassuré par l'idée que cette autre femme le connaît parfaitement et l'aime totalement. Et ce même enfant, qui a dû se séparer de sa mère maintenant s'éloigne, apeuré ; ce qu'il fuit, ce n'est pas l'intimité voulue par sa femme, mais la source apparemment inépuisable de ses propres désirs et besoins de dépendance que cette nouvelle relation menace de réveiller.

Le processus qui permet à l'enfant de se séparer est complexe et inclut plusieur étapes essentielles du développement. La plus importante de celles-ci est l'élaboration d'un sentiment du moi indépendant, cohérent et continu ; un moi unique et distinct de tout autre que nous pouvons identifier comme bien à nous ; un moi qui puisse fonctionner dans le monde extérieur de façon assez satisfaisante pour répondre aux besoins les plus urgents ; un moi qui sait qu'un « je » existe, quoi qu'il puisse se passer dans une relation, aussi bien avec la mère de la prime enfance qu'avec l'amant(e) de la vie adulte. Ce moi psychologique est l'équivalent interne du moi physique ; il n'est pas visible de la même façon, mais il est tout aussi important pour que nous ayons le sentiment de notre identité.

Deux choses sont essentielles dans ce processus : la cristallisation d'une identité sexuelle et la continuité de ce que les psychologues appellent : les « limites du moi », ces frontières psychologiques du moi qui permettent à chacun de se détacher du reste du monde. C'est dans une large mesure ce qui est en jeu dans la lutte de l'enfant pour la séparation, lutte qui est différente pour les filles et les garçons simplement parce que c'est une femme qui les a maternés les uns et les autres.

La croissance est une période difficile à traverser quel que soit le sexe de l'enfant. Mais les problèmes qu'ils rencontrent à chaque étape de leur développement sont différents selon les cas qui se présentent ; ils sont plus difficiles à résoudre tantôt par les filles, tantôt par les garçons. Par exemple, s'il s'agit d'établir les limites du moi, l'identité entre la mère et la fille rend les choses beaucoup plus compliquées pour les filles que pour les garçons. Comme elles sont du même sexe, il est beaucoup plus difficile pour une fille de se séparer, plus difficile pour elle et sa mère de savoir où commence l'une et où finit l'autre. Par ailleurs, si nous considérons un autre problème important de l'individuation (l'établissement d'une identité sexuelle, ce qui suppose l'intériorisation et le renforcement de la notion « je suis une fille » , « je suis un garçon »), l'identité entre la mère et la fille facilite les choses, alors que la différence entre la mère et son fils rend le problème beaucoup plus difficile et compliqué pour le garçon.

La différence entre *être* de sexe masculin et *être* de sexe féminin ne fait évidemment aucun doute. Mais ce qui a été beaucoup moins clair jusqu'à maintenant, c'est la manière dont le *processus* du développement et de l'intériorisation de l'identité sexuelle (très différent pour les filles et les garçons, en raison de la structure du parentage) affecte le développement des limites du moi et détermine par conséquent le modèle de la personnalité féminine ou masculine à l'âge adulte. L'*identité sexuelle* et les *limites du moi* sont les deux éléments de la personnalité sur lesquels nous concentrerons notre attention parce qu'ils sont les deux étapes du développement de l'enfant les plus fortement influencées par le fait que les femmes jouent le rôle le plus important durant la prime enfance.

Normalement, le processus de la différenciation sexuelle débute à la naissance et se poursuit durant les premières années de la vie de l'enfant. Ce processus est bien entendu d'ordre biologique. Mais l'*identité*, et le *comportement* qui en découle sont d'un autre ordre comme le montrent très bien les recherches sur l'établissement de l'identité sexuelle *. Donnez à un enfant une fausse étiquette d'identité sexuelle pendant les premières années de sa vie, et la confusion sexuelle aura les plus grandes chances de persister toute sa vie — indépendamment de ce que montrera plus tard son développement génital et de toutes les tentatives sérieuses tendant à corriger l'erreur.

Quand un garçon qui a été élevé par une femme éprouve le besoin d'établir son identité sexuelle, il se produit un pro-

---

* John Money et Anke A. Ehrhardt, *Man and Woman, Boy and Girl,* Johns Hopkins University Press, Baltimore, 1972 ; Robert J. Stoller, « A contribution to the Study of Gender Identity », in *International Journal of Psychoanalysis,* vol. 45, 1964 ; « The Sense of Maleness », *Psychoanalytic Quarterly,* vol. 34, 1965 ; « The Sense of Femaleness », *Psychoanalytic Quarterly,* vol. 37, 1968 ; « The Bedrock of Masculinity and Feminity : Bisexuality », in *Archives of General Psychiatry,* vol. 26, 1972 ; « Overview : the Impact of New Advances in Sex Research on Psychoanalytic Theory », in *American Journal of Psychiatry,* vol. 130, 1973.

fond bouleversement de son monde intérieur. Malgré les autres contacts qu'il a pu avoir, pendant les premiers mois, avec son père, ses frères et sœurs, ses grands-parents ou même une baby-sitter, si la mère a assuré les soins principaux, l'attachement de l'enfant à sa mère et son identification avec elle resteront essentiels. Maintenant, pour pouvoir s'identifier avec sa masculinité, il doit renoncer à cette relation avec la première personne qu'il a profondément intériorisée dans son monde psychique au point d'en faire une partie de lui-même, il doit chercher à s'attacher plus profondément à son père et à s'identifier de plus en plus à lui. Mais ce père, jusqu'alors, n'a été qu'un personnage secondaire de sa vie intérieure, et souvent guère plus qu'une ombre parfois agréable, parfois gênante sur la conscience de l'enfant en cours de développement *.

Le petit garçon qui doit devenir un homme est contraint de passer par un processus difficile, complexe et pénible. Bien qu'ils interviennent à des époques différentes dans la vie du petit enfant et bien qu'il s'agisse de deux démarches psychologiques distinctes, l'identification et l'attachement sont si étroitement liés que l'enfant ne peut pas renoncer à l'un sans léser l'autre. En refoulant l'identification avec sa mère, l'attachement à celle-ci devient ambivalent. L'enfant a encore besoin d'elle, mais il ne peut plus être certain qu'elle sera là et qu'elle mérite sa confiance.

Pour se mettre à l'abri de la souffrance provoquée par ce

---

* Une question se pose : qu'arrive-t-il dans une famille où il n'y a pas de père ? Il y aura sans aucun doute des différences entre les personnalités, fondées sur la qualité et la nature des expériences personnelles, sur la race, la classe sociale et le milieu ethnique. Mais le *processus* par lequel le garçon élevé par une femme établit son identité sexuelle ne change pas. Que le père soit ou ne soit pas au foyer, le garçon renforcera son identité sexuelle en faisant passer d'une femme à un homme sa première identification. Quelque part en lui vit l'image intériorisée d'une personne de sexe masculin, peut-être un homme ou des hommes qui ont eu un contact avec lui, peut-être même la représentation idéalisée du père absent.

changement radical de son monde intérieur, l'enfant établit un ensemble de défenses qu'il utilisera de bien des façons, toutes importantes, pour le meilleur et pour le pire, pendant tout le reste de sa vie. C'est le début de la formation des limites du moi, qui sont solidement ancrées, des barrières qui séparent rigoureusement le moi des autres moi, qui circonscrivent non seulement ses relations avec autrui, mais également ses rapports avec sa vie émotionnelle.

La frustration qu'il éprouve en devant renoncer à cette relation précoce peut expliquer en partie l'agressivité prétendument si naturelle chez l'homme. Lorsque cette agressivité est dirigée contre les femmes, elle peut être interprétée comme une réaction à cette perte précoce et au sentiment de trahison qui l'accompagne. L'enfant, en son for intérieur, estime qu'il n'a rien fait, mais qu'on lui a fait quelque chose ; il a le sentiment que cette mère qui, jusqu'alors, avait été l'adulte aimée sur laquelle il pouvait compter, avec laquelle il pouvait s'identifier, l'avait abandonné au monde vague et étranger des hommes. Dans ces conditions, comment pourrait-il avoir de nouveau toute confiance en elle, ou en n'importe qu'elle femme ?

Que ce soit vrai, dans le sens absolu, ou non, n'a aucune importance. Ce qui compte, c'est la façon dont l'expérience est intériorisée et comprise par l'enfant. En ce sens, la nécessité d'un tel refoulement engendre des sentiments d'abandon qui suffisent par eux-mêmes à stimuler la colère. A mon avis, il semble que nous assistions également à un cas d'agressivité tournée vers l'extérieur pour essayer de compenser l'agression originelle, tournée, elle, vers l'intérieur quand, étant un petit enfant, il a été contraint de briser brutalement sa vie intérieure.

Cette phase de développement peut également expliquer le mépris de la femme que l'on observe si souvent chez les hommes. Si on considère le dilemme du petit garçon et la rupture intérieure exigée par la séparation, on peut comprendre que le mépris est né de la peur et non de l'arrogance ; de la peur qu'éprouve l'enfant qui se trouve obligé de repousser la présence toute-puissante de sa mère qui a existé en lui au début de sa vie. Cette peur est si intense qu'il ne peut vivre avec elle qu'en la neutralisant, en se persuadant que sa mère — la femme — est un être faible, chétif, dont le manque de virilité la condamne à jamais à une place secondaire et méprisable dans le monde.

Pour aussi difficile que soit pour un garçon l'établissement d'un moi distinct et indépendant, certaines différences entre sa mère et lui l'aident à tracer des limites claires et nettes. Il est, après tout, anatomiquement de sexe masculin, et sa mère de sexe féminin. En fait, il semble logique de supposer que l'intérêt mêlé de gêne que portent les hommes à leur pénis en tant qu'organe d'identification doit son origine à ces années de l'enfance. Cela se tient, non ? Quand vient pour le petit garçon le moment de se séparer de sa mère pour s'identifier à un homme, que pouvait-il faire d'autre pour donner quelque réalité à la tâche qui l'attend et pour rendre raisonnable cette exigence qui lui semble si *dé*raisonnable ?

Pour les filles, une série totalement différente d'obstacles s'oppose au processus qui lui permettra d'acquérir le sentiment d'un moi indépendant. C'est une contradiction, parmi d'autres, qui rend cette affaire de développement si évasive et irritante. Le fait qu'il n'y ait pas de différences évidentes entre la mère et la fille rend plus facile pour les filles que pour les garçons l'établissement d'une identité sexuelle ; mais, par ailleurs, le problème de la séparation — c'est-à-dire le fait de se définir et de s'éprouver comme un individu autonome et limité — est plus difficile à résoudre pour les filles.

Dans des conditions normales de développement, la formation d'une identité sexuelle, chez une fille, n'exige aucune rupture déchirante avec le passé. Elle est une fille, sa mère est une femme, et elle comprend intuitivement que l'une conduit tout naturellement à l'autre. Comme elle n'a pas besoin de déplacer la représentation intériorisée de la mère aimée, elle n'est pas contrainte de construire des défenses contre ses sentiments et son attachement ; pas contrainte non plus, par conséquent, d'établir le type de frontières strictes dont ont besoin les garçons pour protéger et maintenir ces défenses. Autrement dit, en tant que femme, elle établira des limites du moi plus perméables que celles des garçons, et ce fait est d'une énorme importance sur la manière dont elle organisera sa vie intérieure et sa vie extérieure.

C'est dans cette partie du scénario du développement que nous voyons la naissance des capacités d'empathie que l'on s'accorde à reconnaître aux femmes. Le contexte dans lequel s'effectue la séparation et où s'élabore l'identité veut qu'une fille n'est jamais obligée de se séparer aussi complètement et irrévocablement que ne le fait le garçon. Son moi n'est donc jamais aussi séparé que le sien ; elle se ressent toujours comme le prolongement d'un autre être ; et le maintien de rapports personnels étroits continuera d'être l'un des thème essentiels de sa vie. En conséquence, elle gardera la capacité, née dans l'union symbiotique précoce, de sentir les états émotionnels d'autrui comme s'ils étaient les siens propres, et de participer à la vie intime d'une autre personne. Cette capacité, chez l'adulte, est appelée empathie.

Pour les mêmes raisons, la fille se forme une vie intérieure plus complexe que celle du garçon. Tout en s'acheminant vers la maturité, non seulement elle garde son identification avec sa mère comme une partie fondamentale de sa vie intérieure, mais elle intériorise le père en tant qu'« autre » aimé. Ce processus a lieu beaucoup plus tard, bien après la consolidation de son identité sexuelle. Mais il est néanmoins très important si l'on veut comprendre les différences de la vie intérieure de la femme et de l'homme. Lorsque le garçon intériorise le père et rejette la mère, il reste avec un seul « autre » significatif qui joue un rôle actif dans sa vie psychique, un seul être avec qui il puisse échanger. La fille en a deux. Cela peut sembler de peu d'importance, mais la différence de structure psychique, et donc le développement de la personnalité, est énorme. Elle signifie que le jeu des relations intimes de la femme devient triangulaire, tandis que celui de l'homme reste duel.

Il est évident que la mère ne disparaît pas totalement de la vie intérieure du garçon. Au niveau conscient, elle continue d'être une présence importante et évidente. Au niveau inconscient, l'identification est refoulée, l'image intériorisée subit un changement radical, et le garçon se met à construire des défenses contre les besoins, les désirs et les sentiments associés à cette relation précoce. Mais quelles que soient la hauteur et la solidité des murs de la structure défensive, le conflit suscité par le refoulement continue de se faire sentir. Nous pouvons voir qu'il s'exprime, par exemple, dans le ressentiment qu'éprouvent souvent les hommes adultes à la naissance de leur premier enfant.

Cela ne veut pas dire qu'ils ne veulent pas de l'enfant, que la paternité ne leur procure pas de satisfactions et qu'ils ne ressentent pas un réel plaisir à voir la famille s'élargir. Mais parallèlement à ces sentiments positifs, il y en a d'autres qui jaillissent, sans se faire annoncer, d'un passé oublié mais pénible, du besoin de refouler le premier être aimé, du profond sentiment de désarroi provoqué par ce refoulement et de la colère de l'enfant vis-à-vis d'une mère qui ne l'a pas mis à l'abri de cette souffrance.

Pour certains hommes, la naissance d'un enfant réactive la peur de l'abandon. « J'avais l'impression que ma femme me délaissait, qu'elle n'était plus là pour moi. » Pour d'autres, il s'agit du rappel d'un abandon plus ancien : « Je ne m'en suis souvenu qu'à la naissance de Bobby, mais c'était exactement le même sentiment que celui que j'avais éprouvé quand j'ai eu un petit frère. Après cet événement, mes relations avec ma mère ont définitivement changé. » Il y a aussi le réveil d'une ancienne rivalité, surtout si le nouveau-né est un garçon : « Je sais que ça peut paraître épouvantable, mais j'avais l'impression d'avoir un rival. Je devais arracher au bébé le temps et l'attention que m'accordait ma femme. Et c'est d'autant plus lamentable qu'elle était une très bonne mère qui avait pris à cœur ses nouvelles tâches. »

Nous sommes déconcertés par ces hommes, nous condamnons leur comportement. Nous nous demandons comment des adultes peuvent être jaloux d'un enfant impuissant et nous n'hésitons pas à coller sur leurs sentiments une étiquette péjorative ou pathologique. Et pourtant, leur attitude est prévisible, étant donné les épreuves de développement qu'impose au garçon l'organisation traditionnelle de la famille. Le refoulement de l'identification avec la mère et le dommage subi par l'attachement qui en découle n'ont pas mis fin à son problème. Au contraire. Le refoulement peut reléguer les désirs et les besoins dans l'inconscient, et c'est là qu'ils vivront en attendant le moment où ils se feront entendre de force. La nostalgie de la partie refoulée continuera de se faire sentir, poussant l'homme à recréer à l'âge adulte la situation archaïque infantile dans l'espoir que, cette fois, le résultat sera différent. Cela signifie qu'il passera probablement le reste de sa vie à essayer de rétablir cette première relation exclusive, tout en luttant contre ses sentiments ambivalents, relatifs à l'attachement, en hésitant entre sa lassitude de la relation émotionnelle et son désir de retrouver avec une femme cette ancienne expérience paradisiaque.

Lorsqu'il se marie, il se réjouit de retrouver ce à quoi il a dû renoncer autrefois : l'union avec une femme. Mais quand arrive le premier enfant, tout ce qu'il a si longtemps espéré et finalement acquis est de nouveau menacé ; la relation exclusive est perdue, le rêve interrompu. Il capitule, furieux contre sa femme, exigeant, agressif, jaloux de son propre enfant et en même temps honteux de ces sentiments qu'il ne comprend pas et n'apprécie certainement pas. Un père de trente ans se souvient d'avoir vécu ce malheureux enchaînement de circonstances :

Je m'étais senti isolé pendant très, très longtemps, mais quand j'ai épousé Hélène, tout a changé. J'avais finalement dans ma vie quelqu'un qui était vraiment là pour moi. L'idée de me marier m'avait d'abord inquiété, j'avais peur de perdre mon indépendance, et d'autres choses semblables. Mais dès que nous nous sommes décidés, je ne peux pas expliquer ce qui m'est arrivé... j'avais l'impression de revenir à la maison de mon enfance. Ces deux premières années furent presque parfaites. Même la période de grossesse d'Hélène fut pour moi fantastique. Mais tout a changé quand notre fils est né. J'avais le sentiment que tout volait en éclats et qu'Hélène passait tout son temps à s'occuper du bébé. Je ne comptais plus. Mon univers s'écroulait et j'en voulus à l'enfant. Puis je me sentis terriblement mal dans ma peau. Quel père étais-je donc pour être furieux contre ce petit bonhomme ? Mais c'était plus fort que moi. Je détestais ma réaction, mais je ne pouvais rien y faire. Le petit était là. C'était trop tard. Pour Hélène et moi, jamais les choses ne seraient comme avant : elle, moi, et rien d'autre.

« J'avais l'impression de revenir à la maison de mon enfance », dit-il. Et comme dans cette autre vie, cette autre maison, une relation exclusive était rompue ; et la souffrance de cet ancien abandon rend encore plus poignante la seconde expérience.

Sa femme est déconcertée par sa réaction. « Comment peut-il éprouver de tels sentiments pour son propre enfant ? » se demande-t-elle à tout bout de champ. Elle connaît la profondeur de l'intensité de ses propres sentiments à l'égard du bébé, et se dit : « Comment se peut-il que ce soit si différent pour lui et pour moi ? » Elle peut tenter de le réconforter, de le rassurer, mais elle aussi est en colère, non pas qu'elle soit insensible, indifférente ou tellement accaparée par son enfant que son mari a cessé d'exister, mais simplement parce qu'elle est incapable de comprendre.

S'ils essayent de se parler de leurs différences, ils ne s'« entendent » pas vraiment. En partie parce que l'homme perçoit une certaine réalité qui échappe à la femme. Le maternage a sur la femme des exigences que le paternage, sous sa forme traditionnelle n'impose pas à l'homme. Par conséquent, pour le jeune père, *il y a* une perte ; perte de l'attention exclusive de sa femme, d'une partie du temps qu'ils passaient ensemble ; perte également de l'intensité de leurs relations maintenant qu'elle se consacre aux soins requis par le bébé.

La mère peut, elle aussi, ressentir une diminution de l'intensité de ses relations avec son mari ; elle peut regretter d'avoir moins de temps à lui accorder. Mais les difficultés que ces changements peuvent entraîner sont compensées par son dévouement et son attachement à l'enfant, sa joie de voir évoluer leurs relations, relations dont le père est souvent exclu ; en partie parce que le partage traditionnel des rôles dans la famille fait du père, à ce stade de développement de l'enfant, un personnage secondaire ; en partie parce que les hommes eux-mêmes s'adaptent difficilement à l'impuissance du petit enfant.

Il y a encore autre chose. La femme a du mal à comprendre la possessivité de son mari et son besoin d'exclusivité parce que sa vie psychique la plus profonde a une configuration triangulaire. C'est là que nous pouvons voir l'origine de l'aisance avec laquelle la femme vit ses relations avec le petit enfant et son mari. C'est cette configuration intérieure qui explique pourquoi les femmes ont la réputation méritée de savoir négocier les relations les plus complexes avec le monde extérieur. Nous le voyons tous les jours : cette capacité parfaitement réglée d'évoluer à l'aise dans les relations humaines permet aux femmes de répondre avec beaucoup plus d'aisance que les hommes aux exigences émotionnelles d'une grande diversité de relations. C'est ainsi qu'elles dirigent la vie affective de la famille, en expliquant le père aux enfants, et les enfants au père, assurant la bonne entente entre frères et sœurs, maintenant en bon ordre les relations avec la famille étendue et les amis.

Pour la femme, la similitude avec la mère et la continuité d'identification qu'elle permet rendent donc possible le développement de ces capacités. Pour l'homme, la différence et la discontinuité dominent la période la plus précoce du développement et compromettent donc l'évolution de ces mêmes qualités. Il est vrai que beaucoup d'hommes s'estiment trop occupés ou trop importants pour se consacrer à des affaires aussi terre à terre. Mais à côté de cette vérité, il en existe une autre qui peut passer inaperçue. En réalité, la plupart des hommes n'excellent pas dans les négociations interpersonnelles chargées d'un contenu émotionnel parce que leur vie relationnelle intérieure s'est trouvée relativement appauvrie par la nécessité de refouler leur identification avec la mère, pendant la prime enfance. Ils se tournent donc vers ce qu'ils savent le mieux faire — manier les aspects de la vie qui semblent être les plus soumis au contrôle de la raison, comme le travail et les questions d'argent —, et ils leur donnent le maximum d'importance pour camoufler leur incapacité dans les domaines où leur femme réussit si bien. Mais il ne faut pas croire, contrairement à ce que voudrait la tradition, qu'il s'agisse pour les femmes d'un don inné. Leur excellence dans ces affaires est le résultat du processus dont j'ai parlé, lui-même issu du fait que les femmes sont seules à materner.

Tels sont les paramètres au milieu desquels nous luttons pour nous relier les uns aux autres. Côté femmes, le problème consiste surtout à maintenir la séparation ; côté hommes, le plus difficile est de maintenir l'unité. Tels sont les problèmes qui se font ressentir à chaque tournant important de la vie du couple, depuis les conflits relatifs à l'intimité et à la dépendance jusqu'à la façon de vivre en relation avec les enfants.

4.

LA VALSE HÉSITATION

Les hommes, les femmes et l'intimité

> *Pour l'être humain, en aimer un autre est sans doute la plus difficile de toutes ses entreprises, le critère essentiel, l'ultime preuve, le travail pour lequel tout autre n'est que préparation.*
>
> RAINER MARIA RILKE

L'intimité. Nous la désirons de tout notre être, mais en même temps, nous la redoutons. L'un de mes anciens professeurs la définissait par ce message : « Va-t'en un peu plus près. » Je l'appelle la valse hésitation.

On a coutume de dire que les femmes désirent l'intimité et que les hommes lui résistent. Les arguments qui *semblent* appuyer ce point de vue ne me manquent pas. Que ce soit dans mes enquêtes, mon travail clinique ou dans les circonstances de ma vie ordinaire, j'entends sans cesse la même histoire : « Il ne parle pas », dit une femme. « Elle veut que je lui parle, mais de quoi, je n'en sais rien », dit un homme. « Je veux savoir ce que tu ressens », dit une femme. « Je ne ressens rien. » « Qui peut prétendre ne rien ressentir ? » « Moi ! » Le ton monte, ainsi que le mur qui les sépare. Sur la défensive, et furieux, ils se replient sur eux-mêmes, mis en échec par leur incapacité de se comprendre.

Les femmes ne cessent de se plaindre entre elles de ne pas pouvoir parler à leur conjoint de ce qui compte le plus pour elles : de ce qu'elles pensent et ressentent elles-mêmes, de ce qui se passe dans le cœur et dans la tête de l'homme avec lequel elles vivent. Et les hommes, quand ils sont entre eux, étant moins aptes à se raconter et à exposer leurs conflits intérieurs et ceux qui les opposent à la femme de leur vie, ou bien se taisent, ou bien tournent les femmes en dérision. Se moquer des femmes, se plaindre en riant des mystères qu'elles ont en tête, s'étonner de leur façon d'être, telles sont les normes de la camaraderie masculine. Freud lui-même n'y a pas échappé quand, exaspéré, il se moquait : « Que veulent les femmes ? Seigneur, que veulent-elles donc ? »

Mais ce n'est pas un sujet de plaisanterie, ni pour les femmes ni pour les hommes qui aiment pourtant faire comme si c'en était un.

> Cette foutaise que vous, les femmes, appelez intimité, me met en rogne ! Je n'ai jamais compris où vous voulez en venir quand vous en parlez. Karen se plaint de ce que je ne lui parle pas, mais ce n'est pas des paroles qu'elle attend de moi, c'est autre chose et je ne sais fichtre pas ce que ça peut être. Elle n'arrête pas de réclamer des « sentiments ». Alors que dois-je faire, si je n'en ai pas à lui donner, si je n'ai rien à lui dire au moment précis où elle a décidé de parler sentiments ? Si vous me le disiez, ça irait peut-être un peu mieux dans le ménage !

L'expression de ces conflits semblerait confirmer l'idée répandue que les femmes ont davantage besoin d'intimité que les hommes et qu'il s'agit d'un problème particulier aux femmes ; que, si cela dépendait d'eux, les hommes ne voudraient même pas en entendre parler. Il ne faut pas se fier aux apparences. Et je demande : « S'il est vrai que les hommes fuient l'intimité, quel est donc l'enjeu de leurs relations avec les femmes ? »

Certains diront que les hommes ont besoin des femmes pour couvrir leurs besoins quotidiens (préparer les repas, nettoyer la maison, laver leurs vêtements, élever leurs enfants) afin de pouvoir s'occuper des vrais grands problèmes de la vie. Mais si c'est bien ce que cherchent tous les hommes, comment se fait-il que, même s'ils ne veulent pas vivre avec une femme, ils passent tant de temps à essayer de se mettre en relation avec l'une d'elles et qu'ils souffrent lorsqu'ils n'en trouvent pas ?

Il est difficile d'en parler, et même d'y penser, parce que le thème de l'intimité est aussi compliqué que fuyant. Posez-vous ces questions : « Qu'est-ce que l'intimité ? » « Quels mots, quelles pensées évoquent ce mot ? »

C'est une idée qui excite notre imagination, un terme qui, pour la plupart d'entre nous, semble dépasser la vie. Il nous attire, nous fait signe, avec une force irrésistible. Et c'est parce qu'il est si séduisant qu'il nous effraye, comme une force extérieure mystérieuse qui, si nous lui cédions, nous détruirait.

Mais de quoi avons-nous peur ?

Interrogés sur ce qu'est l'intimité, les hommes comme les femmes essayent de dire quelque chose de sensé, quelque chose qu'ils peuvent rattacher aux expériences réelles de leur vie. « L'intimité, c'est savoir que quelqu'un s'intéresse aux enfants tout autant que moi. » « C'est une affaire d'expériences partagées. » « C'est regarder ensemble le journal de onze heures en buvant le café. » « C'est savoir que nous nous intéressons aux mêmes choses. » « C'est quand il venait me voir à l'hôpital et qu'il restait pendant des heures à mon chevet. » « C'est savoir qu'il n'est pas indifférent quand je souffre. » « C'est le sentir près de moi quand je suis sans travail. » « C'est être face à face à table, au petit déjeuner. » « C'est quand nous bavardons dans la salle de bains. » « C'est savoir que nous commencerons et finirons chaque journée ensemble. »

Tout cela paraît évident. C'est ce à quoi on s'attend quand on se marie et que l'on décide d'avoir des enfants. Et c'est loin d'être négligeable. Ces détails appartiennent à l'expérience quotidienne de la vie commune et donnent le ton à une relation. Le fait de partager ces petits événements détermine l'humeur et la trame de la vie qui nous permettent de vivre ensemble alors que d'autres aspects de la relation laissent à désirer. Savoir que quelqu'un est là, qu'il est fidèle, que l'on peut compter sur lui dans la limite de ces petits faits assure l'arrière-plan de la sécurité et de la stabilité affectives que nous cherchons dans le mariage. Évidemment, le mariage et les personnes qu'il unit seront appréciés et jugés tout autrement en cas de situation exceptionnelle ou de crise. Mais, après tout, il n'arrive pas très souvent que la vie nous impose des circonstances et des événements qui sortent de l'ordinaire.

Cependant, ces petits faits quotidiens qui donnent un caractère d'intimité à une relation ne sont qu'une partie de ce que nous appelons intimité, la partie la plus évidente, celle qui ne réveille pas nos peurs. A une conférence où j'abordais récemment ces questions, un homme ajouta son grain de sel : « L'intimité, c'est ôter le masque que nous portons pendant le reste de notre vie. » Un murmure d'approbation s'éleva de l'audience qui était d'une centaine de personnes. D'instinct, nous disons : « Oui. » Mais c'est aussi le problème qui complique nos relations intimes.

D'une part, il est rassurant de pouvoir écarter l'aspect public de la personnalité, de savoir que l'on peut être aimé pour ce que l'on est *vraiment,* que l'on peut exhiber sans crainte le côté caché et que nos faiblesses ne seront pas utilisées contre nous. On dit : « L'important est que je sois accepté tel que je suis. »

Mais, d'autre part, quand nous mettons bas les masques, nous éprouvons aussi peur et angoisse. « Est-il possible que quelqu'un puisse aimer mon *vrai* moi ? » Cette question n'a rien d'encourageant pour l'avenir de l'intimité puisqu'elle indique que, quoi que l'autre puisse faire ou penser, c'est nous-mêmes qui avons du mal à nous aimer. Malheureusement, ces scrupules, en général, ne sont pas conscients. Nous sommes seulement conscients de notre malaise, de notre envie de nous éloigner. Car la personne qui a vu le « vrai moi » est aussi celle qui nous renvoie une image qui n'est pas à notre goût. Cela nous met en colère, d'abord contre nous-mêmes, parce que nous ne sommes pas à la hauteur de ce que nous voudrions être, puis contre l'autre, qui devient pour nous le miroir de nos doutes vis-à-vis de notre être même... et ce déplacement d'hostilité rend un mauvais service à l'intimité.

Il existe encore un troisième niveau, situé encore plus loin sous la surface du conscient, et que nous avons donc beaucoup de mal à appréhender et encore plus de mal à exprimer. Je veux parler des manières différentes dont les femmes et les hommes traitent leur vie affective, différences qui peuvent élever entre eux des barrières parfois très hautes. C'est ici que nous voyons tout le poids qu'imposent à nos relations intimes les expériences précoces de séparation et d'individuation ; c'est-à-dire les tâches que nous devions nécessairement accomplir pour nous séparer de notre mère, pour nous concevoir en tant que personne autonome, pour intérioriser une identité sexuelle solide.

Coupez une femme au milieu d'une phrase en lui posant cette question : « Que ressentez-vous en ce moment ? » et il y aura probablement un temps mort pendant lequel elle rembobinera sa cassette mentale pour retrouver le moment qui vient de s'écouler. Mais il y a de fortes chances pour qu'elle y parvienne. Après avoir réfléchi quelques secondes, elle fournira une réponse.

Il n'en est pas de même pour un homme. Interrogé de la même façon, il sera stupéfait que l'on puisse lui poser une pareille question et répondra qu'il ne comprend pas. « Que voulez-vous dire ? demandera-t-il, j'étais en train de parler, c'est tout. »

Je m'en suis rendu compte le plus clairement dans le cadre clinique, quand il s'agit d'atteindre le niveau affectif, ou, comme le disait l'un de mes patients de sexe masculin, de « vider la tête et les tripes ». Au début de la thérapie, je me trouve régulièrement obligée d'apprendre aux hommes à se brancher sur leurs états intérieurs, à se mettre à l'écoute de leurs pensées, de leurs sentiments et de les amener au niveau de la conscience. Au premier stade de notre travail, il me suffit de demander à un homme : « Quel sentiment éprouvez-vous à tel sujet » pour qu'aussitôt le désarroi se peigne sur son visage. J'ai entendu mille fois un homme me parler calmement, en faisant appel à sa raison, d'une situation que je sais chargée de souffrance. Je lui dis : « Que ressentez-vous à propos de cette situation ? » Et il y a neuf chances sur dix pour qu'il réponde : « Mais... c'est ce que je viens de vous dire ! » « Non. Vous m'avez raconté ce qui s'est passé, mais vous ne m'avez pas dit ce que vous ressentez. » Déconcerté, il conclura sans doute : « Vous parlez exactement comme ma femme. »

Il serait facile de mettre ces dialogues sur le compte des problèmes que rencontrent les hommes au cours d'une thérapie ou des difficultés affectives de certains d'entre eux. Mais il ne s'agit pas de cela, comme pourrait en témoigner n'importe quelle femme ayant vécu avec un homme. Sans cesse, les femmes se plaignent : « Je n'arrive pas à lui faire exprimer ses sentiments. » « Il parle, mais c'est toujours en intellectualisant. » « Il est si coupé de ce qu'il ressent que je me demande comment il peut vivre ainsi. » « Si quelque chose finit par démolir notre mariage, c'est bien le fait qu'il est incapable de parler de ce qui se passe en lui ! » « J'ai un mal de chien à lui arracher quelque chose qui ressemble à un sentiment... à part la colère. Ça, les gosses et moi, nous n'en manquons pas ! » Une femme m'a parlé éloquemment des angoisses de son mari qui n'arrivait pas à résoudre les problèmes de sa vie professionnelle. Comme je lui demandais comment elle était au courant de sa souffrance, elle me répondit :

A force d'insister, j'arrive parfois à tirer quelque chose de lui. Mais c'est toujours tard dans la nuit, dans l'obscurité, quand nous sommes couchés et ne pouvons nous voir. Autrement, il reste sur la défensive ; il me fait son numéro d'ours, avec des grimaces qui ont l'air de me dire : « Attention ! Garde tes distances ! » Et il est littéralement hors d'atteinte. Une huître impossible à ouvrir !

Pour la femme, les hommes vivent dans un monde solitaire ; un monde où leur peur de faire voir leur tristesse et leurs souffrances, leur angoisse à l'idée qu'ils pourraient se montrer vulnérables, même aux yeux d'une femme aimée, sont si profondément enracinées qu'ils ne peuvent, pour la plupart, se laisser aller que « tard dans la nuit, dans l'obscurité ».

Pourtant, si nous prêtons l'oreille aux hommes, nous apprenons qu'ils parlent bel et bien de ce qui se passe en eux, qu'ils partagent bel et bien leurs pensées et leurs sentiments avec la femme qu'ils aiment. « Je lui dis tout, mais elle n'est jamais contente. Elle n'en a jamais assez ! »

Il y a de la vérité des deux côtés. Le fond du problème n'est pas dans ce que taisent les hommes, mais dans ce qui n'est pas là ; dans ce qui se passe, tout simplement, dans une partie si éloignée de leur conscience qu'ils ne peuvent l'atteindre. Les hommes, en effet, n'ont que trop bien intégré les leçons de leur enfance, les expériences qui leur ont appris à refouler et à ignorer leurs pensées, leurs désirs, leurs besoins et leurs peurs les plus intimes. Il est donc vrai que le type de pensées et de sentiments profonds qui sont facilement accessibles à la femme ne le sont pas à l'homme. Quand il dit : « Je ne sais pas ce que je ressens », il ne veut pas nécessairement couper court aux discussions ou cacher quelque chose. Il exprime très probablement la vérité.

C'est en partie le résultat du fait que les garçons sont habitués à cacher leurs sentiments sous une apparence de calme, de force et de rationalité. La peur n'est pas virile. Les rêves n'ont rien de rationnel. Et surtout les émotions ne sont pas pour un homme adulte, fort et sain. Elles sont réservées aux femmes qui, apparemment, sans cesse préoccupées par leur vie affective, sont comme des enfants. Si la formation des garçons réussit si bien, c'est parce que, dès leur plus tendre enfance, ils doivent faire passer de la mère au père leur identification et se couper de leur premier lien affectif. Faites le bilan, et vous comprendrez que les hommes puissent souffrir lorsqu'ils doivent affronter et exprimer la partie affective de leur être.

C'est le dilemme le plus décourageant des relations du couple. L'homme se plaint : « Elle est tellement émotive qu'il n'est pas possible de parler avec elle. » La femme proteste : « C'est avec lui qu'il est impossible de parler, il est toujours affreusement rationnel. » Et il dit : « Même quand je lui affirme que notre discussion ne rime à rien, elle n'en démord pas. » Et elle : « Comment pourrais-je le croire quand je peux voir de mes propres yeux que quelque chose ne va pas ? » « Bon, bon, d'accord, quelque chose ne va pas ! Mais à quoi bon lui en parler ? » Et elle s'exclame : « Pourquoi nous sommes-nous mariés ? Pourquoi avais-tu besoin de moi ? Pour laver tes chaussettes ? »

Ces différences psychologiques entre l'homme et la femme viennent d'une interaction complexe entre la société et l'individu. Au point de vue social le plus large, on trouve la scission entre la pensée et le sentiment, si caractéristique du concept occidental. La pensée, définie comme le bien le plus précieux est attribuée aux hommes ; les sentiments, considérés au mieux comme un problème, sont dévolus aux femmes.

Malgré leur arbitraire, ces idées, jusqu'à une époque récente, n'avaient guère été mises en question. Elles reposaient sur la structure d'une pensée psychologique considérée comme une vérité éternelle, naturelle et scientifique. Un grand penseur, Carl Jung, qui fut un innovateur en bien des domaines, écrivait lui-même : « La femme est de plus en plus consciente que l'amour seul peut lui donner toute sa dimension, de même que l'homme commence à discerner que seul l'esprit peut donner à sa vie tout son sens. Fondamentalement, donc, ils cherchent à établir ensemble une relation psychique, parce que l'amour a besoin de l'esprit, et l'esprit de l'amour, s'ils veulent l'un et l'autre s'accomplir *. »

_____
* Carl Gustav Jung, *Contributions à la psychologie analytique.*

Pour la femme, l'« amour » ; pour les hommes, l'« esprit », et chacun est supposé compléter l'autre en apportant à la relation l'élément manquant. Dans le texte allemand de Jung, le mot qui est traduit ici par « esprit », est *Geist*. Mais le « Nouveau dictionnaire allemand Cassell » donne à *Geist* d'autres significations : « âme, intellect, intelligence, bon sens, imagination, sens de la raison », et il semble vraisemblable que, pour Jung, *Geist* se référait à l'essence la plus supérieure de l'homme. Aucune ambiguïté pour l'attribut féminin : c'est l'amour.

Les femmes essayent intuitivement de réparer la brisure que ces définitions de l'homme et de la femme nous ont imposée.

> Je ne peux pas supporter qu'il soit si peu affectif et qu'il veuille que je sois comme lui. Il ne vit que dans sa tête, et se comporte comme si les sentiments n'avaient aucune importance.

Sur le plan cognitif, les femmes pensent souvent, elles aussi, que le côté rationnel, qui semble être si naturel aux hommes, est ce qu'il y a de plus mûr, de plus désirable.

> Je me sais trop émotive, et c'est la cause de bien des problèmes entre nous. Quand ça me prend, il se renferme aussitôt dans sa coquille.

Son mari est d'accord : elle est trop émotive, et il s'en plaint :

> J'ai souvent l'impression qu'elle est comme une gamine qui essaye de voir jusqu'où elle peut aller avec ses parents. Quand elle est comme ça, je dois faire très attention et rester maître de mes nerfs, sinon, j'explose. A ces moments-là, il n'est pas possible de la raisonner.

C'est le scénario habituel, « L'homme rationnel/la femme hystérique », joué sans relâche par deux personnages au répertoire si limité qu'il ne leur laisse que très peu de choix. Tandis que l'interaction continue, la femme a recours à ses armes les plus puissantes, à l'attitude qui lui est la plus familière : elle devient de plus en plus émotionnelle, volubile.

L'homme a lui aussi recours à ses meilleures armes : il devient plus rationnel, plus résolument raisonnable. Elle le supplie de tenir compte de ses sentiments, quels qu'ils soient. Il lui répond froidement, en serrant les dents, tellement il est raisonnable, qu'elle est stupide de réagir ainsi, qu'elle est *trop* sentimentale. Et elle l'est ! Mais le « trop » est la goutte d'eau qui fait déborder le vase. Elle est si bouleversée qu'elle semble être, en effet, hystérique. Et l'homme est si désemparé par l'interaction, que son seul recours est de lui opposer encore plus le mur de la raison. Et tout cela ne fait qu'envenimer leurs relations.

> Plus j'essaye d'être froid et de la calmer, plus ça va mal. Franchement, je n'arrive pas à la comprendre. Je lui répète de ne pas s'exciter à ce point, mais il n'y a rien à faire. Chaque mot que je prononce fait monter le ton. Alors, j'essaye de me taire, mais... Je vous jure, la scène a quelque chose de fou, d'idiot !

C'est exactement ce que dirait n'importe quel spectateur. Mais la réaction de l'homme est aussi démesurée que celle de la femme, et tout vient de ce que le conflit repose sur le fait que nous assimilons l'émotionnel au non-rationnel.

Cette notion, partagée par les deux sexes, vient de ce qu'ils naissent et sont élevés dans cette culture. Mais ils sont également différents par leur manière d'interpréter la *logique* des émotions ; cette différence date de leur prime enfance, quand les garçons devaient refouler leurs pulsions émotionnelles alors que les filles pouvaient les laisser s'épanouir.

Pour les hommes, en général, l'idée d'une « logique des émotions » est contradictoire dans ses termes. Pour les femmes, non. La complexité de leur vie intérieure (leurs passages relativement faciles de l'intuitif au cognitif, de l'émotionnel au rationnel) leur donne des preuves internes qui leur permettraient de s'opposer à l'idéologie proposée continûment par la culture. A la fois, elles croient et ne croient pas à cette idéologie. Elles y croient parce qu'il est très difficile de compter sur leur propre expérience pour contrer un tel impératif culturel. Elles n'y croient pas parce qu'il est tout aussi difficile de mettre en doute cette même expérience. C'est ainsi qu'une femme me disait :

> Quand il commence à avoir l'air de me dire : « Regarde comme je suis raisonnable ! » je crois devenir folle. Peut-être pas vraiment folle, mais en tout cas au bord de la crise de nerfs. Quand je retrouve mon calme, je me dis que c'est lui, et non pas moi, qui me rend folle en refusant de m'écouter et en se comportant comme si je parlais chinois.

Tout cela nous rappelle simplement que les hommes et les femmes n'accèdent pas de la même façon à leurs pensées et à leurs sentiments profonds. Il reste une question : quand ils peuvent y accéder, dans quelle mesure sont-ils disposés à les exprimer ?

« Le mot, écrivait Thomas Mann dans *La Montagne magique,* même le plus contradictoire, maintient le contact... c'est le silence qui isole. » Les mots vont droit au cœur de la femme. Pour elle, la plupart du temps, sans les mots, l'intimité n'apporte guère de réconfort. Ce n'est pas qu'elle ait toujours besoin de parler, mais pour qu'elle se sente près de son partenaire, il importe qu'elle sache ce qui se passe en lui. Et il est tout aussi important pour elle de savoir qu'il s'intéresse à ce qui se passe en elle. Une femme dynamique de trente et un ans me disait, après six années de mariage :

> C'est toujours la même chose. C'est moi qui essaye de rendre la vie possible. Je n'arrête pas de faire mon numéro de bla-bla-bla pour que les choses bougent et que notre relation reste vivante. Lui, il est la plupart du temps « Monsieur Bouche-Cousue », et j'ai soudain envie d'être avec une amie. Je décroche le téléphone, et nous bavardons pendant un bon moment. Elle, au moins, s'intéresse à ce que j'ai à lui dire, et elle a réponse à tout. Après, je vous jure que je ne sais absolument pas pourquoi il a l'air contrarié, puisqu'il ne m'adresse pas la parole et fait comme si je n'existais pas ! Quoi qu'il en soit, quand je téléphone à une amie, il est furieux, ou jaloux, je ne sais pas.

Cette situation m'est très familière, c'est toujours le même cycle, de ménage en ménage. Les femmes ont de longues conversations téléphoniques avec des amies ; les hommes sont furieux ; les femmes se plaignent :

> Je ne comprendrai jamais pourquoi il se met dans tous ses états ; ce n'est pas comme si je parlais de lui à mes amies. La plupart du temps, mon mari et moi ne nous sommes pas dit un mot depuis des heures.

Il suffit à un homme, pour se sentir rassuré, de se retrouver en présence d'une femme ; de savoir que, ainsi que la mère de la petite enfance, elle est à sa portée s'il a besoin d'elle. A cette époque lointaine, il n'avait pas besoin de paroles pour se sentir apaisé, réconforté. La présence maternelle suffisait. Recréer cette expérience à l'âge adulte, c'est panser une blessure de l'enfance. Les mots ont donc moins d'importance que la présence physique.

Je ne veux évidemment pas dire que les hommes ôtent toute valeur aux mots et à leur importance dans la relation. Mais il est certain qu'ils ont souvent des difficultés à parler là où les femmes n'en éprouvent pas. Certains hommes, par exemple, craignent que le fait de parler d'un problème ne fera que l'aggraver en donnant aux sentiments sous-jacents une forme plus concrète. Quand la femme a envie de discuter à propos d'un problème relationnel, son mari refusera donc, par peur. Un électricien de trente-huit ans a exprimé ce cas beaucoup plus clairement que tous les autres :

> Elle veut me parler de quelque chose qui la tracasse — et qui, peut-être, nous concerne —, mais ça m'énerve tellement que je n'ai pas envie de l'écouter. Dès qu'elle se met à me parler de ses soucis, elle exagère le problème, et, tout à coup, il devient énorme. A quoi ça sert ? Alors, le plus souvent, quand elle commence, je fais la sourde oreille, persuadé qu'en parlant elle ne fait qu'aggraver les choses. *(Un sourire forcé.)* Mais ça n'avance à rien ; elle est furieuse parce que je ne veux pas l'écouter..., et c'est là que commence le vrai problème ! Ce n'est pas brillant !

Mais ce n'est qu'une variation particulière sur un thème beaucoup plus général : le fait que la plupart des hommes ont du mal à verbaliser les sentiments et les émotions ; ils sont même effrayés à l'idée de les exprimer. C'est difficile, parce que le refoulement a eu lieu très tôt dans leur vie, à un stade où ils ne maniaient pas assez bien la parole pour pouvoir exprimer des sentiments complexes, ce qui créait une coupure entre les mots et les sentiments. Et cela a quelque chose d'effrayant parce que l'expression verbale des émotions, pour eux, menace de provoquer un conflit ou de les obliger à exhiber leur vulnérabilité.

Les mots, pour la plupart des hommes, ne sont pas au cœur de la définition de l'intimité. Ils préfèrent de beaucoup les activités non verbales. Voici ce que me disait le « Monsieur Bouche-Cousue » dont il était question tout à l'heure :

> Elle se plaint de ce que je lis trop et n'arrête pas de me chamailler parce que je ne lui parle pas assez. Elle me répète tout le temps que nous ne pouvons pas être vraiment intimes si nous ne nous parlons pas. J'ai du mal à comprendre ce qu'elle veut dire par là. Elle devrait pourtant savoir que je me sens dans son intimité par le seul fait de me trouver dans la même pièce qu'elle ! Je le lui dis souvent, mais tout ce que j'obtiens, c'est des paroles, encore et toujours des paroles. Je vous jure que je n'en peux plus. Cette manière qu'ont les femmes de ressasser à mort le même sujet, vraiment, ça me dépasse !

Et sa femme :

> Carl est toujours étonné que mes amies et moi ayons tant de choses à nous dire. Mais c'est exactement ce que j'attends de lui. Je voudrais qu'il ait *envie* de partager avec moi ses pensées et ses sentiments... Oui, je voudrais pouvoir éplucher avec lui tous ses problèmes émotionnels, comme je le fais avec mes amies.
> Il dit que je vis au moins deux fois toutes mes expériences, d'abord quand elles se présentent, puis en en parlant. Je pense qu'il a raison. *(Soudain énervée).* Qu'y a-t-il de mal à cela ? Pourquoi refuse-t-il de revivre avec moi ce que j'ai vécu, et d'en discuter, d'en faire le point, ou tout ce que vous voudrez, comme j'aime le faire avec n'importe laquelle de mes amies ?

On trouve par ailleurs des hommes qui affirment beaucoup parler, qui se disent tout à fait disposés à partager leurs pensées avec la femme qu'ils aiment ; mais ils estiment que, la plupart du temps, elle a du mal à écouter, tel ce voyageur de commerce de trente-neuf ans, après cinq ans de mariage :

Notre problème, ce n'est pas ce que je raconte, mais c'est d'arriver à la faire écouter, ou plus exactement d'obtenir qu'elle prête vraiment attention à ce que je dis. Quand j'essaye de lui parler de ce que je pense de quelque chose, j'ai l'impression qu'elle part à la dérive, et ça me rend furieux. Elle commence par me reprocher de ne pas parler, et aussitôt que je parle, elle se plonge dans ses rêves.

Sa femme présente une autre version :

Il prétend me dire ce qu'il pense, mais il n'attend rien de moi en retour. Il faut que je l'écoute sans perdre un mot, c'est tout. J'ai l'impression d'avoir affaire à mon fils, qui a trois ans. Lui aussi a envie de me parler.

Étonnée, je lui dis : « Je ne vous comprend pas très bien. Pouvez-vous me l'expliquer ? » Elle réfléchit un moment, puis :

Eh bien voilà... Quand Jason — c'est mon fils — vient en courant pour me parler, il n'attend rien de moi, il veut simplement que je sois là à l'écouter. Les mamans sont faites pour ça. Par exemple, il vient me voir parce qu'il s'est fait mal, ou pour me montrer quelque chose, mais on ne peut vraiment pas dire que nous communiquons. C'est simplement un petit bonhomme qui a envie que sa maman fasse attention à lui, ou qu'elle soit là, près de lui..., je ne sais pas. Toujours est-il que c'est un peu la même chose avec Paul. Et surtout, il ne me parle pas, *à* moi, il prononce des paroles *devant* moi... je veux dire qu'il n'a pas envie d'avoir une conversation. Il a envie de parler, comme Jason quand il court vers moi : il dit ce qu'il a à dire et s'en va sans même avoir fait attention à la personne que « dissimule » la maman. Vous voyez ce que je veux dire ?

Pour elle, ce ne sont pas des moments d'intimité, mais un moyen, pour son mari, d'exprimer indirectement sa dépendance. Et elle et lui se retrouvent de mauvaise humeur et solitaires. Être « maman » pour l'enfant, c'est parfait ; elle attend autre chose du père, et, parfois, le lui dit :

> J'essaye de lui faire comprendre que je ne veux pas d'une communication à sens unique. Quand il veut me dire quelque chose, nous pouvons dialoguer. Mais pourquoi ne s'intéresse-t-il pas à moi et à mon propre besoin de parler ? Pourquoi ne me demande-t-il pas ce que je sens, ce que je pense ? Oh, bien sûr, si je suis de mauvaise humeur, ou énervée, il s'en rend compte. Mais autrement... il faudrait le frapper sur la tête ! J'ai parfois l'impression d'avoir deux gosses au lieu d'un. C'est ce que je lui dis, mais il n'a pas l'air de comprendre. *(Plus doucement.)* Je pense qu'il a envie de comprendre, mais il n'y arrive pas.

Il est en effet difficile au mari de comprendre le message qu'elle veut lui transmettre, difficile de savoir ce qu'elle veut, et par conséquent de répondre à ses désirs.

> Quand j'avais envie de lui parler, elle m'a dit cent fois que j'étais comme Jason quand il veut qu'elle s'occupe de lui. Mais je ne sais pas de quoi elle parle, et elle n'a jamais été capable de me l'expliquer.

Ce qu'elle attend de lui, c'est qu'il partage avec elle sa vie intérieure et ses pensées, non pas par peur, non pas pour qu'elle s'occupe de lui, mais parce qu'il aurait vraiment envie de raconter cette partie de lui-même. Mais cela ne suffirait pas à la satisfaire : elle veut que son mari désire la voir s'ouvrir à lui. Elle ne veut pas être obligée de lui demander d'écouter ses pensées les plus intimes, elle veut qu'il ait envie de les connaître. C'est là une définition importante de l'intimité entre adultes, ce désir de connaître la vie intérieure de l'autre et la possibilité de partager la sienne propre.

Mais nous connaissons tous des couples qui, aujourd'hui, luttent contre ces façons stéréotypées d'être et de vivre ensemble. Peut-être en faisons-nous partie. Et parfois, heureusement, nous gagnons cette bataille dont l'enjeu est de nous libérer du passé. Mais aux moments les plus inattendus, quand nous baissons la garde, nous nous retrouvons coincés, comme le montre l'histoire qui va suivre.

Le mari est musicien et la femme dirige un magasin de cadeaux. Ils ont respectivement trente-six et trente-trois ans, sont mariés depuis huit ans et ont deux enfants de quatre et six ans. L'homme a un débit accéléré, sa tension se remarque non seulement à sa voix, mais à son port de tête, à un froncement de sourcils qui se marie très bien à un sourire anxieux et fugitif, et à sa façon crispée de se pencher en avant sur sa chaise.

Ça n'a pas été facile de travailler cette affaire d'intimité, parce que nous avons souvent l'impression d'être très éloignés l'un de l'autre. Mais je pense que nous faisons tous les deux des progrès. Je fais vraiment tout mon possible pour lui raconter un peu plus ce qui se passe dans ma tête. *(Soupir.)* Mais c'est encore terriblement difficile. Même quand je sais ce que je pense, j'ai parfois un mal fou à l'exprimer. J'ai essayé de lui expliquer que je ne suis ni têtu ni hostile... à ces moments-là, j'ai vraiment l'impression d'avoir peur.

« De quoi avez-vous peur ? » demandai-je. Il regarda par la fenêtre pendant un moment, puis, un peu agité, il me dit :

Je n'en sais rien. C'est un peu comme un gosse qui a peur de dire ou de faire ce qu'il ne faut pas..., je préfère rentrer dans mon trou et la boucler.

Sa femme, grande, les cheveux auburn, parle plus calmement, en pesant soigneusement ses mots, comme pour s'assurer de ne pas trahir la vérité.

Le plus difficile pour nous, je pense, est de rester ouverts l'un à l'autre. *(Légère pause, pour clarifier ses idées.)* Comprenez-moi bien. Je ne suis pas de ces gens qui estiment que l'ouverture et la franchise, dans un couple, consistent à vider son sac et à dire tout ce qui vous passe par la tête, même les idées les plus hostiles. Il y a beaucoup de choses que je ne lui dis pas... Par exemple, quand je me demande si je l'aime vraiment, ou si j'ai vraiment envie d'être mariée. Il faut taire ce genre de choses, elles sont trop explosives. Mais... comment dire..., ce que je veux savoir, c'est ce qui se passe vraiment en lui. Au lieu de se barricader derrière son journal, il ferait mieux d'exprimer ce qui le fait souffrir, ce qui lui fait peur.
Mais j'ai appris à la longue que je ne peux pas mener le jeu à ma

guise. Il faut qu'il y vienne tout seul, sans que je sois toujours là à le pousser. Et quand nous parvenons à partager nos pensées et nos sentiments, je sais que je n'obtiendrai jamais de lui ce que me donne Annie, mon amie la plus intime. Mais il faut dire aussi que je comprends mieux maintenant que Stephen me donne certaines choses que je ne pourrai jamais obtenir de personne. Qui, en dehors de lui, pourrait supporter mes sautes d'humeur, les complications stupides que j'introduis dans nos relations ? *(Elle rit.)* Alors, maintenant, quand je suis déprimée et que je m'apitoie sur moi-même en pensant qu'Annie, sur certains points, me connaît mieux que Stephen, je me hâte de me rappeler qu'il me connaît mieux qu'elle sur d'autres points et qu'il a sans doute à supporter mes mauvais côtés.

Le plus important pour nous deux, je pense, est de savoir que nous changeons à mesure que le temps passe. *(Petit rire ironique.)* Ça ne se passe pas comme dans les romans ou les contes de fées, mais après tout, on en est tous là...

Le mari :

Nous faisons de gros efforts, mais il faut que je vous dise que, de temps en temps, ça ne marche pas du tout. Je ne sais pas ce qui se passe, mais quelque chose se met en marche en moi, et il est impossible de l'arrêter.

Comme il marque un temps d'hésitation, j'interviens : « Allez, racontez-moi ça ? »

Eh bien, ça se passe à peu près comme ceci. Molly entre dans la pièce où je suis, me jette un coup d'œil et sait tout de suite que quelque chose ne va pas. Elle me demande : « Qu'est-ce que tu as ? » Alors il se passe quelque chose de complètement idiot. Au lieu de dire : « Je ne me sens pas du tout en forme, et j'ai besoin de te parler », qu'est-ce que je fais ? Je m'enfonce encore plus dans le journal que je suis en train de lire, et je grogne des paroles inintelligibles. Elle répète : « Mais enfin, qu'est-ce que tu as ? Ça ne va pas ? » Je murmure : « Très bien » et elle répond : « Ça n'en a pas l'air. Tu as l'air fâché contre moi. C'est ça ? » « Non, je ne suis pas fâché contre toi. » En réalité, et mes vibrations le disent, je bous à l'intérieur. Mais je ne bronche pas. J'ai l'impression qu'elle va m'arracher quelque chose de précieux, et je m'y accroche. *(Ses épaules se voûtent et il se penche un peu plus en avant.)* Mais je ne sais même pas ce que peut être ce « y ». Je sais seulement que tout se passe comme à l'époque où ma mère me harcelait de questions : « Où étais-tu ? » « Qu'as-tu fait ? » « Avec qui étais-tu ? » C'est complètement idiot ! Une partie de moi *ne veut pas* qu'elle me laisse tranquille et désire même qu'elle me bouscule. J'ai l'impression qu'alors je me sentirais mieux dans ma peau. Mais quand elle le fait, je me replie sur moi-même, comme si je devais me protéger d'elle.

Il est cependant inévitable que ce retrait produira un contrecoup et que l'autre côté de son attitude ambivalente prendra le dessus. L'enfant qui est en lui pleure pour que l'on s'occupe de lui, pour qu'on le rassure. Il fait un geste vers elle, mais elle s'est déjà réfugiée dans un silence hostile, se sentant repoussée par l'attitude de retrait de son mari. Et il réagit à ce silence par une succession rapide de sentiments ; il est tour à tour déçu, apeuré et furieux.

Quand, finalement, elle s'en va... Non, c'est trop simple ; elle ne s'en va pas, c'est moi qui l'éconduis. De toute façon, elle me quitte, et pendant quelques instants, je me sens mieux : je me dis : « Ah ! Ah ! je la fais souffrir, moi aussi ! » Mais ça ne dure pas longtemps parce que je commence à me rendre compte que je me suis conduit comme un imbécile.

Et je me méprise de n'avoir pas eu le courage de faire face à ma petite dépression comme j'aurais dû le faire. En même temps, je crois, j'avais un peu peur qu'elle parte pour toujours, si bien que je fais un mouvement vers elle..., mais elle ne veut pas en entendre parler.

Finalement, le mari et la femme ont une scène. Dans ces situations-là, ce que se disent vraiment les adultes n'a pas d'importance ; ce sont deux enfants qui rejouent un vieux conflit tout à fait étranger à la forme que les adultes lui ont donnée.

A partir de là, c'est la dégringolade. Elle est furieuse, ce qui me donne une bonne raison d'être furieux à mon tour au lieu de revenir à ce que j'éprouvais au début. Et nous voilà repartis !

Il faut bien comprendre que l'engagement lui-même n'est pas un problème pour les hommes ; ils s'y entendent. Ils peuvent passer toute leur vie dans la même famille, garder le même emploi..., même s'ils en ont horreur. Et ils ne sont pas dépourvus de vie affective. Mais quand une relation exige l'expression fréquente de cette vie intérieure et l'ensemble des sentiments qui l'accompagne, leur engagement devient un fardeau. Bien sûr, ils peuvent extérioriser leur colère et leur frustration au sein de la famille. Mais demandez-leur d'exprimer leur tristesse, leur peur, leur dépendance — tous ces sentiments qui mettraient à nu leur vulnérabilité à leurs propres yeux et à ceux d'autrui, et il y a de fortes chances pour qu'ils se replient sur eux-mêmes, comme s'ils étaient obligés de se protéger.

Toutes les situations qui exigent l'intimité sont difficiles pour un homme, mais elles deviennent particulièrement complexes et conflictuelles quand elles impliquent une femme, et cela est paradoxal. En effet, dans la mesure où il lui est possible de s'ouvrir affectivement à quelqu'un, c'est bien vis-à-vis d'une femme, en hommage à la force de l'expérience infantile avec la mère. Et pourtant, c'est cette même expérience précoce et la nécessité de la refouler qui font naître son ambivalence et sa résistance.

Il s'avance dans l'intimité, en souhaitant partager avec sa compagne une partie de lui-même ; il tente de le faire, sans doute désireux de revivre la félicité du lien du petit enfant avec une femme. Elle réagit en femme, et veut le sonder un peu plus profondément, pour savoir ce qu'il pense et ressent, pour connaître ses appréhensions et ses besoins. Et la peur étreint son partenaire. Il a peur de se retrouver sous l'emprise d'une femme puissante, peur de ne se livrer à elle que pour être trahi et abandonné une fois de plus, peur d'être submergé par des désirs auxquels il a autrefois renoncé.

Alors, il se replie sur lui-même.

Tout cela ne se passe pas au niveau de la conscience. Il sait bien sûr qu'il se sent mal à son aise quand une femme exige de lui plus d'intimité, mais il ne sait pas pourquoi. Et, très souvent, son comportement ne lui plaît pas plus qu'il ne plaît à sa femme. Mais il n'y peut rien.

Tel est le côté masculin de l'ambivalence qui conduit à la valse hésitation que nous observons si souvent dans les relations du couple *. Voyons maintenant ce qui se passe du côté de la femme.

En surface, elle semble n'avoir guère de difficultés en ce qui concerne l'intimité d'une relation. C'est elle qui en réclame toujours plus, qui se plaint de ce que son compagnon ne se livre pas assez à elle et ne lui raconte pas ce qu'il pense et ressent. C'est en partie vrai, mais la réalité est plus complexe. Ainsi, comme c'est parfois le cas, lorsqu'une femme se met en relation avec un homme qui lui semble capable du genre d'intimité dont elle rêve, nous observons que nous n'avons pas, d'une part, une femme qui exige le maximum de leur relation, et d'autre part, un homme qui se montre réticent. L'une de mes patientes révèle l'autre aspect de l'histoire. Elle était devant moi dans mon cabinet, la tête penchée, et pleurait amèrement.

Je ne comprends pas ce qui m'arrive. Je suis tellement angoissée, tellement chavirée, que je n'en peux plus. Dès que je mets le nez dans un livre, je me mets à penser à mon mari. Mais ce ne sont pas des pensées tendres ; ce sont des idées embrouillées, faites de critiques, toujours négatives, et tendant à m'extirper de notre mariage. Puis, dès que je me suis convaincue de la nécessité de partir, je me pose des questions. Pourquoi l'aimais-je hier ? Et si c'est bien vrai, pourquoi suis-je si malheureuse aujourd'hui ? Tout est si confus dans ma tête que j'ai envie d'aller me cacher quelque part, comme pour me mettre à l'abri. Mais maintenant, je comprends mieux mon angoisse. Je sais que c'est mon problème. Je ne peux pas supporter l'inti-

---

* Étant donné les efforts récents tendant à assouplir les définitions traditionnelles de la féminité et de la masculinité, on pourrait supposer qu'il y ait des différences dans les relations intimes des hommes de vingt-cinq ans et de ceux qui en ont cinquante. Alors que les hommes jeunes, en général, ont tendance à s'intéresser ouvertement à ce problème, mes recherches, et bien d'autres, indiquent qu'ils éprouvent des difficultés à intégrer leurs principes à leur comportement ; difficultés qui, en général mal comprises, sont semblables à celles que j'évoque ici.

mité, mais je ne peux pas non plus rompre nos relations comme je l'ai fait avec d'autres, et justifier ma fuite en prétextant ses défauts et ses insuffisances. Mais, parfois, je me sens littéralement déchirée par ce conflit interne. *(Des larmes roulent sur ses joues.)* Comment le fait d'être aimée peut-il être un tel fardeau ?

Il serait facile, et sans doute plus rassurant, de régler le problème de cette femme en en faisant un cas extrême, pathologique, sans intérêt pour la plupart d'entre nous. En fait, cette femme exerce une profession des plus honorables, et sa vie, aussi bien professionnelle que personnelle, semblerait à tout le monde un modèle de réussite ; elle a de bons amis, de nombreuses activités sociales et culturelles et un travail qui la passionne. Dans l'ensemble, une femme intelligente, séduisante et de belle prestance. La seule différence entre elle et tant d'autres qui lui ressemblent, est que, au cours de sa thérapie, elle a appris à identifier l'origine de son angoisse qui, le plus souvent reste vague, indéterminée.

Dès qu'une relation les met mal à l'aise, la plupart des femmes s'en rendent compte ; mais elles ne savent absolument pas pourquoi. Elles mettent cet état sur le compte d'une certaine particularité de l'homme : il est trop malin, ou pas assez, trop petit ou trop grand, trop brillant ou pas assez, trop dépendant ou trop autonome. Certaines de ces raisons sont bonnes, d'autres mauvaises. Certaines sont vraies, d'autres ne le sont pas. Ce qui importe, c'est l'empressement que mettra la femme à recourir à sa liste de griefs, la facilité avec laquelle elle trouvera le moyen d'écarter cette personne dont la proximité est si dérangeante.

Mais même les femmes les plus aptes à tolérer l'intimité et qui n'ont guère de difficultés à admettre une relation à long terme, manifestent une certaine ambivalence quant à la part d'elles-mêmes qu'elles désirent mettre en commun, et le moment où elles le feront. Tandis qu'elle essayait de m'expliquer ce qui, à ses yeux, comptait le plus dans le succès de ses trente-quatre ans de mariage, une femme me dit fortuitement : « Tout a bien marché parce que nous étions tous les deux fort occupés et que nous étions très peu ensemble. » Elle est loin d'être la seule à m'avoir exprimé ce sentiment.

Chose étonnante, les femmes ont souvent l'impression que les réticences de leur mari à l'égard de l'intimité répondent à leurs propres besoins. Ainsi, une femme de vingt-neuf ans répondait avec irritation aux questions que je lui posais sur l'intimité :

> Je ne peux pas supporter tous ces discours sur l'intimité qui sont tellement à la mode ces temps-ci. Pierre et moi sommes très près l'un de l'autre... Je veux dire assez près pour être contents tous les deux. Il est du genre fort, stoïque. C'est sans doute très bien, mais je n'en suis plus aussi sûre. Je ne suis peut-être pas faite pour vivre dans une intimité plus grande, je ne pourrais peut-être pas en tolérer davantage. Le mur dont il s'entoure a parfois pour moi quelque chose de rassurant ; j'ai l'impression qu'il me permet de me sentir en sécurité, ou quelque chose comme ça.

Le fait qu'un mari est souvent moins sensible qu'elle ne le voudrait aux sentiments de sa femme a lui-même ses côtés positifs et négatifs. D'une part, une femme de trente-sept ans mariée depuis treize ans, se plaint :

> Je m'intéresse toujours sincèrement à ce qui se passe en lui, et c'est pour moi un problème, un problème douloureux, de voir qu'il n'a jamais l'air de s'intéresser à ce qui se passe en moi. Je voudrais qu'il ait envie de me connaître intérieurement tout autant que je le désire moi-même en ce qui le concerne.

D'autre part, elle admet que l'indifférence de son mari lui procure un certain soulagement. Elle est rassurée de savoir qu'elle peut choisir librement ce qu'elle dira et ce qu'elle taira. Quelques minutes plus tard, elle ajoute pensivement :

> En réfléchissant à ce que je viens de vous dire, je me rends compte que ce n'est pas aussi simple. Il y a un autre aspect. C'est difficile à expliquer... Parfois, je me sens vraiment en sécurité en sachant qu'il ne remarque pas ce qui se passe en moi. Ainsi, nous ne parlons de mes idées et de mes sentiments que si je les mets sur le tapis. Oui, ça me donne une impression

de sécurité..., mais aussi de solitude. Cela signifie que l'ordre du jour ne dépend que de moi. Si je ne dis rien, tant pis, ce n'est pas mon mari qui cherchera à savoir. Comme je vous le disais, il y a deux aspects, un bon et un mauvais. Mais une chose est sûre ; je peux me cacher autant que je le désire.

Je lui demande : « Que voulez-vous cacher ? Contre quoi voulez-vous vous protéger ? » Sa réponse ne vient pas facilement.

Je ne sais pas exactement comment l'exprimer... Ce n'est pas clair, seulement une impression. Il y a certaines choses qu'il ne comprendrait pas, et, si je les exprimais, il y aurait entre nous un conflit. Il se met dans tous ses états s'il me voit bouleversée, ou déprimée. Comme s'il ne pouvait pas le supporter. Il a du mal à m'écouter tout en sachant qu'il ne peut rien faire pour moi, et il doit le plus souvent se contenter de me dire une stupidité de ce genre : « Voyons, chérie, tu n'as pourtant aucune raison de te faire des idées noires ! » Pour en finir, je le rassure, et j'ai l'impression d'avoir été roulée et de perdre pied. Si vous saviez combien il est facile de ne plus savoir où j'en suis ! Alors, pourquoi compliquer les choses ? Mieux vaut aller parler à une amie que d'essayer de me confier à mon mari.

Il y a ensuite les femmes qui *semblent* particulièrement douées pour l'intimité. Nous en connaissons tous..., des femmes qui ont l'air d'avoir l'art et la manière d'attirer les gens, et qui se ménagent autour d'elles une sorte de cour. Elles s'entourent d'une atmosphère d'où rayonnent chaleur, largeur d'esprit et qui promet une intimité intense. Mais le mari de l'une de ces femmes m'a parlé sombrement de sa propre expérience :

Tout le monde y a droit, sauf moi. Elle a l'air d'être la championne de l'intimité, mais c'est à sens unique. Elle a des milliers d'amis qui la trouvent tous formidable. Tout le monde vient lui demander conseil ou pleurer sur son épaule, et elle adore ça. Elle se sent la reine de la ruche, toujours au centre de l'essaim. Mais en réalité, ce n'est qu'un stratagème pour s'attacher les gens, pour les forcer à avoir besoin d'elle. Ce n'est qu'à cette condition qu'elle se sent en sécurité. Si quelqu'un se pique au jeu et veut quelque chose en retour — je veux dire s'il veut autre chose que son brillant numéro de « maman au grand cœur » —, il est aussitôt exclu de la cour. Je ne sais pas comment elle s'y prend, mais c'est comme ça. Les problèmes sont toujours de leur côté, jamais du sien. Maintenant que les enfants sont grands, ils marchent, eux aussi. Elle est comme le mercure, elle vous glisse entre les doigts. Personne ne peut avoir prise sur elle.

Étonnée de cette sortie pleine d'amertume de la part d'un homme pourtant calme et réservé, je lui demandai :

« Vous êtes pourtant marié avec elle depuis vingt-trois ans. Comment se fait-il que vous soyez toujours là ? »

Je pense que c'est à cause de ce qui retient les autres : sa séduction. J'espère toujours qu'elle accordera ce qu'elle promet et que, si elle le fait, je ne regretterai pas d'avoir attendu. D'ici là..., eh bien ! je suis pris à l'hameçon, c'est tout. Je n'arrête pas d'aller vers elle et elle n'arrête pas de reculer. Elle sera là, bien sûr, si j'ai envie de pleurer tout mon soûl. C'est exactement ce qu'elle attend de tout le monde. Mais essayez de savoir ce qu'elle a dans le ventre, et les ennuis commencent. Cette merveilleuse chaleur, si douce, se transforme aussitôt en glace. *(Après avoir réfléchi pendant un moment, il fait marche arrière.)* Non, ce n'est pas exact. Elle s'arrange pour sauver la face, et elle retourne le problème, comme si vous l'aviez blessée en lui demandant quelque chose d'impossible. Mais en dessous, c'est de la glace.

Que faire des femmes de ce genre ? Elles excellent dans les activités sociales et manient avec art le dévouement, deux qualités qui leur ont été inculquées depuis l'enfance. Mais le dévouement, le souci d'autrui ne doivent pas être confondus avec l'intimité.

J'ai réfléchi pendant longtemps à ce problème : comment distinguer dévouement et intimité, et est-il vraiment judicieux d'établir cette distinction ? J'avais été alertée plus tôt en observant certains hommes dont le souci d'autrui ne pouvait être mis en doute, mais qui ne semblaient pas du tout enclins à l'intimité. Évidemment, j'avais remarqué la même chose chez les femmes. Mais comme les femmes sont à la fois, dans notre société, celles à qui incombe le soin des autres et les spécialistes incontestables de l'intimité, le problème ne me sembla pas immédiatement requérir une explication, jusqu'au moment où j'ai commencé à essayer de comprendre les hommes qui se dévouent à autrui et leur attitude face à l'intimité.

Ils sont rares, c'est vrai, mais ils existent. Je les connais même bien, car je vis avec l'un d'eux. Et tandis que je tentais de tirer au clair les problèmes qui se posent à propos des hommes et de l'intimité, je me demandai : « Comment classer les hommes qui se dévouent à autrui ? Comment expliquer les Allan, les Peter, les Mark, aussi rares soient-ils ? » Des amis avec qui j'abordais ces problèmes, dès qu'ils me comprenaient, me répondaient par une question en manière d'échappatoire : « Que faut-il penser des hommes qui se dévouent à autrui ? Que pensez-vous de votre propre mari ? »

Je lui ai donné ces pages à lire en disant : « Donne-moi ton avis. Suis-je injuste envers les hommes quand je parle de leurs blocages vis-à-vis de l'intimité ? » Nous parlâmes, nous discutâmes ; nous étions d'accord, pas d'accord. Des centaines de phrases plus tard, il me dit finalement :

Je pense que tu as raison. Et ce que tu as écrit est juste en ce qui me concerne. J'essaye sans cesse d'être plus ouvert et de te donner accès à ce qui se passe en moi, mais c'est diablement difficile. Je sais que j'ai fait des progrès depuis vingt-deux ans que je vis avec toi, mais ça ne sort pas aisément, ni naturellement. Et souvent, je n'y arrive pas.

Comme je me lamentais : « Comment veux-tu que j'y comprenne quelque chose alors que tu es l'homme le plus soucieux d'autrui que je connaisse ? » Il répliqua en riant : « Je n'en sais rien, et je ne vois pas pourquoi je devrais le savoir... Après tout, il s'agit de *ton* livre. »

Puis, un jour, nous nous disputâmes sur l'un des problèmes les plus classiques qui opposent hommes et femmes. Je lui ai demandé de faire quelque chose en étant persuadée qu'il m'avait un peu plus tôt donné son consentement. Selon son habitude, il ne m'avait pas répondu. Des semaines plus tard, il n'avait encore rien fait, je le lui demandai alors, une fois de plus, cette fois en haussant le ton. « Laisse-moi tranquille ! » dit-il, énervé. « Je te laisserai tranquille quand tu m'auras répondu ». Puis, plus calmement, j'ajoutai : « Si tu n'as pas envie de le faire, tu n'as qu'à me le dire. » Pas de réponse. J'attendis un moment, puis, incapable de supporter son silence pesant : « Qu'est-ce que tu as ? A quoi penses-tu ? » « A rien ! » répliqua-t-il sur un ton bourru. « Comment peux-tu ne penser à rien ? » « Nom d'un chien ! Tu ne me laisseras donc jamais en paix ? » Et il sortit en claquant la porte. Et moi, filant sur ses traces, je criai : « Je le ferais si tu te décidais une bonne fois à me dire ce qui se passe dans ta tête ! » Nous étions là, face à face dans l'entrée, et soudain j'éclatai de rire, tandis qu'il me regardait, médusé par ce retournement inattendu. « Je ne vois pas ce qu'il y a de drôle », grogna-t-il. Quand je pus maîtriser mon rire, je lui dis : « On dirait que nous sortons tous les deux des pages de mon livre ! »

Il se décida alors à parler, en cherchant ses mots : « Tu me demandes de faire certaines choses en présumant que je saurai le faire. Tu ne me demandes pas si j'en serai capable, comme si j'étais supposé tout savoir. Si je ne me sens pas sûr de moi, c'est difficile de te le dire. Je préfère penser que je trouverai une solution et que ça sera fait. Ensuite, je suis occupé par d'autres choses, j'oublie, tu te rappelles à mon bon souvenir, et je me sens coupable. Je me mets donc sur la défensive, et... »

Stupéfaite, je dis en m'adressant aussi bien à moi-même qu'à lui : « Et il t'a fallu vingt ans pour me dire ça ! Pendant toutes ces années, quand nous avions ce genre de discussion, je pensais que tu étais hostile. Et tu avais tout simplement *peur* ? Pourquoi ne pouvais-tu pas me le dire ? » « Je n'en sais rien. Je ne suis sûr que d'une chose, c'est très difficile. » Puis, en souriant avec malice : « Mais quand j'aurai lu ton livre, je te jure que je ferai tout pour que tu n'aies plus raison au sujet des hommes ! » Puis, plus sérieusement : « J'apprends d'ailleurs beaucoup de choses ! »

Il me devint alors évident — non par la matière de notre discussion, mais par son processus — que le souci d'autrui et l'intimité ne sont pas une seule et même chose. Il peut être lié à l'intimité, il peut même parfois en être la conséquence, mais il s'agit de deux phénomènes distincts. Avoir le souci des autres, c'est prendre soin d'eux. L'intimité est une manière d'exprimer réciproquement les sentiments et les pensées, non par peur ou par un besoin de dépendance, mais par le désir de connaître la vie intérieure de l'autre et de partager avec lui la sienne. Le souci d'autrui, dans une relation, peut être utilisé comme une défense contre l'intimité — une couverture pour confondre l'autre et soi-même, pour masquer le fait que cette intimité n'existe pas. Il peut être utilisé pour manipuler, comme un moyen de garder le contrôle, de s'attacher l'autre et de se prémunir contre la souffrance de la solitude.

Nous avons tous connu des femmes qui se servent ainsi de leur aptitude à s'occuper des autres ; elles s'attachent leurs enfants, leur mari, par leur dévouement généreux, souvent désintéressé. Mais nous n'imaginons pas des hommes ayant le même comportement. Et pourtant, il y en a. L'un de mes amis, après avoir réfléchi longuement sur ses tendances altruistes, m'a avoué :

Le type de sollicitude que j'offre aux femmes les rend très dépendantes de moi. Après tout, combien d'hommes sont capables de se dévouer et d'écouter ? Il en résulte qu'une femme me révélera son âme et me dira qu'elle n'a jamais eu une relation aussi intime. Mais en réalité, elles sont si séduites par mon altruisme qu'elles ne remarquent même pas que je me garde bien de leur révéler mes propres faiblesses. Tout cela semble très bénin, mais je sais pertinemment que c'est pour un homme une façon de s'assurer une position de force sur une femme, sans l'opprimer ; il peut la dominer en manifestant tant de sollicitude qu'il pourra la garder aussi longtemps qu'il voudra. Elle devient affectivement dépendante, et il peut dormir tranquille.

Quelques hommes m'ont même parlé de leur « sollicitude sexuelle », par laquelle ils réussissent à s'attacher une femme. Ce n'est pas un sujet que les hommes abordent facilement, surtout devant un interlocuteur de l'autre sexe, mais l'un d'eux, âgé de trente-six ans et qui en était à son second mariage, s'est exprimé avec une éloquence particulière :

Ne croyez pas que ce soit du machiavélisme de ma part, mais j'ai appris à être un très bon amant parce que cela m'était utile. Cela ne veut pas dire que je n'aime pas à donner à une femme du plaisir, au contraire. Mais je sais que c'est une façon de la lier à moi. Quand un homme peut ouvrir une femme à un niveau de passion sexuelle inconnu d'elle jusqu'alors, elle peut devenir très dépendante de lui, et il peut être sûr qu'elle sera toujours là quand il aura besoin d'elle. *(Il semble maintenant un peu mal à l'aise.)* J'espère que vous me comprenez bien et que mes paroles ne se retourneront pas contre moi. Je ne veux pas être décrit comme un ignoble macho abusant sexuellement des femmes. Ce n'est pas du tout ce que je veux dire. Je pense simplement que je ne peux montrer mes faiblesses qu'à une femme qui m'est profondément attachée. Mon intention n'est pas de la priver de tout pouvoir, mais j'ai peur de ne pas pouvoir la retenir autrement.

Pour les hommes comme pour les femmes, la sollicitude est un phénomène complexe qui peut avoir plusieurs significations. Elle peut être pour les deux une façon d'obtenir l'amour, d'apaiser la peur de l'abandon et de se mettre en sécurité. Cela n'a rien de répréhensible en soi. Mais, pour aussi bénin que soit le mobile, quand une personne se montre pleine de sollicitude en raison d'un sentiment de peur et d'insécurité, son attitude peut être un obstacle à l'intimité : elle signifie en effet que cette personne craint, en révélant son « vrai » moi, de perdre l'être aimé et désiré.

Tout cela revient à dire que, en dépit du cliché selon lequel les femmes sont douées pour l'intimité alors que les hommes ne le sont pas, ils risquent les uns et les autres de connaître des problèmes et des tensions dans leurs relations intimes. Mais, étant donné le partage des rôles sociaux auxquels on les a formés et les expériences de développement vécues pendant l'enfance dans la famille, ce qui rend l'intimité problématique diffère selon le sexe.

Pour la femme, le problème essentiel est de trouver et de maintenir les limites entre elle et l'homme qu'elle aime. La continuité de l'identification avec la mère signifie que le lien n'est jamais totalement coupé ; un cordon invisible qui crée entre elles une symbiose absente de la relation mère-fils.

Une mère comprend très bien les différences qui existent entre elle et son fils, elle insiste même sur elles avec orgueil et plaisir. Le travail de séparation de l'enfant en est facilité. Par contre, aucune différence évidente ne sépare la mère de la fille, que ce soit leur physiologie ou les impératifs du rôle social destiné à la petite fille. Ainsi, même si elle lutte consciemment contre cette réaction, la mère voit dans sa fille une miniature d'elle-même, une réincarnation de son propre passé, de même que la fille voit son avenir dans l'existence présente de sa mère.

Cette fusion des identités, et la lutte que la fille engage pour briser ces liens, prédit l'avenir de ses relations affectives d'adulte. « Le sens fondamental du moi féminin, écrit Nancy Chodorow, est en relation avec autrui ; le sens fondamental du moi masculin est séparé *. » Par conséquent, comparée à l'homme, la femme reste plus préoccupée des problèmes relationnels, se livre plus facilement aux relations affectives et cherche l'attachement et le contact affectif avec une insistance et une intensité qui, souvent, l'étonnent elle-même tout autant que l'homme de sa vie.

Ce besoin d'intimité et de contact a cependant son côté paradoxal. Comme ses frontières peuvent être facilement violées, la femme commence par croire qu'elle est en train de perdre une partie d'elle-même, non seulement parce que quelqu'un lui prend effectivement quelque chose, mais parce que, à moins d'être constamment sur ses gardes, elle n'est que

---

* Nancy Chodorow, *op. cit.*

trop encline à se livrer. Pour elle, donc, le problème dominant est de se maintenir en tant que personne séparée dans le contexte d'une relation intime, problème qu'elle affronte dès l'enfance.

Une femme de trente-neuf ans, exerçant une profession libérale et mariée depuis quatre ans, m'a dit avoir éprouvé ce genre d'appréhension. Elle les ressentait de façon si aiguë qu'elle avait évité de se lier intimement à des hommes jusqu'au moment où elle a rencontré celui qui devait devenir son mari, il y a de cela cinq ans. Des hommes, bien sûr, avaient traversé sa vie, et certains même, durant une période relativement longue. Mais, chaque fois, elle les fuyait dès que ses sentiments, selon ses propres mots, devenaient « trop intenses », pas nécessairement en raison de ce que l'homme pouvait lui demander, mais parce qu'elle avait très peur de ses propres réactions profondes.

Ce qui m'a retenue de me marier plus tôt, c'est ma frayeur à l'idée de vivre avec quelqu'un à un tel degré d'intimité. Je suis encore inquiète parce que je sais qu'il me serait facile de me perdre. Je continue d'avoir peur parce que je sais que je pourrais me vendre facilement, et pour pas cher.

« Que voulez-vous dire quand vous parlez de " vous vendre " », lui demandai-je.

Je veux dire que je peux oublier qui je suis, et que j'ai simplement besoin de me sentir aimée, soutenue, approuvée. Quand John et moi avons des problèmes, je suis incapable de penser à autre chose ; je ne peux plus me consacrer à mon travail comme je devrais le faire..., des choses de ce genre. J'ai alors l'impression de disparaître, comme si, par exemple, j'étais le produit de l'imagination de quelqu'un.

« Que se passe-t-il quand vous commencez à avoir cette impression ? »

(Après un petit rire nerveux.) Seigneur ! Quel gâchis ! Je suis furieuse contre John. Je sais que c'est une manière de me défendre contre lui..., ou il serait peut-être plus exact de dire que c'est une façon de me défendre contre ce que je pourrais me faire à moi-même quand je me sens isolée à ce point ; je sais que dans ces moments-là, je pourrais renoncer à beaucoup de choses, rien que pour échapper à cette sensation.

Pour les hommes, ce n'est pas la même chose. Je sais que John m'aime, mais, quoi qu'il arrive, son travail ne s'en ressent pas. Que le bébé soit malade ou que nos relations soient tendues, il va à son bureau et se consacre entièrement à son travail, comme si de rien n'était. Moi aussi, je vais travailler, parce qu'il le faut. Quelles que soient les circonstances, on a ses responsabilités. Je suis présente physiquement, mais mon esprit et mon cœur sont ailleurs. Quand je suis dans cet état-là, c'est terriblement déprimant ; je souffre dans mon amour-propre de me voir ainsi partir en morceaux.

« Avez-vous une façon habituelle de réagir à ces sentiments ? »

Bien sûr ! Je me replie sur moi-même. Demandez à mon mari, et il vous racontera ! Tout se passe comme si je m'entourais d'un mur de béton. C'est ma façon de me protéger de moi-même ; et il faut ajouter cette terrible passivité qui m'envahit et me donne l'impression de disparaître. Je dois me sermonner pour me rappeler qu'il existe une femme capable, qui est moi-même, une femme qui est sortie de l'université *(timidement)* et avec les honneurs.

« Ce repli sur vous-même est-il une source de conflits entre John et vous ? »

Parfois, oui, bien sûr. Mais, à mon avis, ce qui, pour moi, rend ce mariage possible, c'est le fait que John me laisse traverser mes crises sans trop les dramatiser. Le fait est qu'il a ses propres problèmes en ce qui concerne l'intimité, si bien que, tant que nos périodes de rapprochement et d'éloignement ne vont pas jusqu'à nous empêcher de nous reconnaître, tout va à peu près bien.

Si l'amitié joue un rôle si important dans la vie de la femme, c'est en partie parce qu'elle a des difficultés à maintenir les limites de son moi. Contrairement à la plupart des hommes, la femme comprend la profondeur de son besoin d'une relation affective. Mais les règles qui structurent les rapports entre les hommes, les femmes et le mariage, ainsi que ses propres besoins intérieurs, se conjuguent pour compromettre l'intégrité du moi que la femme a eu tant de mal à construire. De leur côté, les normes de l'amitié autorisent l'éloignement physique et la séparation psychologique — auxquels il est parfois nécessaire de faire appel pour soutenir la relation —, ce qui procure une sécurité où l'intimité peut se développer sans violation du moi.

Par parenthèse, il en est de même pour la période de l'approche amoureuse. Là aussi, la structure de la relation assure une protection contre la menace des difficultés propres à l'intimité. Quel que soit le niveau de l'intimité et de l'abandon, le couple, pendant le temps que dure la cour, n'est pas exposé au genre de contact étroit et quotidien qu'exige le mariage. Il existe des manières acceptables de maintenir la séparation et l'éloignement et de se garantir contre la vulnérabilité et l'intrusion. Par ailleurs, avant le mariage, les attentes sont limitées, les peurs, les sentiments, les besoins restent sous contrôle. Ce qui sera considéré comme un droit après le mariage est encore tenu pour un privilège. Qu'il s'agisse ou non d'un mariage légal, quand un couple s'engage dans la vie commune, les problèmes relatifs à l'intimité et à l'attente réciproque font surface et, souvent, si rapidement et de façon si imprévue qu'ils paraissent incompréhensibles aux personnes impliquées.

La manière dont seront réglés les conflits dépend du couple, de la faculté de chacun de tolérer à la fois la proximité et la distance, d'établir les limites du moi tout en permettant un niveau satisfaisant de rapport affectif et d'attachement ; essentiellement, de leur faculté de se mouvoir à l'aise entre la séparation et la symbiose. Mais qu'ils soient bien ou mal traités, les problèmes dont je viens de parler existeront, exigeant une solution. Ils seront ressentis de la façon la plus aiguë dans toute relation suivie recréant la famille de l'enfance.

En ce qui concerne les hommes, qui sont contraints de se

définir dans les termes du refus du rapport originel, la question de la symbiose est la plus pressante. Le problème qui complique leurs relations affectives vient de leur difficulté à permettre à l'autre de franchir suffisamment les limites pour établir la communion et l'unité nécessaires à une intimité profonde et soutenue.

En ce qui concerne les femmes, c'est le contraire. Comme elles doivent se définir en affirmant ce rapport originel, c'est le problème de la séparation qui se trouve au premier plan. Leurs frontières plus perméables et leurs soucis relationnels plus essentiels font que les femmes sont moins sûres de pouvoir maintenir, même si elles le désirent, une séparation chèrement acquise. La possibilité de se confondre avec l'autre, par conséquent, reste à la fois une menace et une promesse, une tension constante dans une relation où elles passent de façon ambivalente de la peur de la violation et de l'invasion au désir intense de recréer l'ancienne union symbiotique.

Tout le monde connaît pourtant des femmes qui semblent ne rencontrer aucune difficulté dans leurs relations intimes et qui, apparemment, sont heureuses de s'abandonner à l'autre et se définissent à partir de cette relation sans s'exposer au conflit dont il est ici question. Il s'agit là de l'un de ces paradoxes qui rendent si intéressants les problèmes des relations hommes-femmes. Car ce cliché stéréotypé est à la fois vrai et faux.

Son aspect réel est le plus simple, et les écrivains féministes nous en parlent depuis deux décennies. La femme retire de son attachement à un homme des avantages certains, et même à notre époque prétendument « libérée », la femme qui cherche à maintenir son indépendance n'est guère récompensée. Dès sa plus tendre enfance, sa socialisation lui a appris à tirer son statut d'un tiers ; elle sait que, plus tard, elle épousera un homme avec qui elle vivra par personne interposée. Même de nos jours, la femme qui se marie se situe dans le monde selon la place qu'y occupe son mari. Si elle a des enfants, leurs succès ou leurs échecs seront les siens. Il n'est donc pas surprenant qu'elle semble aussi aisément s'abandonner à une relation.

Mais ce genre de relation n'a pas forcément un caractère d'intimité. Si nous regardons sous la surface, nous apercevons une réalité beaucoup plus complexe que nous ne le pensions jusqu'alors. Nous découvrons alors que les femmes ont leurs propres problèmes à l'égard de l'intimité et qu'elles dressent contre elle leurs propres défenses. Tout comme les hommes, elles connaissent des conflits intérieurs à propos de l'intimité, conflits qui produisent angoisse et ambivalences, sinon une véritable peur. Cependant, dans leurs relations avec les hommes, les femmes sont rarement contraintes d'affronter directement leur conflit intérieur, précisément parce que les hommes se chargent du problème à leur place avec leurs propres difficultés, inévitables vis-à-vis de l'intimité et de la relation ; parce que les hommes ont tendance à être très indépendants et à l'abri de toute intrusion, sauf en ce qui concerne le sexe. Ce dernier, plus que tout autre, est le domaine où le conflit opposant l'homme et la femme — leurs différences et leurs similitudes — apparaît le plus clairement.

5.

LE DILEMME SEXUEL

LA FEMME : *Je prétends que la stimulation sexuelle commence dès le matin.*
LE MARI : *A mon avis, si nous avions une vie sexuelle plus active, nous serions plus intimes, mais ma femme dit que c'est le contraire : nos rapports sexuels seraient plus nombreux si nous vivions plus intimement...*

...Tel est le leitmotiv de bien des mariages. Maris et femmes ne sont que trop souvent divisés comme le sont ces deux-là. Ils s'étonnent, se posent des questions, essayent de se raisonner réciproquement et, n'aboutissant à rien, se disputent. Tôt ou tard, ils se réconcilient, se promettent que ça ne sera jamais plus comme avant. Sur le moment, ils sont sincères. Ils font leur possible, mais les promesses ne tiennent pas. Sans le vouloir, ils reviennent à leurs habitudes, et le cycle recommence. La lutte reprend de plus belle.

Les experts prétendent que le problème n'existerait pas si nous communiquions convenablement. Maris et femmes, affirment-ils, doivent se parler, s'expliquer leurs besoins, leurs désirs et ce qui, selon eux, est bien ou mal. La « communication » est ainsi devenue à la mode, le mot clé de notre époque. Nous y pensons, nous en parlons, nous lisons des livres, suivons des cours, voyons des psychothérapeutes qui nous disent ce qu'il faut faire. Après tous ces efforts, nous jurons que tout changera, que nous travaillerons avec notre partenaire pour être plus ouverts, pour mieux nous exprimer. Mais le plus souvent, les bonnes intentions n'aboutissent à rien, surtout lorsqu'il s'agit de concilier les différences sexuelles.

Il s'agit de problèmes difficiles, dont on ne sait pas parler franchement, malgré tous nos efforts. Un mari et sa femme, âgés de trente-cinq et de trente-trois ans, et qui ont deux enfants après huit ans de mariage, m'ont entretenu de ces différences. Parlant vite et nerveusement, la femme m'a dit :

> Et patati, et patata ! Il essaye de me convaincre ; j'essaye de le convaincre. A quoi bon ? Ce ne sont pas les mots qui nous manquent. Je ne sais même pas si notre problème est tout simplement que nous ne nous comprenons pas. Je pense même que nous nous comprenons fort bien. Mais nous n'aimons pas ce que nous savons, et c'est là tout le problème.

Son mari parle plus lentement et semble résigné, frustré.

> Je sais ce qu'elle veut. Elle veut que nous soyons très amoureux, très proches l'un de l'autre, et qu'ensuite nous ayons des rapports sexuels. Mais ce n'est pas toujours possible. Nous sommes tous les deux très occupés ; il y a les enfants. Ça ne peut pas être tout le temps le grand amour... et si nous devons l'attendre pour... *(il cherche ses mots.)* eh bien... on risque d'attendre longtemps !

Sa femme parle maintenant plus calmement, mais son émotion apparaît sous la surface des mots.

> Il me reproche de vouloir vivre tout le temps un grand amour, mais il ne s'agit pas de ça. Je voudrais le sentir plus sensible ; je voudrais un contact affectif, et pas seulement sexuel.

Le mari, contrarié et perplexe :

> Dès qu'elle me dit que je fais passer le sexe avant les sentiments, ça y est, je perds pied. Comme si le sexe et les sentiments étaient incompatibles !

Leurs réactions sont mêlées de colère et de souffrance. Mais ce ne sont pas les mots qui les séparent. Ils me disent très franchement ce qu'ils pensent, ce qu'ils sentent. S'il ne s'agit pas simplement d'une affaire de communication, qu'est-ce donc qui empêche si radicalement les deux partenaires de trouver une solution à leurs problèmes, en dépit de leur bonne volonté ?

Certains sociologues s'en réfèrent à la culture, aux idéologies définissant les limites des sexualités féminine et masculine. Ce n'est pas entièrement faux. Sans aucun doute, à travers les époques de la société occidentale, la sexualité féminine a été exposée à des attaques ; on a parfois exercé des pressions extrêmes tendant à la contrôler, à la limiter, voire à nier son existence. Sans aucun doute, on a traité la sexualité masculine avec beaucoup plus d'ambivalence. D'une part, elle a été, elle aussi, l'objet d'une certaine répression ; d'autre part, on a reconnu sa force, son pouvoir, allant même jusqu'à construire des mythes et des monuments en hommage à ce qui était considéré comme la nature inhérente et incontrôlable de l'homme.

Ces attitudes sociales relatives à la sexualité de l'homme et de la femme, et les normes de comportement qui les ont accompagnées, ont à la fois déterminé notre comportement sexuel et influencé l'expérience de notre propre sexualité. Car la culture clarifie et mystifie à la fois. Un ensemble de croyances est en même temps une façon de voir le monde plus clairement et d'interdire une autre manière de l'envisager. En ce qui concerne le sexe, et parce qu'il est une force primitive, élémentaire, toutes les sociétés cherchent à le contrôler, et il en résulte que la mystification l'emporte sur la clarification. Les femmes de l'époque victorienne, par exemple, se sont souvent persuadées qu'elles n'avaient pas de sensations sexuelles, alors que les messages de leur corps, si elles avaient été capables de les écouter, leur auraient affirmé le contraire. Même de nos jours, les hommes s'engagent dans un comportement sexuel compulsif sans même se rendre compte qu'ils n'en retirent que peu de plaisir, sinon pas du tout. Ces deux comportements sont une réaction à des impératifs sexuels ; ils créent des dissonances, et même des conflits ouverts lorsque l'expérience intérieure est en contradiction avec le comportement attendu.

Le modèle auquel se conforme notre sexualité est donc déterminé par la culture. Mais ce n'est pas tout. Les impératifs de la société sont renforcés par ses dispositions institutionnelles et par l'expérience personnelle des individus soumis à ces impératifs. C'est dans cette rencontre de dispositions sociales et de réactions psychologiques que nous tenterons de comprendre le fondement des différences sexuelles qui divisent si souvent les hommes et les femmes.

Pour la femme, il n'existe pas de vie sexuelle satisfaisante sans rapport affectif. Pour l'homme, les deux peuvent être plus facilement séparés. Pour elle, le contact affectif doit en général précéder le rapport sexuel :

> Pour avoir envie de faire l'amour, il faut que je me sente très proche de mon mari..., comme si nous partagions quelque chose, au lieu de vivre simplement ensemble.

Pour lui, l'intimité affective peut venir du rapport sexuel :

> C'est le seul problème sur lequel nous butions. Il m'est beaucoup plus facile de lui dire ce qu'elle a envie d'entendre quand j'ai avec elle le contact le plus intime, c'est-à-dire quand nous faisons l'amour. C'est difficile à expliquer... *(Il cherche ses mots.)* Oui, c'est à ces moments-là que les émotions sont à leur paroxysme...

C'est ici que l'on voit le plus nettement les problèmes qui les divisent en ce qui concerne l'intimité de leur relation. Quand la femme parle de contact, elle entend généralement l'intimité créée par la parole, par le partage des pensées et des sentiments :

> Je veux savoir ce qu'il pense, vous comprenez ; je veux savoir ce qui se passe en lui, avant d'aller au lit.

Pour lui, il suffit qu'ils se trouvent ensemble dans la même pièce :

J'ai l'impression que nous sommes agréablement unis lorsque nous sommes ensemble, en train de lire, par exemple, ou de regarder la télé. Mais, pour elle, ça ne lui suffit pas quand vient l'heure d'aller au lit.

Il ne s'agit pas de savoir comment l'homme et la femme se parlent, mais *si* ils le font. Le problème est relié à ce que les mots et l'expression verbale de l'émotion signifient pour chacun d'eux, à la façon dont le sexe et le sentiment coïncident et au fait qu'ils éprouvent différemment l'équilibre entre les deux... Tout cela nous ramène une fois de plus aux expériences de séparation et d'individuation de l'enfance.

Pour les garçons comme pour les filles, le lien le plus précoce, et l'identification qui en découle, sont beaucoup trop vastes, trop profonds, trop globaux pour que nous puissions les appréhender aisément, surtout après avoir réussi à enfouir au fond de notre inconscient ce passé le plus primitif. Leur racine est de l'éros à l'état pur..., cette force vitale qui est à l'origine de tout attachement. Le petit enfant baigne dans l'éros. Mais nous formons une société de personnes qui avons appris à avoir peur de l'éros ou tout au moins à le considérer avec appréhension. Il est pour nous associé à la passion, au sexe, à des forces qui menacent d'échapper à notre contrôle. Et nous apprenons très tôt à nos enfants, et de mille façons, la nécessité de limiter l'éros, jugé par nous capable de mettre en péril la civilisation.

Au début, rien ne distingue les enfants des deux sexes. Lorsque l'enfant dépasse l'union symbiotique précoce avec la mère et que les limites de son moi commencent à se développer, les normes sociales concernant la sexualité se font sentir peu à peu. Conformément à ces normes, l'érotique et l'affectif se séparent, et l'érotique prend une signification plus spécifiquement sexuelle.

C'est ici que cessent les similitudes de développement. Pour le garçon, à ce stade, c'est l'élément affectif de l'attachement à la mère qui se trouve attaqué tandis que l'enfant cherche à refouler son identification avec elle. L'aspect érotique — ou sexualisé — de l'attachement reste intact, du moins chez les hommes hétérosexuels. Le tabou de l'inceste, sans aucun doute, fait en sorte que le *comportement* sexuel futur aura lieu avec une femme autre que la mère. Mais le problème, ici, n'est pas le comportement, mais la structure affective qui le sous-tend.

Pour la fille, les exigences de la croissance sont exactement à l'opposé. Pour elle, c'est l'élément érotique de l'attachement à une femme qui doit être refusé, pour être plus tard transféré à un homme. L'attachement affectif, plus important, et l'identification demeurent intacts.

Cette cassure entre les éléments affectif et érotique de l'attachement pendant l'enfance a des conséquences profondes et durables sur la façon dont nous réagissons aux relations, sexuelles ou autres, à l'âge adulte. Elle signifie en effet que, pour les hommes, l'aspect érotique de n'importe quelle relation restera à jamais le plus déterminant, alors que, pour les femmes, c'est l'élément affectif qui dominera toujours. C'est ici que nous pouvons mieux comprendre la profondeur des rapports affectifs des femmes entre elles, et les raisons pour lesquelles les amitiés féminines non sexuelles tiennent une place si importante dans leur vie, pour leur affirmation de soi et leur bien-être. Et c'est également ici que nous voyons pourquoi les relations non sexuelles comportent si peu de charge émotionnelle pour les hommes.

Contrairement à la croyance populaire, les réactions sexuelles de la femme ne sont pas plus étouffées que celles de l'homme, et son besoin, son désir de détente sexuelle sont égaux aux siens. Mais parce que l'aspect érotique de son attachement précoce doit être refoulé au cours de l'enfance par la fille pour qu'elle puisse plus tard établir un lien sexuel avec un homme, tout ce qui est explicitement sexuel n'aura qu'un faible statut d'*indépendance* dans sa vie. Un homme peut désirer *les* femmes, mais la femme désire *un* homme. Pour celle-ci, en général, le sexe n'a un sens que dans un contexte relationnel, ce qui explique peut-être pourquoi tant de filles ne se masturbent jamais ou très rarement pendant l'adolescence ou au début de la vie adulte.

On pourrait soutenir que les interdits sociaux contre la masturbation suffiraient à expliquer son absence relative chez les jeunes filles et les jeunes femmes. Mais les garçons entendent les mêmes discours et, même de nos jours, on les menace parfois des pires calamités s'ils s'adonnent au plaisir solitaire. Pourtant, ces mises en garde, loin de diminuer l'incidence de la masturbation chez les garçons, n'ont réussi qu'à encourager les sentiments de culpabilité et le secret.

Il semble raisonnable de supposer qu'il s'agit là d'une réaction au double message que la société adresse aux hommes en ce qui concerne leur sexualité. D'une part, on veut leur imposer des restrictions ; d'autre part, on admet implicitement que l'on ne peut guère compter sur eux pour se restreindre et que, fondamentalement, la sexualité masculine ne peut pas être contrôlée : les garçons seront toujours des garçons !...

Ces caractéristiques distinctes atttribuées par la société à la sexualité de l'homme et de la femme expliquent certaines différences en ce qui concerne leurs attitudes respectives vis-à-vis de la masturbation et de la fréquence de celle-ci. Mais, à mon avis, autre chose intervient, qui fait que les prohibitions sociales ont tant de prise sur les femmes. C'est que, pour elles, le rapport affectif de leur relation est en général un stimulant, sinon une condition nécessaire de leur érotisation.

Si les femmes ont besoin d'un attachement affectif pour s'éveiller sexuellement, les hommes, eux, comptent sur le sexuel pour éveiller l'affectif, comme le montre le témoignagne de cet homme de quarante et un ans, marié depuis quatorze ans :

Je me sens beaucoup plus intime avec ma femme quand nous avons un contact sexuel ; cela me permet, pour ainsi dire, de franchir plus facilement le fossé affectif. Tout se passe comme si l'amour physique ouvrait une autre porte. Je peux exprimer des sentiments que je devais taire jusqu'alors.

Pour les femmes, les attachements affectifs sans activité sexuelle sont vécus sans vraies difficultés ; pour les hommes, ils sont beaucoup plus problématiques. Il en existe, bien sûr, mais ils sont plutôt rares et accompagnés de tensions et de réserves.

Cette différence peut aider à expliquer le fait que les hommes ont tendance à redouter l'homosexualité d'une manière que les femmes ignorent. Je ne veux pas dire par là que les femmes acceptent les activités homosexuelles plus aisément que les hommes : pour elles, l'affectif et l'érotique sont séparés, ce qui leur permet de vivre une relation affective intense avec une autre femme sans craindre de la voir évoluer vers la sexualité. Pour les hommes, dont les rapports affectifs dépendent souvent d'un rapport sexuel, toute relation affective intime avec un homme est en général ressentie comme une menace.

Nous pouvons voir plus clairement comment fonctionnent ces différences si nous comparons le comportement sexuel des lesbiennes et celui des hommes homosexuels. Ici, les relations ne sont pas compliquées par les doutes, les antagonismes traditionnellement propres aux couples hétérosexuels, et les différences entre les hommes et les femmes sont évidentes aux yeux de tous.

Au cours d'une série d'entretiens très poussés avec des homosexuels des deux sexes, j'ai été frappée très souvent par la facilité avec laquelle les hommes se livraient avec plaisir à des rapports sexuels anonymes qui étaient quasi inexistants chez les femmes. Pour les lesbiennes, le sexe intervient généralement dans le contexte d'une relation affective peut-être passagère, mais vécue d'un bout à l'autre avec sincérité. Les « baiseurs », si appréciés par tant d'hommes homosexuels, n'ont pas leur équivalent chez les femmes. Les bains publics, fréquentés volontiers par un grand nombre d'hommes en quête de partenaires de leur sexe n'attirent pas les lesbiennes. Ces aventures épisodiques les laissent indifférentes.

Les hommes homosexuels entretiennent rarement une amitié où le sexe n'intervient pas. Les lesbiennes, elles, tout comme leurs sœurs hétérosexuelles, peuvent avoir avec une femme des relations très intimes et satisfaisantes sans aucune implication sexuelle. Ces relations, bien sûr, peuvent parfois prendre un tour sexuel ; mais lorsque cela se produit, c'est l'aspect affectif de la relation, et non pas le seul aspect sexuel, qui tient le devant de la scène.

Qu'une personne soit hétéro ou homosexuelle, la nature de la coupure entre le sexe et l'émotion est la même. Mais la façon dont elle est vécue diffère généralement selon que le partenaire sexuel se trouve être un homme ou une femme. Chez les hommes hétérosexuels, l'implication sexuelle, parce qu'elle a lieu avec une femme, réveille le souvenir de l'attachement infantile à la mère, en même temps que l'ancienne ambivalence relative à la séparation et à la symbiose. Il en résulte presque à coup sûr une réaction affective intense, à la fois menaçante et satisfaisante. C'est ce que les hommes cherchent dans leurs rapports sexuels avec une femme, comme l'exprime cet homme de trente-quatre ans :

> Dans ces moments-là, je peux vraiment me laisser aller. C'est pour cela, je pense, que le sexe a tant d'importance pour moi. La détente absolue ! Il n'y a que là que je puisse me sentir libéré de mes chaînes intérieures.

Et c'est également ce qu'ils redoutent. Car le sexe menace les défenses qui les protègent contre le retour des sentiments, depuis longtemps refoulés, éprouvés pour cette autre femme qui fut le premier attachement de leur vie. Pour maintenir le refoulement, ils maintiennent la séparation entre le sexe et l'affectif. C'est ainsi que le même homme, après m'avoir dit que le sexe était le seul moment où il se « sentait libéré de ses chaînes », m'a parlé de ses appréhensions :

> Malgré toute l'importance qu'il a pour moi, le sexe est parfois un vrai problème. Il peut me rendre terriblement angoissé et tendu. Si je n'y prends pas garde, je commence à éprouver des sentiments qui me font peur... Par exemple, je ne sais plus très

bien où j'en suis. Et ça me refroidit. J'ai un peu honte de le dire, mais je suis sexuellement plus à l'aise avec quelqu'un d'autre que ma femme. Avec une fille qui m'est plus ou moins indifférente, je ne me sens pas bouleversé, menacé par tous ces trucs qui entrent en ébullition...

« Quels trucs ? Qu'est-ce qui vous bouleverse » demandai-je. Il baissa la tête d'un air déconcerté en murmurant : « Je ne sais pas très bien... »

« Essayez quand même de me l'exprimer ? »

Oui, je veux bien, mais ce n'est pas facile. Le mieux que je puisse dire, c'est que j'ai l'impression d'avoir affaire à quelque chose que je ne veux pas savoir. *(Longue pause.)* Sacré nom, je viens de dire ça et je ne sais même pas exactement ce que ça signifie ! Essayons autre chose... Si je n'y prends pas garde, si je me laisse aller à ces sentiments, je ne sais pas comment ça se terminera. Comme si je tombais dans un piège dont je ne pourrai jamais sortir. Bon Dieu, non, je ne sais pas... J'ai entendu des hommes dire que le sexe est comme un retour à l'utérus. C'est peut-être ça. Mais l'utérus, on en sort, tandis qu'ici j'ai l'impression qu'il n'y aura pas d'issue. Vous y comprenez quelque chose ?

Sans aucun doute, l'acte sexuel fait naître chez les hommes et les femmes une série de réactions émotionnelles complexes et contradictoires ; réactions qui les laissent, quoique de façons différentes, avec un sentiment de puissance et de vulnérabilité. L'homme se sent puissant en revendiquant le corps d'une femme ; le sentiment de sa virilité lui permet de s'éprouver bien vivant, dominateur, fort. Un homme de trente-trois ans, marié depuis huit ans, me disait :

Lorsque notre vie sexuelle est en sommeil, comme c'est le cas en ce moment, ce n'est pas seulement le sexe qui me manque, mais aussi le contact avec Marianne.

« Vous voulez dire le contact avec votre femme ? »

Oui, mais plutôt ce qu'il représente ; ce n'est pas seulement le contact physique, mais ce qu'il me fait ressentir. Je me sens « vivant », je crois que c'est le mot le plus juste. Oui, vivant, et *(Il cherche ses mots.)* on pourrait dire « puissant ».

En même temps, il est anxieux à propos des sentiments intenses qui s'agitent en lui et qui échappent à son contrôle ; des sentiments qui le livrent sans défense, une fois de plus, à la volonté et aux caprices d'une femme.

> Je ne suis pas toujours à l'aise dans ma sexualité parce que je me sens très vulnérable quand je fais l'amour. Au fond, je sais que c'est plutôt stupide : pendant que je fais l'amour, je fais l'expérience de l'essence même de ma virilité, et en même temps je peux en avoir terriblement peur... J'ai l'impression de ne plus être maître de moi, de me perdre, ou quelque chose comme ça.

L'expresssion : « l'essence de ma virilité » utilisée par cet homme pour définir sa puissance et ses sentiments sexuels mérite un commentaire qui nous fera faire un léger détour. Nous comprenons intuitivement ce qu'il veut dire. Mais je me pose cette question : « Que peut-être " l'essence de la féminité " ? »

Certaines femmes, je suppose, diraient sans doute qu'il s'agit du dévouement, de la sollicitude ; d'autres parleraient de maternage. Mais la plupart, faute d'une réponse simple et satisfaisante, resteraient probablement perplexes. Cependant, une chose est sûre : pour la majorité des femmes, l'« essence de la féminité » ne se situerait pas dans leurs organes génitaux, ni dans le vécu de leur pouvoir sexuel. Si les hommes réagissent autrement, cela vient sans doute des difficultés qu'ils ont éprouvées à établir leur identité masculine. Après tout, rien ne peut plus nettement distinguer un garçon de sa mère que cette preuve tangible de sa masculinité.

Fermons la parenthèse et revenons à l'ensemble des sentiments qu'éprouve un homme à propos de ses rapports sexuels avec une femme. Il éprouve du bien-être à se trouver dans les bras d'une femme, c'est-à-dire à s'abandonner aux sentiments de sécurité autrefois si profondément éprouvés, à la sensation réconfortante de se sentir de nouveau materné et choyé. En même temps que la joie de pouvoir éprouver l'« essence de sa virilité », il y a aussi l'extase de retrouver l'unité avec l'« autre », à laquelle il a dû jadis renoncer. Mais ces mêmes sentiments peuvent être ressentis comme une menace. Ils sont une attaque dirigée contre les limites depuis longtemps établies entre lui-même et l'autre. Et ils menacent sa virilité, telle que la définit notre culture, au moment où il revit de nouveau ses besoins et ses désirs de dépendance.

Ainsi, la joie et la peur rivalisent, comme le montrent les expressions dont se servent les hommes pour me décrire les sentiments et les fantasmes suscités par le sexe : ils parlent parfois de se « perdre dans une caverne obscure » et à d'autres moments de se « sentir à l'abri dans un lieu chaud et sûr ». Ils disent qu'ils ont peur « de se laisser entraîner dans un gouffre » et aussi qu'ils ont l'impression de « vagabonder dans une vallée douce et accueillante ». Ils ont la sensation de « se noyer », ou de « nager dans de l'eau chauffée au soleil ». Ils ont peur de « tomber dans un piège » et se réjouissent de « se sentir des ailes ».

C'est parfois le même homme qui s'exprime dans des termes tout aussi contradictoires :

> Ça dépend. Il m'arrive d'avoir peur, sans trop savoir pourquoi. Je me sens très vulnérable, comme si j'étais grand ouvert. Je me sens alors en danger. D'autres fois, pas de problème. C'est du plaisir à l'état pur.

Quoi qu'il en soit, ils parlent tous de l'intensité de l'expérience, du plaisir et de la souffrance qui accompagnent les rapports sexuels.

On trouve chez la femme un mélange similaire de sentiments de puissance, de vulnérabilité et de plaisir. Son sentiment de puissance vient de ce qu'elle est capable de transformer cet homme qui, habituellement, se contrôle parfaitement, en un agneau doux et inoffensif, selon l'expression d'une femme ou, comme le disait une autre, de provoquer chez lui « une immense explosion ». Une femme de trente-quatre ans, mariée depuis onze ans, le traduit ainsi :

> Il y a un moment, dans mes rapports sexuels, où je sais que c'est

moi qui commande, que mon partenaire ne pourra vraiment plus s'arrêter parce que son désir est trop fort, et cela me procure une sensation merveilleuse. Je me sens dans ces moments-là l'être le plus puissant du monde. C'est difficile d'expliquer avec des mots ce que je ressens, cette connaissance que j'ai, à la minute, de mon propre pouvoir sexuel.

Mais elle ne cache pas sa vulnérabilité. Étonnée de la complexité de ses sentiments, elle pousse un soupir et continue :

Mais c'est étrange…, il y a aussi cet instant où il s'apprête à me pénétrer et où j'ai une légère sensation de panique qui disparaît aussitôt. Une sorte de tension de tout mon être. Une seconde pendant laquelle, au lieu d'ouvrir mon corps, j'ai envie de le verrouiller. Comme si je voulais me protéger contre un viol. Mais dès qu'il m'a pénétrée, ce sentiment disparaît, et je peux m'abandonner au plaisir sexuel.

Cette peur, que connaissent les hommes et les femmes est archaïque ; c'est une séquelle du conflit séparation/symbiose de l'enfance qui revient à la surface au moment de l'union sexuelle. La réaction est programmée et prévisible. Il a peur d'être absorbé ; elle a peur d'être envahie. Leur histoire affective se combine avec les impératifs culturels régissant la féminité et la masculinité pour les préparer, chacun de son côté ; leur physiologie fait le reste.

Chez l'homme, le refoulement de sa première identification, et l'étouffement de l'attachement *émotionnel* qui l'accompagne, correspondent parfaitement aux prohibitions culturelles concernant la masculinité, qui lui demandent de renoncer au côté affectif de la vie en faveur du côté rationnel. Le sexe devient donc le seul domaine où l'homme puisse légitimement se mettre en contact avec ses états affectifs les plus profonds et les exprimer. En fait, il n'arrive que trop souvent que l'acte sexuel porte la plus grande partie du fardeau de l'expression émotionnelle de l'homme ; et c'est là une réalité vécue qui peut expliquer la compulsion avec laquelle tant d'hommes approchent le sexe.

Mais l'acte de la pénétration lui-même agite d'anciens désirs conflictuels qui doivent être réprimés. C'est le moment ardemment désiré par l'homme et en même temps celui de sa plus grande vulnérabilité. Quand une femme le prend dans son corps, il connaît à la fois l'extase et la peur. L'extase de la symbiose renouvelée avec une femme ; la peur d'être absorbé par elle et de perdre une partie de lui-même sauvegardée non sans peine depuis tant d'années.

En ce qui concerne la femme, le refoulement de son premier attachement *érotique* est également en parfait accord avec les prohibitions culturelles dirigées contre la libre expression de sa sexualité. Seulement, pendant l'enfance, elle n'avait pas besoin de s'attaquer à sa première identification avec sa mère ni à l'attachement affectif profond qui l'accompagnait ; pas besoin non plus de se différencier aussi pleinement et fermement, comme doivent le faire les enfants de sexe masculin. Parvenue à l'âge adulte, elle reste donc préoccupée de la fluidité de ses limites, en garde contre leur perméabilité, et c'est cette inquiétude qui est activée au maximum au moment de la pénétration.

C'est l'un des moments de sa vie où la différence entre le fantasme et la réalité s'estompe en raison de leur ressemblance. Au moment de la pénétration, ses frontières sont violées, son corps envahi. Cela seul pourrait expliquer pourquoi la femme évite si souvent l'acte sexuel (ce dont se plaignent tant de maris) même si elle est prête à admettre qu'elle y trouve son plaisir et sa récompense. Là aussi se mêlent plaisir et souffrance : le plaisir de vivre la symbiose, la souffrance de l'intrusion qui blesse le sentiment, parfois précaire, de son identité séparée. En entrant en conflit, ces sentiments contradictoires créent souvent une attitude d'inertie vis-à-vis du sexe, non pas à propos du contact émotionnel, mais à propos du rapport sexuel lui-même ; et cela, surtout, lorsque la femme a l'impression que la contrepartie émotionnelle est trop réduite pour qu'elle fasse l'effort de surmonter sa résistance à un nouveau réveil du conflit.

Ce conflit peut être observé sous sa forme la plus pure aux premiers stades des relations homosexuelles entre femmes. Leurs rapports sexuels comportent un type particulier d'extase parce que, dans les bras d'une femme, les limites de la séparation tombent et que le rêve du retour à l'ancienne symbiose avec la mère se réalise. Mais le ravissement peut être de courte durée, car le désir de symbiose appartient au petit enfant et non à l'adulte. Une fois atteinte, l'extase peut céder la place à la peur ; peur de la perte du moi, portée à son plus haut point dans le lien sexuel avec un homme.

Bien sûr, l'angoisse existe, à propos des limites du moi, dans les rapports hétérosexuels. Mais ces rapports procurent un certain degré de sécurité. Bien que le sexe entre un homme et une femme puisse être une expérience extrêmement intime, il y a entre eux une limite, une frontière qui ne peut être franchie en vertu du fait qu'ils sont homme et femme. La possibilité de satisfaire ses besoins sexuels tout en maintenant l'intégrité de son moi distinct peut être, pour la femme, l'aspect le plus séduisant de ses rapports physiques avec un homme. Dans ces rapports, en effet, les différences physiques évidentes contribuent à nous rassurer sur notre identité séparée tout en permettant un contact avec autrui qui n'est possible dans aucune autre action de la vie.

Entre deux femmes — comme entre la petite fille et sa mère —, il n'y a que ressemblance. Les lesbiennes parlent souvent du plaisir qu'elles trouvent dans cette similitude et disent volontiers qu'aimer l'autre revient en quelque sorte à s'aimer soi-même. Mais cette confusion pose aussi tous les anciens problèmes de la symbiose avec une femme et prépare l'oscillation ambivalente entre le désir et la peur. Ce conflit, qui tient une place essentielle dans les premiers stades d'une relation entre lesbiennes, doit être surmonté pour que cette relation puisse être durable. Parce qu'elles ont résolu ce conflit et parce qu'elles maintiennent un niveau extraordinaire d'intimité, ces relations stables entre lesbiennes peuvent être riches en enseignements pour le monde hétérosexuel.

Mais qu'en est-il des relations sexuelles entre hommes ? Elles sont différentes, bien sûr, comme sont différents les problèmes relationnels et affectifs des hommes et des femmes.

Avant tout, les problèmes des limites du moi sont moins importants pour les hommes que pour les femmes puisque, comme nous l'avons vu, l'homme établit des frontières beaucoup plus rigides que celles de la femme. La menace de symbiose née de l'identité entre deux femmes ne posera pas de problèmes sérieux à un couple d'hommes. Le problème essentiel, ici, sera plus probablement en relation avec les difficultés éprouvées par les partenaires masculins à franchir la distance qui les sépare. En fait, dans la mesure où leurs limites peuvent être franchies, la menace risque davantage d'exister dans une relation avec une femme, pour la simple raison que c'est une telle relation qui, autrefois, a dû être refusée.

Ensuite, parce que la cassure entre le sexuel et l'affectif est la caractéristique primordiale de la sexualité masculine, les relations entre hommes ignorent le besoin d'un rapport affectif toujours présent dans n'importe quelle interaction, sexuelle ou non, avec une femme. C'est cette cassure qui autorise le type de contact sexuel impersonnel si fréquent chez les homosexuels, contact érotiquement stimulant et excitant et qui laisse relativement intactes les émotions. « Sensations fortes, affectivité sexuelle faible », comme le disait l'un de mes confrères. Et c'est cette cassure qui, du moins jusqu'à maintenant, est responsable du fait que les relations affectives durables sont beaucoup moins fréquentes chez les homosexuels que chez les lesbiennes. Dans leur relation avec une femme, les hommes doivent affronter cette cassure, essayer de la guérir, pour que cette relation puisse durer. Mais si, dans leur vie, aucune femme ne vient insister sur la primauté du rapport affectif, le problème ne se pose pas.

Tandis que j'écrivais ces pages, quelques questions me sont venues à l'esprit : « Est-ce que tout cela ne serait pas une autre façon de dire que les femmes sont moins sexuelles que les hommes ? » « Qu'en est-il de toutes ces femmes que nous voyons autour de nous aujourd'hui et qui semblent aussi à l'aise dans leur sexualité que le sont les hommes et aussi affectivement détachées qu'eux ? »

Il existe sans aucun doute de nos jours — peut-être y en a-t-il toujours eu — des femmes pour qui le sexe et l'émotion sont nettement séparés. Mais si on regarde ce qui se trouve derrière le comportement de ces femmes, même les plus sexuellement actives, on constate la plupart du temps que le sexe n'est pas seul en jeu. Il est vrai que ces femmes n'ont plus besoin de se savoir amoureuses pour s'engager sexuellement avec un homme. Mais le mot clé, ici, est la *relation,* peut-être limitée à un caprice passager, mais qui, pour elles, est une réalité. Le plus souvent, les relations de ce genre, même les plus fugaces, n'ont pas pour la femme qu'une signification sexuelle, car l'excitation sexuelle est en général liée à un attachement affectif, aussi limité soit-il. Ce qui, à première vue, pourrait passer pour un engagement purement sexuel, est en réalité une tentative pour trouver autre chose.

De très nombreux témoignages confirment ce que je dis ici. Si on leur demande ce qu'elles obtiennent de leurs expériences sexuelles les plus banales, les femmes qui se considèrent totalement libérées sexuellement reconnaissent elles-mêmes que ces rapports passagers ne leur procurent que rarement des orgasmes. « Quand j'étais célibataire, m'a dit d'un air dégagé une femme de vingt-sept ans, mariée depuis peu, je couchais sans problème avec le premier type qui me plaisait. » « Ces rapports s'accompagnaient-ils régulièrement d'orgasmes ? » demandai-je. Elle me répliqua en riant : « Oh non ! Ça, c'était réservé ! » « Réservé à qui ? » D'un air de défi : « A celui qui le méritait ! » « Que voulez-vous dire ? » Elle se décida enfin à parler sérieusement : « Je veux dire que pour jouir avec un type, il faut préalablement que j'aie confiance en lui. Je veux d'abord savoir qu'il y a une façon de le toucher affectivement ; alors, j'ai assez confiance en lui pour l'admettre dans cette partie de moi. »

A toutes les femmes qui s'exprimaient de la sorte, je demandai : « Qu'y trouvez-vous ? Pourquoi engagez-vous ce genre de relations si vous n'y trouvez pas votre compte sur le plan sexuel ? » Elles me répondirent sans exception que c'était pour elles la seule façon d'obtenir toutes les autres choses dont elles avaient besoin et que seul un homme pouvait leur donner. « Quelles choses ? » Leurs réponses indiquaient nettement qu'elles avaient davantage besoin d'un contact et d'un attachement que de sexe : « J'ai plus envie d'être serrée dans ses bras que de baiser. » « J'aime me sentir attachée à quelqu'un, même pour un temps très court. » Elles parlaient avec insistance de leur besoin d'être « étreintes », de sentir qu'« on avait besoin d'elles », de « l'importance d'avoir quelqu'un à qui on peut donner et dont on reçoit quelque chose ».

Les hommes, il est vrai, parlent aussi du même besoin de l'étreinte. Mais l'orgasme, en général, n'est pas exclu et l'étreinte seule est rarement un but désirable. Les femmes, d'ailleurs, en immense majorité, même dans le cadre d'une relation stable, se plaignent de ce que la tendresse physique se transforme beaucoup trop rapidement en prélude sexuel. « Pourquoi n'est-il pas heureux de me serrer tout simplement dans ses bras ? Pourquoi faut-il que nos étreintes nous conduisent à l'acte sexuel ? » A ces griefs de sa femme, le mari répondait, perplexe : « Je la prends dans mes bras et nous nous serrons très fort l'un contre l'autre. Cela me plaît autant qu'à elle. Mais il existe une progression naturelle, non ? »

Que ce soit au cours de mes recherches ou dans mon travail clinique, j'entends répéter la même histoire : des femmes, sexuellement très actives, qui ne peuvent aboutir à l'orgasme qu'avec un homme en qui elles peuvent avoir confiance. C'est ce qui ressort du témoignage d'une femme de quarante-trois ans qui en est à la quatrième année de son second mariage. Voici ce qu'elle dit des sept années qu'elle a vécues entre son divorce et son remariage :

Pendant toutes ces années, la plupart du temps, je n'ai pas manqué d'hommes dans ma vie et j'ai appris beaucoup de choses sur moi-même et sur mes relations avec eux. J'ai découvert que coucher avec quelqu'un, c'était une chose, et être sexuellement satisfaite en était une autre.

Quand je me suis mariée pour la première fois, j'étais pratiquement vierge. Mes expériences se limitaient à mon mari. Je ne savais donc pas grand-chose de ma sexualité. Ou plutôt, je me savais très sexuelle, mais je croyais que l'orgasme était un truc automatique, comme s'il suffisait de tourner la bonne manette, vous comprenez ? Quelle surprise, après mon divorce, quand je me suis mise à coucher avec un tas de types ! *(Sourire triste.)* Tout à coup, ce fut comme si mon corps n'en faisait qu'à sa tête. Je n'y arrivais pas... c'est-à-dire, je n'arrivais pas à jouir. Je m'excitais au maximum, et pfut... ! plus rien. Je ne comprenais pas. Je n'avais pas la moindre idée de ce qui se passait.

Puis j'ai eu une liaison avec un homme que j'aimais vraiment. Une relation très sérieuse, avec un chic type qui tenait à moi en tant que personne humaine... et me revoilà capable d'avoir des orgasmes ! C'est alors que j'ai tout compris !

Son flot de paroles s'interrompit, comme si elle estimait que le sens de sa dernière phrase était évident. N'étant pas sûre de l'avoir bien saisie, je lui demandai : « Qu'est-ce que vous avez compris ? »

J'ai compris qu'il y avait en moi quelque chose qui m'empêchait d'avoir des orgasmes avec un homme en qui je n'avais pas confiance. Ce n'était pas du tout voulu. Je n'y arrivais pas, c'est tout. Même avec un homme qui me plaisait beaucoup, même quand j'étais très excitée, j'étais incapable de jouir si je n'avais pas profondément confiance en lui.

Comme la femme, l'homme peut, lui aussi, ne pas parvenir à l'orgasme lorsqu'il ne se sent pas en confiance. Ces dernières années, j'ai rencontré beaucoup plus d'hommes dans ce cas qu'auparavant, peut-être parce qu'ils sont plus nombreux, peut-être parce qu'il est devenu plus facile aujourd'hui d'aborder ce genre de problèmes. Mais, quel que soit leur nombre, il s'agit d'un phénomène beaucoup moins fréquent que chez les femmes. D'ailleurs, quand il arrive à un homme normal d'être impuissant, cela se produit beaucoup plus souvent dans le contexte d'une relation affective qu'avec une étrangère. Un cuisinier de trente et un ans, marié depuis peu, m'a parlé de ses problèmes d'impuissance :

C'est une drôle d'histoire, et je ne sais pas très bien ce qui se passe. Je crois finalement que ça m'arrive quand quelque chose me fait peur, quand j'ai l'impression de ne pas être en sécurité. *(Soudain perplexe.)* Ça a l'air idiot, n'est-ce pas ? Où est le danger ? Au fond, je n'en sais rien. Ça m'arrive parfois quand je fais l'amour pour la première fois avec une femme, ou quand je ne la connais pas. Mais ça, c'est du passé, du temps où j'étais célibataire. Maintenant, ça se produit avec ma femme. Pas très souvent, mais quand même... Elle est formidable, parce qu'elle ne se plaint pas de ce que je la laisse tomber. Jamais le moindre reproche. Mais ça ne m'empêche pas de m'inquiéter. L'ennui, c'est que je ne sais pas vraiment d'où ça me vient... peut-être le même sentiment de peur, comme si une voix intérieure me disait : « Hé ! Oh ! Fais attention ! »

« Attention à quoi ? » demandai-je. Il se leva et arpenta la pièce, cherchant une réponse :

Voilà le hic ! C'est difficile à exprimer avec des mots. Je pense simplement : « Il vaut mieux faire attention ! » Avec une femme que je ne connais pas, je peux imaginer que je n'ai guère confiance en elle et que j'ai peur. Après tout, quand on est au summum de l'excitation sexuelle, on est bigrement vulnérable... On est là avec des tas de menaces en suspens. Eh bien, je pense que c'est la même chose avec ma femme. Qu'en pensez-vous ? Le sexe est une expérience tellement intense qu'on ne peut pas s'empêcher de s'exposer entièrement, si bien que de temps en temps on n'est pas sûr de pouvoir faire confiance à *n'importe quelle femme.*

Comme les femmes, de toute évidence, la plupart des hommes préfèrent avoir des rapports sexuels dans le contexte d'une relation avec une personne à laquelle ils sont affectivement attachés. Mais, contrairement aux femmes, ce n'est qu'une préférence qui peut être ignorée quand, pour une raison ou pour une autre, elle ne peut être satisfaite. La plénitude de l'expérience affective est diminuée dans des conditions qui, pour eux, sont loin d'être idéales, mais leur plaisir sexuel et leur capacité orgasmique ne le sont généralement pas.

En fait, pour certains hommes, l'activité sexuelle est plus facile, moins chargée de conflits, lorsqu'elle a lieu en dehors de tout attachement sentimental. Car il existe encore beaucoup d'hommes qui souffrent du fameux complexe « madone ou putain » ; des hommes qui aiment la femme « honnête », mais que la « mauvaise » femme excite ; des hommes qui ne peuvent vivre totalement leur sexualité qu'avec une femme avec laquelle ils n'entretiennent pas de relations affectives. Un comptable de trente-huit ans, remarié après six ans de célibat, m'a dit, plutôt mal à son aise :

> J'aime Caroline, mais nos rapports sexuels n'ont pour moi plus rien d'excitant. Célibataire, j'étais un véritable étalon... toujours prêt, eh oui ! « A votre service, madame ! » aucun problème. *(Il se détourne pour contempler par la fenêtre un joli jardin.)* Maintenant, ce n'est plus du tout la même chose et je me fais un mauvais sang terrible à propos des conséquences que ça aura sur notre mariage. Caroline est patiente, mais elle avoue qu'elle aimerait faire l'amour plus souvent. Moi, j'ai l'impression que ça ne m'intéresse plus. Je me dis pendant quelques jours, quelques semaines, que le sexe n'a plus aucune importance pour moi. Et tout à coup, une femme attire mon attention et je sens en moi une petite secousse qui me dit : « Ce que j'aimerais mettre la main sur *ça* ! » *(Déconcerté.)* Je ne sais pas... C'était la même chose pendant mon premier mariage. Je couchais avec des femmes dont je me souciais comme de l'an quarante, et c'était la fête ! Mais avec ma femme... *(Il laisse tomber la phrase.)* Maintenant, j'ai peur. Je ne veux pas que ça recommence. *(Il éclate de rire comme pour chasser l'atmosphère tendue qui règne dans la pièce.)* Qu'en dites-vous ? Est-ce que je deviens zinzin ? Est-ce que je couve un gros complexe œdipien ? Hein ? Qu'en pensez-vous ?

Sa femme, trente et un ans, dit de son côté :

> Avant notre mariage, c'était merveilleux. Je suis plutôt libérée, côté sexualité. Comprenez-moi bien. Je ne suis pas... comment dirais-je... une nymphomane, mais je n'ai pas de problèmes sexuels. J'aime l'amour physique et je suis prête à accepter tout ce qu'un couple peut faire dans un lit. Quand nous nous retrou-

vions et que nous faisions l'amour, ça plaisait à Randy, du moins je le suppose, d'après son comportement. Mais peu après notre mariage, tout a changé.

« Vous ne viviez donc pas ensemble avant de vous marier ? »

Non. Nous habitions des villes différentes... à huit cents kilomètres l'une de l'autre. Quand ça nous était possible, nous passions ensemble des week-ends et de courtes vacances. Nous n'étions jamais réunis pendant très longtemps. Les huit cents kilomètres nous semblaient de plus en plus longs, si bien qu'au bout de quelques mois nous décidâmes de ne plus perdre notre temps et de nous marier. *(Elle soupire en se rappelant le passé.)* Ces quelques mois furent merveilleux... surtout quand nous étions au lit. Quelle joie explosive dès que nous nous retrouvions ! Et maintenant... ce n'est plus qu'une sorte de routine ennuyeuse. Je l'ai finalement convaincu que nous devrions essayer une psychothérapie. Nous avons vu quelqu'un pendant ces deux derniers mois. Mais, entre vous et moi, je pense que Randy devrait y aller seul. Je ne prétends pas être parfaite, mais je crois sincèrement que c'est son problème et non le mien. J'ai toujours l'impression que, maintenant que nous sommes mariés, il voudrait que je sois vierge, ou quelque chose comme ça... Je sais que ça peut paraître stupide, mais c'est ce que je ressens.

« La thérapie que vous avez suivie à deux vous a-t-elle aidés ? Y a-t-il quelque chose de changé ? »

Eh bien... oui, c'est un peu mieux, du moins de temps en temps. Mais il m'arrive de me décourager et d'avoir peur. Ça va mieux pendant un moment et je me sens revivre, je reprends espoir, et tout à coup, flop ! plus personne, il se dégonfle comme une baudruche. Et nous en sommes là pour le moment : sans cesse des hauts et des bas...

Ainsi vont les choses pour la plupart des couples — « sans cesse des hauts et des bas ». On opère quelques changements et les vieux problèmes ressurgissent sous une autre forme. On va de l'avant et quelque chose vous ramène en arrière. On y pense, on se pose des questions, on se tracasse, on discute, en oubliant souvent que chaque pas est un gain, minime peut-être, mais un mouvement en avant qui, sans nous mener aussi loin que nous le voudrions, ne permet pas un retour facile aux vieilles habitudes. En attendant, chacun tend les bras vers l'autre dans l'espoir d'un contact, d'une symbiose, d'un soulagement affectif. Et de nouveau nous affrontons le dilemme essentiel des rapports du couple. Car la symbiose, le contact intime, qui sont du moins momentanément possibles dans l'union des deux corps (et c'est ce qui rend le sexe si profondément satisfaisant), remuent aussi nos peurs les plus anciennes et les plus profondes.

6.

REDÉFINIR LA DÉPENDANCE

Chacun a besoin de tous ; rien de beau ni de bon pour le solitaire.

RALPH WALDO EMERSON

Indépendance... un mot dont le sens est nettement différent pour les hommes et les femmes. J'ai posé aux uns et aux autres cette question : « Qu'est-ce qui vous vient immédiatement à l'esprit quand je dis " indépendance " ? »

Pour les hommes, c'est presque unanimement une chose désirable ; pour les femmes, quelque chose qu'il faut craindre. Aucun des hommes interrogés n'a réagi négativement, alors que presque toutes les femmes l'ont fait. En général, les hommes associaient l'indépendance à des mots tels que liberté, autorité, pouvoir, autonomie, bonheur. Les femmes pensaient à l'inquiétude d'être seule, sans contact avec quiconque : « Je pense qu'elle est dangereuse parce qu'elle peut mener à la solitude. » « Elle signifie que plus personne ne s'occupera de vous. » « C'est une affaire risquée, à moins d'être préparée à vivre seule. »

La plupart des femmes savent dans leur tête que l'indépendance ne manque pas d'une certaine valeur positive, mais dans leur cœur, c'est une notion qui les met mal à l'aise et qui peut même leur faire peur. Plusieurs femmes m'ont dit que le premier mot qui leur venait à l'esprit était « divorce » ; d'autres, que le mot indépendance n'évoquait « rien de bon ». Le thème dominant, exprimé de multiples façons différentes était : « L'indépendance me fait penser à des femmes endurcies, terriblement solitaires. »

Parmi les rares femmes qui parlaient positivement de l'indépendance, aucune ne l'a fait sans réserve. Une femme de vingt-huit ans, mère d'un enfant, m'a dit que le mot, pour elle, signifiait « activité, force, orientation — tous les rapports très positifs avec le monde extérieur » ; elle termina en ajoutant : « Mais tout cela est assez inquiétant, parce que cela signifie que vous risquez de devenir une vieille femme solitaire. »

Les hommes comme les femmes associent le mot « fort » à l'idée d'indépendance. Mais les différences de réactions, quant au sens du mot, sont frappantes. Pour les hommes, être « fort » est un avantage inconditionnel, quelque chose qu'il faut rechercher, désirer, apprécier hautement, une qualité que l'on doit être fier de posséder. Pour les femmes, comme pour l'indépendance, la force est elle aussi un problème qui évoque danger et isolement. « Une femme forte, indépendante, est précédée d'un feu rouge qui éloigne les gens, surtout les hommes : ils n'aiment pas du tout ça. » Pour les hommes, la force est quelque chose qui leur assurera la sécurité, la clé qui leur permettra de sauvegarder leur autonomie. « Si on est vraiment fort, et assez indépendant, on peut se sentir en sécurité. » « En sécurité par rapport à quoi ? » demandai-je. « Contre quiconque peut essayer de diriger votre vie. » Un autre homme me disait : « Si on veut protéger sa souveraineté, il faut avoir la force nécessaire. » « Souveraineté »... mot intéressant, que seul un homme peut utiliser en discutant de tels problèmes.

Je posais ma question sur l'indépendance après des heures d'entretien sur leur mariage, et pourtant très peu d'hommes ont pensé au mot dans le seul contexte d'une relation interpersonnelle. En très grande majorité, ils en profitaient pour se situer eux-mêmes dans le monde extérieur, en dehors de leur mariage et de leur famille, et pour préciser le genre de personne qu'ils étaient ou voulaient être. A l'opposé, les remarques et les associations exprimées par les femmes se rapportaient presque toujours à une relation existante, ou espérée.

Tout cela n'a rien d'étonnant et se passe de discussions et d'explications. L'indépendance est une valeur reconnue par la société pour les hommes et non pour les femmes. Les hommes, devant le mot, réagissent positivement, les femmes négativement. On peut rencontrer tous les jours des hommes qui se plaignent de telle ou telle femme de leur connaissance, jugée « trop » indépendante. Peut-on imaginer quelqu'un disant la même chose d'un homme ? Il en est de même pour la notion de force. Qu'évoquent pour nous ces mots : « Il est un homme fort » ? A quoi pensons-nous lorsque nous entendons : « Elle est une femme forte » ? L'homme fort, on l'admire. Mais la femme ? Au mieux, la réaction est équivoque ; au pis, elle est hostile et évoque souvent des réflexions désobligeantes sur son manque de féminité.

Apparemment, tout cela semble confirmer ce que nous savons déjà : les femmes recherchent la dépendance, les hommes, l'indépendance. Mais, comme il est vrai dans nos relations avec autrui, les choses ne sont pas toujours ce qu'elles paraissent être.

J'ai posé cette question : « Imaginons pendant un moment que quelque chose est arrivé à votre femme (ou à votre mari). Auriez-vous envie de vous remarier ? »

Presque tous les hommes ont répondu « oui » sans hésiter. Quelques-uns, qui s'étaient mariés très jeunes, me dirent qu'ils resteraient célibataires quelque temps, pour savoir ce que c'était que de vivre seul. Un mécanicien d'aviation, marié depuis trente-deux ans, me dit pensivement :

Si j'en étais là, je vivrais seul, ce qui ne m'est jamais arrivé depuis que je suis adulte.

Mais il devait modifier cette déclaration quelques instants plus tard :

> Ça pourrait ne pas durer plus de deux mois, parce que la réalité serait sans doute totalement différente de ce que j'aurais imaginé... Il n'y aurait personne pour me préparer de merveilleux cocktails.

Tandis qu'il continuait de penser à haute voix, il devint évident que les « merveilleux cocktails » symbolisaient tout ce qu'une femme pouvait apporter à sa vie en confort et en sollicitude. Et il lui apparut de plus en plus clairement que son fantasme de vie solitaire serait, en effet, de très courte durée.

> Je me suis marié avant tout parce que je pensais que ma vie en serait facilitée... Je pourrais mieux me concentrer sur mon travail au lieu d'aller à la dérive et de perdre mon temps à chercher de la compagnie, et il y aurait quelqu'un pour s'occuper de tout à la maison. Si j'étais seul, maintenant, ça ferait une sacrée différence, non ? Pour le travail, tout irait bien, mais pour le reste...

Quelques hommes ajoutèrent un élément qui n'était pas prévu dans ma question : la possibilité de vivre avec une femme sans l'épouser. Cette réserve une fois faite, ils envisageaient tous une relation stable, dans le cadre d'un foyer. « Quelle différence faites-vous entre un mariage et une relation libre dans laquelle vous vous engagez à fond ? » demandai-je. Une relation hors mariage, me dirent-ils, impliquait de leur part un engagement d'un niveau différent : ils ne se sentiraient pas responsables financièrement et si la situation devenait pénible, ils pourraient se retirer plus facilement.

Très intéressant, n'est-ce pas, ces hommes qui mettent l'indépendance au-dessus de tout, qui en font le synonyme de la liberté, du bonheur, de la force, du pouvoir et qui, par ailleurs, disent qu'ils ne resteraient pas longtemps célibataires si quelque chose arrivait à leur femme !

Il est vrai que ma question les plaçait dans une situation imaginaire et que la vie réelle déterminerait sans doute un ensemble de sentiments et de comportements très différents. Toujours est-il que ma question fit naître chez les femmes des fantasmes tout autres, très révélateurs en eux-mêmes, indépendamment de ce que pourrait-être la réalité.

Près de la moitié des femmes interrogées m'ont dit qu'elles ne se remarieraient pas ; celles qui étaient mariées depuis longtemps étaient plus nombreuses à me donner cette réponse que celles qui avaient moins de dix ans de mariage. De même, celles qui n'avaient plus d'enfant à la maison étaient plus nombreuses que celles qui avaient encore des enfants à charge. Certaines se montrèrent hésitantes : « C'est difficile à dire, bien sûr..., mais je pense que je ne me marierais pas. » D'autres s'exprimèrent sans équivoque : « Une expérience suffit. Pour moi, fini le mariage ! » Quelle que fût leur réponse, elles délivraient toutes, et très clairement, le même message : le mariage a pour le moins autant de désagréments que d'avantages.

Réponse surprenante ! Et pourtant, à la réflexion, c'est explicable. Les femmes mariées depuis longtemps se mettent souvent à faire le point, sentant qu'en cours de route elles ont perdu des parties d'elles-mêmes qu'elles ont envie de retrouver *. C'est ainsi qu'elles parlent de l'envie de « découvrir qui je suis maintenant » ou de voir « si je peux récupérer le moi perdu ». Une femme de quarante-neuf ans, mariée depuis trente ans et qui lutte actuellement pour trouver le moyen de vivre le reste de sa vie d'une façon plus enrichissante, m'a dit :

Non, je ne pense pas que je me remarierai. Du moins avant longtemps. Je souffrirai peut-être de la solitude, je le sais, mais je sais aussi ce que le mariage enlève à une femme. Si je restais célibataire, je pourrais avoir une chance de me retrouver.

Il est évidemment plus facile à une femme de penser ainsi quand les responsabilités de la maternité sont derrière elle.

---

* Lillian B. Rubin, *Women of a Certain Age : The Midlife Search for Self,* Harper/Colophon, New York, 1981.

C'est alors — surtout quand elle voit s'épanouir la féminité de sa fille — qu'elle peut se rappeler sa propre jeunesse, la jeune femme qui conduisait avec sûreté sa vie extérieure et qui, maintenant, est pour elle comme une étrangère.

Certaines femmes ne savaient pas très bien ce qu'elles feraient, ayant peur, en choisissant de se récupérer, de se condamner à une vie de solitaire. « Je ne suis pas sûre de ce que je ferais... de toute façon, ce serait une décision difficile à prendre. » Une femme de quarante et un ans qui, ayant récemment terminé sa formation dans le marketing, occupe son premier emploi depuis son mariage, il y a vingt-trois ans, ne m'a pas caché sa colère :

> C'est lamentable ! Pourquoi les femmes sont-elles condamnées à faire ce choix ? Les hommes peuvent se réaliser totalement tout en ayant un foyer et tous les avantages que leur procure une épouse. Pour nous, c'est l'un ou l'autre. Ce n'est pas juste.

Qu'elles aient des doutes ou pas, toutes m'ont dit qu'elles réfléchiraient seules à l'avenir pendant un certain temps. Une femme de trente-six ans, qui a suivi son mari, officier, au hasard des garnisons pendant leurs dix-huit années de mariage, m'a dit avec mélancolie : « Si je me remariais, je ne perdrais certainement pas mon temps à m'éparpiller. »

Les femmes qui étaient certaines de se remarier le plus rapidement possible affirmaient elles-mêmes que les conditions de leur nouveau mariage seraient totalement différentes de celles de l'ancien. Voici ce que m'a dit à ce propos une sous-directrice de banque de trente-neuf ans :

> Dans la mesure du possible, je ne vivrai certainement pas seule. Oui, je me remarierai, peut-être pas immédiatement, mais quand même assez vite. Mais je vous jure que ça ne sera pas la même chose. J'ai beaucoup appris pendant ces dix-sept ans de mariage et mon nouveau mari et moi organiserons notre vie d'une façon toute différente. Finie, l'épouse vertueuse qui se sacrifie pour tout le monde !

Comment expliquer ces déclarations apparemment contradictoires ? Des hommes férus d'indépendance qui se hâtent de dire qu'ils se remarieraient rapidement en cas de veuvage ? Des femmes qui parlent avec appréhension de l'indépendance et qui, du moins en imagination, semblent beaucoup moins empressées à y renoncer si elle leur tombait du ciel ?

Ces affirmations contradictoires heurtent nos croyances sur la place que doivent tenir les hommes et les femmes dans le monde. Nous ne devrions pourtant pas être étonnés de constater une fois de plus que les définitions culturelles de la masculinité et de la féminité ne sont pas en harmonie avec les besoins intérieurs des individus, qui sont alors condamnés à vivre sans les satisfaire. Pendant longtemps, l'indépendance économique des hommes a été prise à tort pour une indépendance affective, alors que la dépendance économique des femmes a été prise pour le signe de leur dépendance affective. Et les femmes savent depuis longtemps que, malgré l'image qu'ils offrent au monde, les hommes leur apparaissent souvent comme des enfants très dépendants.

Cette idée, rarement exposée en public, revient souvent dans les conversations des femmes entre elles. Le ton peut être aimable : « C'est fou ce qu'il peut être bébé par moments ! » Protecteur : « Il n'aime pas que je le voie souffrir, alors je fais semblant de ne pas m'en apercevoir et à ces moments-là, je suis plus gentille que d'habitude. » Affectueux : « Il joue au grand méchant loup, mais je n'en pense pas moins. » Coléreux : « Les hommes sont terriblement dépendants, mais pour rien au monde ils ne l'avoueraient. Ils cachent leur faiblesse sous une apparence d'autonomie, mais il suffit d'un coup d'épingle pour découvrir le vrai tableau. » Et parfois moqueur : « Ils se dissimulent derrière leur fichue façade mais, au-delà, il n'y a qu'un môme pleurnicheur. » Quoi qu'elles disent, leurs propos ne laissent aucun doute : les femmes ont pour le moins une notion de la vulnérabilité et de la dépendance affective de leurs époux.

Les hommes, en réalité, sont à la fois autosuffisants et dépendants. Mais les défenses dressées depuis longtemps masquent leurs besoins ; et la structure de la société et de la famille appuie le mythe de leur autonomie.

Le réconfort et la protection du mariage, par exemple, sont plus facilement accessibles à un homme qu'à une femme, surtout après les années de jeunesse. Comme le vin, le vieillissement bonifie l'homme... Un quinquagénaire séduisant peut faire battre le cœur d'une fille de vingt ans. Pour la femme, c'est une tout autre affaire. Même jeune, elle n'a pas la même valeur sociale qu'un homme ; elle n'est pas une « marchandise » aussi appréciée. A mesure qu'elle prend de l'âge, sa situation s'aggrave ; et au milieu de sa vie, ses chances de trouver un compagnon sont bien minces. Quels que soient les besoins de dépendance d'un homme, ils sont moins apparents que chez une femme, car il peut en général trouver rapidement et facilement une femme qui l'aidera à les dissimuler.

Presque tout le monde comprend aujourd'hui que le mariage a pour les hommes des avantages qui échappent aux femmes. L'homme a besoin d'une femme pour faciliter sa vie de multiples façons qui sont bien connues : pour s'occuper des corvées désagréables de la vie quotidienne qui le distrairaient de son travail et lui prendraient du temps ; pour préparer les repas, conduire les enfants à l'école et régler les détails de leur vie sociale commune. Un homme sans femme ayant à accomplir ces tâches risque d'être débordé ; pour une femme, c'est une affaire qui va de soi, comme s'il s'agissait d'une seconde nature.

Tandis que j'écris ces mots, je me demande : « Qu'en est-il des hommes qui vivent dans une famille où ces corvées sont partagées ? Ces hommes ne seraient certainement pas dépassés par les événements s'ils devaient les assumer seuls ! » J'en doute. Car même dans ces familles (encore relativement peu nombreuses), c'est un *partage* des responsabilités que nous pouvons observer, et non pas un homme se chargeant de tout à lui seul. Dans les situations encore plus rares où les rôles sont inversés, c'est-à-dire où le mari devient un « homme d'intérieur », ni sa femme ni le monde social où ils vivent ne prennent la situation comme allant de soi. La femme, reconnaissante, se sent coupable et dit à qui veut l'entendre qu'elle a un mari merveilleux ; le mari, lui, tout en étant convaincu de sa gentillesse et de sa générosité, se sent à la fois héroïque et opprimé. Mais, quel que soit le climat affectif du foyer, ce rôle de maître de maison est généralement épisodique et, tant que le mari l'exécute, ce rôle n'est *jamais* exclusivement le sien comme l'est le même rôle pour une femme.

Toutes les recherches publiées montrent que les hommes mariés ont une meilleure santé et vivent plus longtemps que les célibataires. C'est le contraire qui est vrai pour les femmes. Le veuvage peut être difficile pour les deux, mais l'espérance de vie de la femme n'est pas affectée par la mort de son mari, même si elle reste célibataire. De son côté, l'homme qui ne se remarie pas rapidement prend le risque de ne pas survivre bien longtemps à sa femme *.

Mais, nous demanderons-nous, ne peut-on espérer que les jeunes gens de la génération actuelle seront plus capables de s'occuper seuls d'eux-mêmes et de leur maison que leurs pères et grands-pères ? Et puisque les problèmes qui empoisonnent la vie des hommes solitaires sont en relation avec leur santé, les futures statistiques n'en seront-elles pas modifiées ? Question à laquelle il n'est pas facile de répondre.

Si les hommes devenaient davantage capables de veiller seuls à leurs propres besoins matériels, il est certain que nous pourrions nous attendre à des changements statistiques. Mais il convient de noter que ces manifestations relativement évi-

---

* Knud J. Helsing, Moyses Szklo et George W. Comstock, « Factors Associated with Mortality after Widowhood », *American Journal of Public Health,* vol. 71, 1981 ; Mervyn Susser, « Widowhood : A Situational Life Stress or a Stressful Event ? », *ibid.* Voir aussi : Jessie Bernard, *The Future of Marriage,* Bantam Books, New York, 1973.

dentes de la dépendance des hommes ont été largement ignorées jusqu'à une époque récente. C'est que l'idéologie selon laquelle seules les femmes sont dépendantes nous rend aveugles aux faits qui nous donneraient un tableau différent. D'ailleurs, même si nous remarquons que la réalité contredit nos croyances, nous redéfinissons la dépendance et l'indépendance conformément à l'idéologie, de sorte que la capacité des femmes à régler les problèmes quotidiens et à répondre aux besoins d'autrui et aux leurs ne soit pas mise sur le compte de leur indépendance ou de leur aptitude à une vie autonome.

Mais, toute idéologie mise à part, autre chose est en jeu pour les hommes dans leurs relations avec les femmes ; quelque chose de plus fondamentalement important pour leur vie que les soins physiques sur lesquels ils peuvent compter ; quelque chose qui les rend dépendants des femmes et que, je crois, nous n'avons pas encore compris. Ce quelque chose est en relation avec l'aspect affectif de la vie et (nous commençons à le comprendre de mieux en mieux) n'est pas sans rapport avec le destin de notre corps. C'est ici que les femmes comblent un vide chez les hommes. Que ces derniers aient vingt-cinq ou cinquante-cinq ans, les femmes leur servent de lest affectif : elles leur procurent non seulement la stabilité dont ils ont besoin, mais les encouragent à exprimer leur affectivité, ce qu'ils ne pourraient faire nulle part ailleurs. Cela nous apparaît plus clairement si nous considérons les formes que prennent les amitiés respectives des femmes et des hommes.

J'ai récemment achevé une série d'entretiens sur l'amitié avec deux cents personnes, hommes et femmes, mariés, divorcés ou célibataires, qui s'étageaient entre vingt-cinq et cinquante-cinq ans et étaient de toutes conditions sociales. Les résultats de cette enquête sont sans équivoque : les femmes entretiennent plus d'amitiés (en dehors des camarades d'études et des collègues de travail) que les hommes, et les différences de contenu et de qualité de leurs amitiés sont très marquées et indubitables.

Plus des deux tiers des hommes célibataires étaient incapables de citer une grande amitié. Pour ceux qui le pouvaient, c'était le plus souvent une femme qui tenait cette place dans leur vie. Par contraste, plus des trois quarts des femmes célibataires n'avaient aucune difficulté à identifier une amitié intime et il s'agissait presque toujours d'une femme. Parmi les hommes mariés, beaucoup d'hommes voyaient en leur épouse leur meilleure amie, leur confidente la plus sûre, vers qui ils se tourneraient en cas de détresse. Pour les femmes mariées, le tableau était nettement différent. Même si l'une d'elles attribuait à son mari un ou plusieurs de ces rôles, il n'en avait jamais l'exclusivité, contrairement à ce qui se passait chez les hommes. La plupart des femmes citaient au moins une, le plus souvent plusieurs amies de confiance à qui elles feraient appel en cas d'ennuis graves ; elles parlaient sans détour et avec ferveur de l'importance qu'avaient ces relations dans leur vie.

Les amitiés entre femmes, en général, reposent sur le partage de l'intimité, des confidences, de la sollicitude et de l'appui affectif. Les relations entre hommes sont caractérisées par le partage d'une activité. Leurs conversations tournent autour de leur travail, du sport, des cours en Bourse ; ils étudient la meilleure façon de réparer une fuite d'eau sur le toit, se demandent si le vin nouveau mérite d'être conservé en cave. Évidemment, ils se plaignent des soucis que leur créent les femmes et se racontent leurs prouesses sexuelles. Mais, la plupart du temps, ils veillent à ce que leurs rapports soient dégagés de toute affectivité, conformément au code social du comportement masculin.

Par conséquent, quand un homme prétend avoir un ami intime, ils ne partagent que peu de choses de leur vie intérieure et de leurs sentiments. Par exemple, j'ai souvent entendu un homme dire qu'il ignorait les ennuis conjugaux de son meilleur ami, jusqu'au jour où celui-ci est venu lui demander s'il pouvait dormir sur son divan. D'autres reconnaissaient avoir caché à un ami de longue date leur désarroi à la découverte des infidélités de leur femme. Ils parlaient des problèmes du couple en général, plaisantaient sur la difficulté de comprendre les femmes. Mais c'était une discussion abstraite où n'intervenaient pas leur propre façon de vivre ni leurs sentiments. Ils n'avouaient pas : « Je suis marié, mais ça ne m'empêche pas de me sentir très seul. » « Je voudrais que ma vie sexuelle soit beaucoup plus active, mais ma femme se refuse. »

Quand je leur demandais de m'expliquer pourquoi ils évitaient d'aborder des sujets plus personnels avec leurs amis, certains ne tardaient pas à reconnaître qu'ils ne pouvaient pas confier leurs souffrances à un ami ; ils avaient peur, ce faisant, de lui révéler leur faiblesse. D'autres invoquaient leur respect inné de l'intimité conjugale, la conviction profondément ancrée que le mariage exige cette sorte de loyauté. Excellentes raisons, qu'il faut respecter. Mais les mêmes hommes avouaient aussi qu'ils ne parlaient pas à leurs amis des peurs et des conflits personnels qui ne mettaient personne en cause — à propos de leurs insuffisances, de la menace d'un échec ou de la difficulté d'avoir toujours à se montrer fort et indépendant.

Confirmant les résultats de mes recherches, le magazine *Newsweek* a récemment publié un article sur la rareté des relations intimes et réconfortantes entre amis masculins. L'auteur y constatait avec une certaine envie mêlée de tristesse : « J'ai toujours été étonné de l'appui affectif très enrichissant que ma femme échange avec ses meilleures amies. Il arrive souvent que les problèmes les plus intimes et les plus graves soient partagés et par là même atténués par empathie. Ces conversations de trois heures avec ses amies lui font beaucoup plus de bien, la remettent mieux en forme que, pour moi, mes cinq kilomètres de jogging. Le mouvement féministe est certainement pour beaucoup dans le fait que les hommes sont de plus en plus convaincus qu'ils n'ont aucune raison d'avoir honte de leur vulnérabilité, et que celle-ci est au contraire une marque d'humanité... Soudain, être à la fois homme et vulnérable devient parfaitement acceptable... mais seulement par les femmes. Qu'un homme en aborde un autre en lui disant qu'il serait heureux de trouver en lui une âme sœur, et aussitôt l'interlocuteur se demande d'où peut bien sortir un pareil phénomène* ! »

Triste constatation, mais qui, curieusement, représente un progrès. Il y a une quinzaine d'années, on ignorait encore qu'il y eût là un problème. Aujourd'hui, ce problème des relations intimes entre hommes a droit à un article sérieux dans un grand magazine national dont les pages sont en général consacrées aux événements mondiaux jugés parmi les plus importants. Évidemment, le fait d'aborder publiquement de tels problèmes ne garantit pas le changement, comme le montrent malheureusement les années que nous vivons. Mais si on n'en parle pas, si on n'essaye pas de comprendre, il n'y a pas d'espoir. Pour que le changement puisse commencer à s'avancer à petits pas, il faut d'abord se rendre compte qu'il existe un problème.

Dans mon enquête sur l'amitié, quelques hommes m'ont parlé de leur difficulté à se lier d'amitié avec d'autres hommes. Ils reconnaissaient l'existence d'un esprit de compétition dans les relations masculines et se disaient désireux de changer tout cela. Mais, quand il s'agit de comportements aussi profondément enracinés que ceux-là, il est très difficile de passer du désir à la réalité. Quand je posais la question : « Vers qui vous tourneriez-vous si, un soir, en rentrant chez vous, votre femme vous annonçait sa décision de vous quitter ? » la plupart des hommes marquaient un long temps d'arrêt. Quand, enfin, ils se décidaient à parler, c'était avec bien des hésitations, car ils se rendaient soudain compte qu'à un moment aussi bouleversant de leur vie, ils n'avaient pas d'ami à qui s'adresser.

Certains pensaient à un membre de leur famille —

---

* Elliot Engel, « Of Male Bondage », *Newsweek,* 21 juin 1982 ; Stuart Miller, *Les Hommes et l'amitié,* coll. « Réponses », Robert Laffont, Paris, 1984.

leur mère, une sœur, beaucoup plus rarement un frère. Un Californien de trente ans qui s'était vanté de posséder « une vingtaine d'amis intimes qu'il pouvait aller voir pour n'importe quoi » me répondit qu'il téléphonerait à sa mère, dans le Michigan. Lorsque je lui demandai : « Et tous ces amis dont vous m'avez parlé ? Vous n'iriez voir aucun d'eux ? » il me répondit rapidement : « Bien sûr, bien sûr, je le ferais. Mais il faudrait d'abord que je retrouve mon aplomb, vous comprenez ? Que je me remette du premier choc, pour ne pas me montrer dans tous mes états. »

Il ne faut donc pas s'étonner de ce que les femmes affirment si souvent être l'unique support affectif de leur mari ; ni de ce que tant de femmes affirment que la vitalité affective de la relation vient d'elles, certaines allant même jusqu'à ajouter que c'est grâce à elles que leur mari se sent bien vivant : « Sans moi, dit l'une d'elles, tout semblerait si terriblement insipide dans la maison que tout se passerait comme s'il était mort. » « Il vit de moi », dit une autre, sans hostilité, mais comme si elle exprimait tout simplement une vérité élémentaire. « Je ne sais pas jusqu'à quel point il le comprend, mais c'est la vraie raison du besoin qu'il a de moi. Je le rattache à la vie, si vous voyez ce que je veux dire. »

Il est intéressant de noter qu'il s'agit là d'une appréciation féminine que beaucoup d'hommes ne discutent pas. Certains se poseront des questions, sentant que cette façon d'être en relation avec une femme a quelque chose d'anormal, sans savoir exactement quoi. D'autres se contenteront d'envisager autrement l'affaire, en partant du principe que c'est en partie ce qu'un homme peut attendre d'une femme et que cela ne leur pose, à eux-mêmes et aux hommes en général, aucun problème qui mérite attention.

En réalité, il s'agit une fois de plus d'un problème compliqué. En fournissant ce genre d'appui affectif, la femme peut s'attacher un homme ; elle peut lui donner, et elle le sait, la seule chose qu'il ne puisse obtenir ailleurs. Les travaux de la maison peuvent être accomplis par un personnel appointé ;

le besoin de la compagnie peut être satisfait par des hommes amis ; en général, les services de nature affective ne peuvent venir que d'une femme. Mais en même temps, elle peut se sentir accablée par le poids de son besoin qu'elle est seule à assumer, comme le montre le cas suivant d'un couple marié depuis presque quinze ans.

Il y a sept ans, alors que leurs deux enfants étaient encore d'âge scolaire, l'épouse — une femme séduisante paraissant beaucoup moins que ses trente-cinq ans — reprit les études universitaires qu'elle avait dû abandonner lorsqu'elle s'était mariée. Elle est actuellement assistante du chef du personnel d'une importante entreprise industrielle. Il s'agit essentiellement d'un mariage satisfaisant et il n'y avait guère de tension pendant nos entretiens. Mais quand nous abordâmes cette question de la dépendance et de l'indépendance, elle s'exprima avec une certaine aigreur :

C'est incroyable ! C'est lui qui est supposé être indépendant, mais il est incapable de profiter de ses loisirs si je ne suis pas près de lui. Moi, quand je prends des loisirs sans lui, je suis très heureuse. Je suis ravie de voir des amis, d'être avec les gosses, d'avoir enfin le temps de cuisiner ou de coudre, etc., etc. Je suis vraiment très heureuse d'aller passer deux jours dans notre petite maison au bord du lac, seule ou avec les enfants. Lui n'a goût à rien si je ne suis pas là, tout près de lui. Je vous jure, je pense souvent que leur numéro de superman ne sert qu'à cacher à quel point ils sont dépendants !

Son mari, un informaticien à la voix douce, est d'accord avec elle sur le fond, mais conteste l'interprétation qu'elle en donne :

Pourquoi me serais-je marié, si ce n'est pour partager ma vie avec une femme et avoir avec elle des tas d'activités ? Si je dois flâner le soir pendant qu'elle travaille, sort avec des amies ou passe seule des vacances, autant rester célibataire ! Pourquoi vivre de cette façon, alors que, sans elle, je m'ennuie ? Elle appelle ça de la dépendance, mais moi je dis que c'est tout simplement du bon sens ; la plupart des hommes pensent comme moi. Comprenons-nous bien, je ne dis pas que les hommes n'ont pas de besoins de dépendance. Bien sûr qu'ils en ont ! Mais ça n'a rien à voir avec la dépendance elle-même, seulement avec ce qu'un homme est en droit d'attendre d'une relation avec une femme.

Quelques hommes seulement, parmi ceux que j'ai rencontrés, étaient capables d'une introspection leur permettant d'exprimer les motifs subtils, et souvent inconscients, qui font que les hommes sont dépendants des femmes. L'un d'eux, un divorcé de quarante-trois ans, professeur dans une université, m'a parlé plus clairement que les autres de ses sentiments :

> Je comprends maintenant que les femmes servent de substitut pour la vie affective des hommes. Je parle des hommes en général, mais aussi de moi. De mille manières, mon ex-femmes, Amy, prenait en charge ma vie émotionnelle. Je pouvais compter sur elle pour s'occuper de tout ce qui, dans la vie, nous demande d'avoir du sentiment et d'agir en accord avec lui ; et c'était vrai même pour mes enfants. Et quand elle a cessé de me servir d'intermédiaire, parce que le fardeau était trop lourd pour elle, ce fut pour moi comme si elle m'abandonnait en refusant son rôle le plus important. J'ai eu alors une liaison avec une femme qui me donnait l'impression de revivre. Évidemment, Amy l'a su et nous nous sommes séparés. Mais, Seigneur ! pourquoi m'a-t-il fallu un divorce, trois ans de solitude et deux ans de psychothérapie (et ce n'est pas fini) pour comprendre ? Je me dis souvent que je ne suis qu'un imbécile. *(Petit rire ironique.)* C'est aussi ce que me disait Amy, mais à l'époque, je ne savais absolument pas ce qu'elle voulait dire.

Pourquoi les femmes servent-elles si souvent de « substitut » pour la vie émotionnelle des hommes ? Le problème remonte à l'expérience de la prime enfance dont j'ai tant parlé. L'attachement à autrui est la substance même de la vie sociale. Mais l'homme, au début de sa vie, a été obligé de renoncer à son premier lien, renonciation qui signifiait qu'il perdait contact avec une partie de lui-même grâce à laquelle il pouvait se permettre d'être vulnérable et dépendant. Par la suite, et à jamais, il cherchera des relations qui lui donnent l'espoir de panser sa blessure et de retrouver cette partie de lui-même autrefois perdue. Mais parce que son attachement originel avait pour objet une femme, ce n'est habituellement qu'avec une femme qu'il peut être revécu, même au prix des difficultés et des ambivalences que j'ai examinées dans les pages précédentes.

Pour lui, malheureusement, c'est le paradoxe extrême. Tout en essayant ardemment de récupérer la partie refoulée de lui-même, il se méfiera à jamais de toute relation dont l'intimité et l'intensité sont assez fortes pour reproduire ce lien archaïque qu'il a dû rompre en se maintenant strictement séparé et en maîtrisant étroitement ses émotions.

Cela, je crois, est une clé importante qui nous permet de comprendre pourquoi les amitiés entre hommes sont si pauvres sur le plan affectif. Le besoin le plus intense et le plus profond est en relation avec une femme, non pas avec un autre homme, et ce besoin est tel qu'il lui semble souvent être en relation avec son humanité même. C'est également pourquoi les hommes, tout en semblant être très dépendants dans leurs relations avec une femme, nient résolument cette dépendance. Ils ne mentent pas. Leur refus n'a rien d'une comédie. En réalité, ils sont prisonniers d'un mélange puissant de besoin et de peur, mélange où, parfois, c'est le besoin d'attachement qui l'emporte et où, parfois, c'est la peur d'une nouvelle perte, d'un nouvel abandon qui domine *.

Mais ils ont appris depuis longtemps à s'armer à la fois

---

* Bien entendu, je parle ici des hommes hétérosexuels. Mais il serait intéressant d'examiner comment cette théorie pourrait expliquer l'homosexualité masculine sans faire appel aux implications pathologiques évoquées plus ou moins explicitement par les interprétations psychanalytiques traditionnelles. Je soutiens que, tant que les femmes assureront quasi seules les soins de la petite enfance, les hommes seront ambivalents et anxieux dans leurs relations avec elles. Il semblerait donc logique que certains hommes s'orientent d'une façon toute naturelle vers des relations homosexuelles qui, tout en leur offrant le contact recherché, ne remueraient pas aussi activement les souffrances et les peurs de l'enfance.

contre le besoin et la menace. Intérieurement, les limites établies pendant l'enfance les protègent contre les attaques venues de l'extérieur et les menaces qu'ils redoutent de l'intérieur (le réveil de l'ancienne blessure, le retour de la souffrance). Extérieurement, leur rôle social favorise et renforce le refus, en les aidant à dissimuler ces besoins à leurs propres yeux et à ceux d'autrui. Mais les besoins sont toujours là, exigeant leur dû, poussant les hommes à créer des structures et des relations au sein desquelles ils peuvent être satisfaits, même s'ils ne sont pas reconnus.

Une question vient à l'esprit : tout ce que j'ai dit des hommes et de leurs relations, de leur aptitude à l'intimité et aux rapports affectifs s'applique-t-il à d'autres cultures que la nôtre ?

C'est une question difficile. Les comparaisons directes, au-delà des frontières nationales, exigent que nous comprenions aussi bien que la nôtre les sociétés impliquées. Si l'on parle de concepts tels que l'intimité et la dépendance en franchissant les frontières culturelles, cela suppose que ces concepts ont la même signification pour tout le monde — hypothèse pour le moins hasardeuse. Comparer des comportements différents sans savoir la *signification* que prêtent à leur comportement un peuple ou un groupe humain, c'est risquer d'aboutir à des conclusions peu en rapport avec la réalité. Dans les pays latins, par exemple, si on voit deux hommes s'embrasser dans la rue, on peut prendre leur geste pour une marque d'affection. Cependant, mes propres observations et mes entretiens avec des hommes au Mexique, en Espagne et en Italie indiquent qu'il s'agit là d'un cérémonial aussi ritualisé et stylisé qu'une danse, sans plus de signification affective qu'une poignée de main entre Américains. En fait, des Américains, pour qui ce rituel latin n'était pas familier, m'ont souvent parlé de leur gêne quand, dans ces pays, ils prolongent l'étreinte ou l'accentuent au-delà de ce que prévoit la coutume.

En partie à cause des difficultés des recherches interculturelles, les études systématiques comparant les relations entre hommes dans notre société et celles qui existent dans d'autres cultures sont extrêmement rares. Celles que l'on peut trouver reposent essentiellement sur des impressions : un travail réalisé de l'extérieur et qui, par conséquent, ne va guère plus loin que ce que nous apprend une observation banale. Le livre de Robert Brain * est le seul à nous fournir une approche plus profonde. On ne peut que s'incliner devant son érudition malheureusement, les faits qu'il présente sont extraits de rapports d'autres auteurs sur des cultures anciennes ou tribales où la vie est très différente de la nôtre.

De telles comparaisons sont limitées par le fait que des individus de cultures différentes vivent différemment aussi bien sur le plan extérieur que sur le plan intérieur. Les différences, parfois, sont énormes, comme dans le cas des sociétés tribales ou dans celles où la polygamie est la norme. Parfois elles sont infimes, comme nous pouvons le constater en observant les différences de comportement entre pays occidentaux. Là, parce que les éléments essentiels de l'organisation sociale sont similaires, on constate des ressemblances. Et parce que les valeurs, les normes et les coutumes diffèrent, nous voyons aussi des différences, par exemple dans l'expression affective qui est permise aux hommes, ou dans leur façon d'entretenir des relations entre eux. Mais la question qui se pose n'est pas simplement de savoir si les hommes se *comportent* différemment, mais ce que *signifient* ces différences, et si elles contredisent la théorie que je viens d'exposer.

Les hommes, en Grèce, se promènent bras dessus, bras dessous ; en Tunisie, ils se tiennent par la main. La Grèce et la Tunisie sont des pays où les relations sociales entre les sexes vont de la ségrégation au tabou le plus strict. Dans ce contexte culturel, il est fort possible que les relations entre hommes aient une tonalité et un contenu différents des amitiés mas-

---

* Robert Brain, *Friends and Lovers*, Basic Books, New York, 1976.

culines en Amérique. Les relations avec les femmes étant interdites, où donc s'adresseraient les hommes pour trouver la compagnie, le réconfort et tous les autres besoins qui font que les individus se rapprochent ?

Mais cela ne dit rien de la qualité de l'intimité existant entre ces hommes, de cette intimité dont j'ai parlé depuis le début de ce livre ; nous ne savons pas non plus si ce type d'intimité est apprécié dans ces sociétés. Des hommes peuvent se tenir par la main ou par le bras sans pour autant pouvoir ou vouloir exprimer leurs pensées, leurs faiblesses ou leurs vulnérabilités les plus intimes. Le problème de l'intimité, tel que nous le définissons et le jugeons ici, leur est peut-être totalement étranger.

Dans les pays où les normes régissant les relations entre hommes et femmes ne diffèrent guère des nôtres, nous trouvons des comportements qui nous sont plus familiers. Brain, cité plus haut, qui est australien, estime par exemple que l'amitié virile, si appréciée des hommes de son pays, est fondée sur l'esprit de coopération entre des hommes liés par de durs travaux et souvent par de vaines espérances. Cette amitié virile, qui date de la ruée vers l'or et la conquête des grands espaces australiens, s'explique de la même façon que la fraternité qui unit les soldats en temps de guerre, relation où chacun doit compter sur les autres pour survivre, et dans une situation où il n'y a pas de femmes. Mais nous revenons à cette question : « Qu'est-ce que cela nous apprend sur l'intimité telle que la conçoivent en général les Occidentaux ? » La réponse, je pense, se situe dans une distinction souvent ignorée : la différence entre l'intimité et l'attachement.

L'attachement est un rapport affectif entre deux personnes, rapport qui les unit d'une façon importante et puissante. Sur le plan le plus général, l'expérience partagée de la masculinité crée indubitablement entre les hommes un lien de compréhension. Il s'agit d'un lien primitif, souvent vaguement compris, qui existe parallèlement à la tension de rivalité, plus facilement observable, que l'on trouve également dans leurs relations.

C'est quelque chose que je vois très clairement quand je travaille en thérapie de groupe. Il y a un esprit de fraternité entre les hommes qui les amène à s'unir défensivement contre les femmes ; par ailleurs, ils rivalisent : qui gravira le plus rapidement, et sans effort, la colline assez raide qui conduit à mon bureau, ou qui sera le « meilleur » patient, le cas le plus intéressant ? J'ai pu constater les mêmes réactions chez les hommes à qui j'ai fait lire ce livre avant sa publication. Ils étaient tous ravis de trouver dans ces pages quelque chose qui les distinguait de la majorité des hommes — soulagés de se savoir différents, fiers d'avoir lutté avec quelque succès pour un changement, alors que d'autres ne le voulaient pas ou ne le pouvaient pas. En même temps, ils étaient angoissés à l'idée qu'ils pouvaient être différents des autres ; ils avaient peur de ce que cela pouvait révéler sur leur propre virilité ; ils étaient gênés de se sentir si différents et appréhendaient de couper un lien qu'ils n'avaient bien compris qu'à partir du moment où ils avaient remarqué leurs réactions défensives.

Mais qui dit attachement ne dit pas intimité. La différence est tout particulièrement évidente dans l'attachement qui existe entre les parents et le petit enfant et qui est certainement le plus profond que l'on puisse trouver dans une vie humaine. Et pourtant, quand on pense à cette relation, on ne la considère pas comme intime. L'intimité, telle que nous la concevons, n'est possible qu'entre égaux, entre deux personnes qui possèdent et le développement émotionnel et la faculté d'expression verbale leur permettant de partager leur vie intérieure.

C'est en séparant l'attachement de l'intimité que l'on peut expliquer les relations entre membres de la classe ouvrière, relations qui semblent à la fois très étroites et très pauvres en expression verbale. Au cours de mes recherches, j'ai rencontré quelques-unes de ces amitiés, où toutes sortes d'activités, du travail au jeu, étaient partagées, où la profondeur du lien était indubitable, mais où les sentiments (personnels ou propres à des tiers) n'étaient abordés dans les conversations qu'à partir du moment où de copieuses libations avaient délié les langues. J'en suis venue à croire que ces soirées de beuverie viennent moins d'une envie de faire la bombe que du besoin inconscient de relâcher les contraintes qui empêchent ces hommes de communiquer sur le plan affectif.

Revenons maintenant à la question de la dépendance et de la façon dont elle se manifeste dans la vie. Même en dehors des complications interculturelles, la lutte dépendance/interdépendance est difficile à saisir et à exprimer en raison de ses multiples significations affectives — significations qui, souvent, sont inconscientes. Il est donc très important d'écouter non seulement ce qui est dit, mais aussi ce qui ne l'est pas, c'est-à-dire de prêter attention aux significations latentes, de décoder les métaphores dont se servent les individus pour cacher la réalité, même à eux-mêmes, et de lire le contenu symbolique du discours, qui en dit souvent plus que les mots réellement prononcés.

Comme je l'ai déjà indiqué, l'idée de la femme dépendante et de l'homme indépendant est renforcée par les multiples barrières que les dispositions sociales placent sur le chemin de l'indépendance féminine et de la dépendance masculine. Non seulement les femmes se trouvent désavantagées économiquement et socialement par rapport aux hommes, mais, de plus, selon les définitions sociales, la passivité et la dépendance sont au cœur même de la féminité, tandis que l'agressivité et l'indépendance sont les caractéristiques principales de la masculinité. Ces notions sont si largement répandues que tous les faits indiquent qu'une femme indépendante et qui réussit dans une carrière a moins de chance de bénéficier de l'appui et du réconfort d'une vie familiale qu'une femme dépendante et limitée à son foyer. L'inverse est vrai pour l'homme : celui qui ne réussit pas dans la vie risque de subir le même destin et de se retrouver seul.

En elles-mêmes, ces raisons sont suffisantes pour qu'un homme et une femme insistent d'un commun accord sur la dépendance de la première tout en minimisant celle du second. Mais il y a autre chose. De nos jours encore, c'est en tant que fille, épouse ou mère de quelqu'un qu'une femme est connue et jugée de l'extérieur, il est donc important pour elle, comme pour l'homme, de croire que la force est du côté de ce dernier. En conséquence, alors qu'une femme, aujourd'hui, *parle* facilement de son désir de connaître un peu mieux les faiblesses d'un homme, de le voir plus dépendant, à partir du moment où elle le voit faible et dépendant, la même femme tremblera pour son propre statut, sa propre définition, au point de devenir ambivalente, sinon franchement hostile.

Cela ne se produit pas automatiquement, bien sûr. Mais les hommes le remarquent ou le sentent assez souvent pour résister quand on leur demande de baisser la garde. Leur sécurité, après tout, repose sur le fait qu'ils ont une femme dans leur vie. On en a une preuve évidente : une femme ne quittera pas facilement un homme qui porte au plus haut point le sentiment qu'elle a d'elle-même. Il en résulte malheureusement que, si on regarde le couple, on a tendance à voir deux stéréotypes plutôt que deux êtres humains qui souffrent des conflits et de la confusion que leur impose le rôle social prescrit par la société et qui essayent tant bien que mal, au prix d'une forte tension, de jouer leur rôle selon le scénario.

C'est un cercle vicieux infernal ; l'idéologie engendre le comportement qui, à son tour, renforce l'idéologie. C'est handicapant pour tous, car la vie que nous essayons de construire à deux ne sera jamais, malgré tous nos efforts, conforme à ce scénario. L'intensité de l'effort prouve à elle seule qu'il n'est pas naturel ; cela nous apparaîtrait avec évidence si notre vision n'était pas très limitée par une idéologie proclamée avec insistance et parfaitement intériorisée.

Pour mieux comprendre la dépendance féminine, nous devons nous libérer de nos idées préconçues lorsque les femmes nous disent que leur dépendance économique accroît le sentiment de leur dépendance affective. Nous comprenons alors très clairement que leur position économique dans la famille colore leurs sentiments sur leur mariage, sur elles-mêmes, sur leurs projets de vivre confortablement dans le monde sans leur mari. Une femme de trente-deux ans, monteuse dans une usine d'électronique, m'a dit avec inquiétude :

> J'ai peur à l'idée que je pourrais me retrouver seule un jour... Comment subviendrais-je à mes propres besoins et à ceux de mes enfants ? Jamais je n'arriverais à gagner assez d'argent pour cela ; et si mon mari ne vivait plus avec nous, je sais que je ne pourrais guère compter sur lui pour nous aider.

Et les femmes parlent volontiers du changement qui s'opère dans leur vie lorsqu'elles cessent de dépendre financièrement de leur mari. Voici ce que m'a dit une femme de trente-sept ans, mère de deux enfants, qui a obtenu récemment une promotion au niveau de la direction d'une importante société où elle travaille depuis dix ans :

> Depuis deux ans, pour la première fois depuis mon mariage, je ne dépends plus de Fred sur le plan pécuniaire. Et croyez-moi, jamais plus je ne me retrouverai sous sa coupe, quoi qu'il arrive. Avant ce changement, dès qu'il y avait de la mésentente entre nous, je me disais : « Seigneur, que ferais-je sans lui ? » En pensant cela, je ne me plaçais pas seulement sur le plan affectif. Je sais, bien sûr, que je dépends de lui affectivement... mais le gros problème, c'était cette dépendance financière et l'angoisse qui l'accompagne.

« Voulez-vous dire qu'il y a un rapport entre la dépendance financière et la dépendance affective ? »

> Je n'en suis pas sûre. Laissez-moi réfléchir... Maintenant, quand je pense à ce qui arriverait si nous nous séparions, c'est merveilleux de savoir que je vivrais de la même façon que je vis actuellement avec lui. Je ne serais pas indigente, je ne vivrais pas aux dépens de l'État, et l'idée est bien moins effrayante qu'avant. Je me sens donc beaucoup plus forte, et je ne pense plus comme avant que je ne pourrais pas vivre sans lui. Mais qu'est-ce que je raconte ? Bien sûr, je pense qu'il y a un rapport, et qu'il est important, n'est-ce pas ?

Oui, le rapport existe, et il est important, mais pas tellement simple. Je ne crois pas du tout qu'une femme ne dépende d'un homme que pour son argent. Je dis qu'il existe une interaction complexe entre la dépendance économique et la dépendance affective et que, pour n'importe quelle femme adulte, une dépendance économique prolongée et sérieuse ne tardera pas à *devenir* également une dépendance affective.

Ainsi, à la limite, la femme dépendante se retrouve dans la même situation que quand elle était enfant : elle dépend d'un tiers pour les nécessités les plus fondamentales de la vie ; un endroit où dormir et où elle peut se sentir aimée et en sécurité. Comme un enfant, elle essayera de mettre son comportement et ses sentiments en accord avec ce qu'attend d'elle l'adulte puissant. Les enfants, nous le savons, ne parviennent pas toujours à maintenir convenablement cette harmonie, parfois parce qu'ils n'arrivent pas à faire abstraction de leur personnalité profonde ; parfois parce qu'ils se révoltent contre la dépendance qui, d'elle-même, rend cette réaction nécessaire. Il en est de même pour la femme : l'ambivalence avec laquelle elle réagit à la dépendance affective engendrée par sa dépendance économique se fait sentir de multiples façons au sein du mariage.

Par moments, elle se sentira terriblement dépendante et démunie de tout, incapable de résoudre toute seule les problèmes les plus simples de la vie. Elle ne se joue pas la comédie. C'est ce qu'elle ressent vraiment à ces moments-là ; elle se retrouve à un stade infantile. Son mari renforce ces sentiments lorsqu'il réagit avec ce mélange d'orgueil et d'irritation que manifestaient les parents de la femme pendant son enfance. D'une part, il est heureux de voir qu'elle a besoin de lui, et ça le rassure ; d'autre part, il est irrité de la voir s'accrocher à lui et l'ennuyer comme une enfant à propos de vétilles.

Comme pour toutes les ambivalences, l'autre côté apparaîtra bientôt. A d'autres moments, elle affirmera son indépendance... et le fera également sous une forme infantile. Si, par exemple, elle accueillait hier avec joie une proposition de son mari à propos d'un problème qu'elle avait à résoudre, elle répondra aujourd'hui à la même proposition par un : « De quel droit me dictes-tu ce que j'ai à faire ? »

C'est ce type de comportement qui peut rendre une femme très puérile, très désemparée, très dépendante. Le fait que la tradition culturelle veut que la dépendance soit l'une des caractéristiques de la féminité se conjugue avec le rôle social de la femme pour faciliter le spectacle de sa dépendance. Mais, en réalité, les femmes doivent lutter contre leurs désirs et leurs besoins conflictuels pour être à la fois dépendantes et indépendantes, tout comme les hommes. Pour chaque individu, l'enfant qui est en lui désire revenir à l'ancienne union symbiotique et le même enfant veut également être capable de se replier derrière les limites du moi pour faire l'expérience de l'autonomie, sans laquelle l'identité ne peut s'affirmer.

Les différences existent, bien sûr, et pour les comprendre, (et comprendre pourquoi l'idéologie atteint si bien son but), il faut revenir au processus qui permet aux garçons et aux filles d'établir les limites du moi. Et nous verrons une fois de plus — mais dans un autre cadre de vie et d'amour — combien important est le fait qu'une femme est le principal personnage de l'enfance.

Pour tous les enfants, l'identification précoce avec la mère est intimement liée aux besoins de dépendance de la petite enfance ; pour extirper cette identification de leur vie intérieure, les garçons doivent chasser ces besoins de leur vie consciente. C'est sans doute la seule façon pour eux d'accomplir ce passage sans vivre constamment avec la peur de la vie elle-même. Le père, après tout, n'est intervenu qu'au second plan pour la satisfaction de ces besoins. Rien ne permet à l'enfant, qui doit s'identifier à ce personnage, de croire qu'il les satisfera maintenant. Le sens de leur autonomie, que la plupart des hommes communiquent au reste du monde, prend naissance ici, à ce stade de développement. Pendant cette période, le petit garçon semble changer à une vitesse stupéfiante et, sous nos yeux, cesse d'être un bébé ; et il prend un air important pour bien montrer qu'il est un « grand garçon ». La mère se dit, interloquée : « Qu'arrive-t-il donc à ce mignon petit bonhomme ? » Il s'entête à ne pas vouloir qu'on noue ses lacets de soulier, alors qu'il sait à peine le faire tout seul et elle se demande : « Que se passe-t-il donc dans cette petite tête pour que ce changement nous arrive si brusquement ? » Il ravale ses larmes quand il se fait mal pour qu'on ne le voie pas souffrir et elle pense : « Qu'ai-je pu faire ou dire pour déterminer un comportement aussi stéréotypé ? Je croyais l'avoir élevé pour qu'il soit différent ! » Il se débat pour échapper à une étreinte qu'il aurait accueillie avec joie la veille. Et nous sommes tristes d'avoir perdu quelque chose, et nous ne comprenons pas.

C'est ainsi, et de mille autres façons, que les petits garçons protègent leur indépendance naissante. Comme cela se produit très soudainement et universellement, nous avons tendance à mettre ce comportement sur le compte d'une nécessité instinctive ; c'est l'une des caractéristiques qui les distinguent nettement des filles et c'est forcément naturel puisque cela a lieu quand ils sont encore tout petits.

La conclusion est tout autre si on considère les mêmes faits sous un autre angle. Il est en effet probable que par ces comportements le petit garçon répond à la nécessité d'opérer le changement d'identification dont j'ai déjà parlé et qu'ils lui permettent de se protéger des besoins de dépendance qu'il n'est plus sûr de voir satisfaits. Il y a de la révolte dans ses actes, et de l'ambivalence. D'un côté, l'amour maternel est toujours là ; d'un autre côté, comment l'enfant pourrait-il faire confiance à cet amour alors que sa mère, pour le moins, a contribué à le chasser de l'ancienne relation sécurisante ?

Il se replie donc sur lui-même et cherche à être toujours fort et indépendant, persuadé que c'est le seul moyen d'assurer sa sécurité. Parce qu'ils ont été refoulés profondément dans l'inconscient, les besoins de dépendance restent constamment menaçants ; ce sont des forces intérieures puissantes contre lesquelles il doit lutter ; des forces qui menacent à tout instant de le submerger. Car, ainsi que nous l'avons vu, le refoulement et le refus ne peuvent effacer ces besoins. Ils sont simplement maintenus à l'arrière-plan où ils échappent au contrôle de l'enfant, où ils gagnent en puissance par le fait même du refus et où l'effort produit pour maintenir le refoulement leur donne une importance qu'ils n'auraient pas autrement.

Évidemment, cet étouffement des besoins de dépendance ne se produit pas du jour au lendemain. Il faudra des années pour achever le processus et l'évolution ne sera pas toujours parfaite ; en partie parce que le refoulement est très difficile à maintenir et très contraire à la nature de l'enfant et à l'expérience vécue par lui jusqu'à ce stade, en partie parce que d'autres expériences, aussi bien personnelles que sociales, se manifestent tout au long des années qui séparent l'enfance de l'âge adulte. Le garçon qui grandit à un moment historique tel que le nôtre, par exemple, où l'idéologie dominante sur la masculinité et la féminité est mise en question, peut être capable de relâcher le nœud de la répression qui, naguère, étranglait son père.

Ce n'est que par cette combinaison de facteurs internes et externes que certains hommes parviennent à assumer la partie *féminine* de leur personnalité. Mais quelles que soient les failles, les déficiences du processus de développement, quelle que soit la nature de la culture du moment, tant que les femmes resteront le personnage principal de la petite enfance, les traits fondamentaux de la personnalité masculine ne changeront pas. Ils pourront être atténués par l'expérience, ou améliorés par la lutte, mais ils resteront une partie plus ou moins fixe de la structure de la personnalité et seront toujours autant de problèmes à résoudre.

Et qu'en est-il des femmes ? Pour la fille, la continuité de l'identification avec la mère, liée à leur ressemblance évidente, fait qu'elle est beaucoup moins motivée à se créer un moi distinct. La séparation, pour elle, interviendra donc beaucoup plus tard que pour son frère. Contrairement au garçon, l'attachement de la fille à la mère peut rester à peu près intact, mais en même temps il aggrave son conflit relatif à la séparation. Comme elle n'a aucune raison de se barricader contre l'expérience de sa dépendance, aucune raison de se replier sur elle-même par peur de sa vulnérabilité, ses relations semblent lui promettre que son attachement à autrui peut être sûr et durable. Mais cette promesse d'attachement est si séduisante que la femme est en danger de violer les frontières de son moi.

Pendant l'enfance, la fille conjure le danger en faisant appel à son père pour l'aider à réaliser et à maintenir l'indispensable séparation. De même que le garçon est sans aucun doute différent de sa mère, la fille se sait avec certitude différente de son père. De même que l'identité entre la mère et la fille signifie que chacune tend à traiter l'autre comme une extension d'elle-même, la différence entre le père et la fille est, pour elle, une affirmation et même une garantie de sa séparation.

Cette différence et la place importante qu'elle occupe dans la lutte entreprise par la fille pour se séparer l'aident à définir son orientation sexuelle. Tout comme la mère affirme la masculinité de son fils, le père affirme la féminité de sa fille. Le jeu de séduction, de flirt qui intervient entre eux est le modèle de ce que seront plus tard les relations de la fille avec les hommes : elle, la petite fille mignonne, dépendante ; lui, l'homme fort, le héros.

Mais étant donné la structure psychique que la fille a maintenant acquise (son souci des relations, son ambivalence à propos de la séparation), le rapport avec le père engendre ses propres complications. Elle veut renoncer à son identification avec sa mère, qui lui paraît souvent très embrouillée, et, en même temps, éprouve le besoin et le désir de maintenir la relation et le réconfort, l'appui et la sécurité qu'elle lui offre. Elle compte sur son père pour répondre à son besoin d'un attachement affectif avec le secret espoir qu'ici, libérée du problème d'identité, elle pourra aussi affirmer sa personnalité. Mais, quoi que puisse lui offrir cette relation, elle devient une sorte de répétition du rôle social qu'elle aura à jouer. Elle peut, et cela est important, l'aider à affirmer son autonomie vis-à-vis de sa mère, la mettre en contact avec l'esprit d'indépendance et d'accomplissement de soi qu'elle observe dans le monde extérieur, mais le message est ambigu : il encourage également l'idée qu'elle peut évoluer dans ce sens par personne interposée — par l'intermédiaire d'un homme. Après tout, c'est exactement ce que fait sa mère. Quel que soit le contenu de la relation père-fille, c'est la mère qui a été la première compagne du père, son premier amour, et c'est vers elle qu'il se tourne quand il quitte l'enfant.

A l'âge adulte, elle se tournera vers son mari, comme elle l'a fait avec son père, pour affirmer sa féminité, pour établir son identité. C'est en partie cela qui la pousse vers le mariage avec tant d'empressement, avec l'espoir que là, finalement, l'intégrité de son moi sera protégée. Le paradoxe est, évidemment, que le rôle social qui est devenu le sien ne sert que trop souvent à l'infantiliser une fois de plus : elle revit l'expérience maternelle et sa propre enfance, cette époque où ses besoins de dépendance et d'attachement atteignaient leur phase la plus aiguë.

Le mariage la rend dépendante — financièrement et affectivement, il est vrai. Mais quelque chose de plus renforce le lien : ce que l'on appelle traditionnellement « dépendance féminine » est au fond un besoin profond et primaire d'attachement.

Mais, demandera-t-on sans doute, que signifie cette distinction ? Quelle différence y a-t-il entre l'attachement et la dépendance ? Il est certainement difficile de les séparer. Normalement, qui dit attachement dit dépendance, et la dépendance repose généralement sur l'attachement. Il s'agit pourtant de deux choses distinctes. Il est tout à fait possible (et même fréquent, comme le montre l'expérience de nombreux veufs ou divorcés) de rester attaché à quelqu'un dont on ne dépend plus financièrement. Dans son remarquable essai sur le divorce *, Robert Weiss montre de façon convaincante que l'attachement persiste pour les hommes comme pour les femmes bien après que l'amour eut disparu et que la possibilité de compter l'un sur l'autre n'est même plus à l'état de rêve. De même, on peut être dépendant vis-à-vis de quelqu'un à qui on est très peu ou pas du tout attaché ; c'est le cas de la femme qui déteste son mari, mais qui ne rompt pas le mariage parce qu'elle dépend économiquement de lui, ou du mari qui, ayant cessé d'aimer et de respecter sa femme, ne veut pas renoncer à l'appui et au confort du foyer qu'elle lui assure.

Il n'y a que trop longtemps, me semble-t-il, que, faute de comprendre le besoin évident d'attachement (de rapport affectif intime) de la femme, on le confond avec la dépendance. Profanes et spécialistes sont d'accord pour dire qu'on ne fait que décrire ce que l'on voit : les femmes sont manifestement plus dépendantes que les hommes. Mais la théorie limite leur vision ; les concepts qui permettent de « voir » certaines choses nous empêchent d'en « voir » d'autres. En ce qui concerne les femmes et la dépendance, nous avons été aveuglés par notre idéologie culturelle concernant la nature de la femme et par les théories qui en découlent. Et les femmes, croyant tout ce qu'on leur a dit avec tant d'insistance sur elles-mêmes, répètent le refrain. « Jamais je ne pourrais vivre sans lui », dira une femme, et une autre : « Je dépends de lui pour tout. » Mais que signifie ce « tout » ?

Les femmes à qui j'ai demandé de m'expliquer très précisément en quoi elles se sentaient dépendantes de leur mari ont toutes commencé par regarder le plafond avec l'air de réfléchir profondément. Cela leur paraissait évident et en même temps très difficile à exprimer. « J'ai besoin de lui, c'est tout », m'a dit avec impatience une femme de quarante ans après quelques minutes de perplexité. « Allons, voyons,

---

* *Marital Separation*, Basic Books, New York, 1975.

vous pouvez certainement m'en dire davantage ! » insistai-je. Après un autre silence prolongé, elle déclara finalement :

> Vous me posez là une drôle de colle ! J'ai quelque chose au bout de la langue, mais ça ne sort pas... Je crois quand même que je pourrais l'expliquer ainsi : il y a une image qui me vient à l'esprit — mon mari et moi sommes au lit, tout nus, serrés l'un contre l'autre... Oh, ça n'a rien de sexuel, c'est tout autre chose. C'est comme si nous n'étions plus deux, mais une seule et même personne, nous sommes si enchevêtrés que plus rien ne nous sépare. C'est quelque chose qu'on ne peut pas exprimer avec des mots, mais je sais qu'il s'agit d'un sentiment qui remonte loin, très loin, et dont jamais je ne voudrais me passer !

Ce qu'elle raconte ici, est-ce de l'attachement ou de la dépendance ?

Quand une femme s'écrie : « Sans lui, je ne suis rien ! » elle ne parle pas, je pense, de la dépendance telle que nous la concevons, mais de ce besoin d'attachement sans lequel elle se sentirait incomplète, de cette partie d'elle-même qui lui est arrachée lorsqu'elle n'est pas reliée à quelqu'un. Le fait que, dans ce cas, elle se réfère presque toujours à un homme vient d'abord du passé, d'une époque où elle se tournait vers son père pour qu'il l'aide à se séparer de sa mère et à établir plus fermement les frontières de son moi ; et c'est ensuite par réaction aux normes sociales qui préconisent une hétérosexualité exclusive.

Encore une fois, je ne dis pas que le besoin de dépendance n'existe pas chez la femme, ni que sa position dans le mariage traditionnel ne réveille pas les angoisses qu'elle éprouvait autrefois, lorsque sa survie même dépendait d'une autre personne. Mais ces propos sont communs à toutes sortes de femmes, à celles qui sont économiquement dépendantes et à celles qui ne le sont pas. Tous les psychothérapeutes ont entendu des femmes tout à fait capables de subvenir à leurs propres besoins leur répéter les unes après les autres : « Je ne peux pas vivre sans lui. » Qui d'entre nous n'a pas entendu les mêmes paroles dans la bouche d'une amie ?

Mais ces propos n'ont guère de rapport avec la dépendance. Ils expriment plutôt le besoin d'attachement de la femme, son souci d'une relation qui lui semble parfois aussi essentielle que l'air qu'elle respire. C'est ce besoin qui la rend capable d'établir des relations profondes et durables avec autrui et qui l'oblige aussi à soutenir une lutte douloureuse pour maintenir les limites de son moi. Car cette quête d'attachement peut être si puissamment ressentie que le besoin intérieur de séparation s'en trouve annihilé, du moins momentanément.

C'est ce même besoin d'attachement qui explique le désir de maternité — et non pas, comme le voudrait la théorie psychanalytique classique, le désir de compenser l'absence de pénis. Et c'est encore ce même besoin qui explique pourquoi les femmes tiennent tant à entretenir entre elles des relations étroites, intimes qui n'ont pas grand-chose à voir avec la dépendance. Ce qui rend cependant possibles de telles amitiés, c'est le fait que leur première identification, leur premier attachement avait pour objet une autre femme et que cette relation n'a guère été troublée par les stades de développement de l'enfance. Se lier à une autre femme est donc la suite de cette expérience précoce et revient, ce qui n'est pas sans importance, à se relier à soi-même.

Les hommes eux aussi ont le besoin pressant de se relier à autrui. Mais, pour eux, ce besoin est beaucoup moins envahissant, moins puissant parce que, contrairement à ce qui se passe chez la femme, il a été refoulé dans l'inconscient. En fait, la plupart des hommes ont établi de telles défenses contre l'aveu de ce besoin qu'il ne devient visible qu'aux moments où ils ne sont attachés à personne, ou quand une relation est rompue brutalement. Qui n'a pas vu un homme réputé « fort », « indépendant » se désintégrer quand sa femme le quitte sans préavis ? Qui n'a pas remarqué que le même homme ne se retrouve lui-même qu'avec l'aide d'une autre femme ?

Consciemment ou non, comme des enfants, tous les adultes ont des réactions de douleur et de panique quand ils perdent ce qui était supposé être une relation solide ; tous les adultes ont besoin d'un attachement pour maintenir en équilibre leur bien-être affectif. Pour les hommes, c'est l'indépendance — ou son semblant — qui garantit l'attachement ; pour les femmes, c'est la dépendance. Par conséquent, au moment où ils atteignent l'âge adulte, les hommes ont peur de leur besoin de dépendance et les femmes de leurs mouvements d'indépendance. Violer ces définitions sociales de l'indépendance masculine et de la dépendance féminine, c'est risquer la séparation psychologique et même la solitude ; c'est également s'exposer à la peur de ne plus jamais pouvoir s'attacher à une personne du sexe opposé.

C'est ici qu'apparaît l'une des fonctions les plus importantes du rôle de l'« homme fort », du « héros ». Pour l'homme, ce n'est pas seulement un baume pour son moi, mais aussi une façon de repousser son ancienne peur de la mère toute-puissante qui, croyait-il autrefois, l'avait abandonné alors qu'il avait encore besoin d'elle. Tant que la femme de sa vie restera infantile dans sa dépendance, il ne sera plus terrorisé par le fantôme d'une mère imprévisible, insondable, inconstante. Tant qu'une femme devra compter sur lui pour survivre, il se sentira le maître, à l'abri de la peur de l'abandon qui est tapie sous le niveau du conscient.

Ces peurs sous-tendent la facilité apparente avec laquelle nous acceptons les définitions sociales de la masculinité et de la féminité, de la dépendance et de l'indépendance. C'est pourquoi, malgré leurs doléances, malgré ce qu'elles savent tout au fond d'elles-mêmes, la plupart des femmes jouent avec leur partenaire la comédie sociale de la dépendance/indépendance. Elles jouent les dépendantes, même si elles savent qu'elles ne le sont pas dans certains domaines importants de leur vie. Et les hommes s'accrochent à leur propre définition, même s'ils savent pertinemment qu'ils sont loin d'être aussi indépendants qu'ils le prétendent.

Malheureusement pour nous tous, non seulement nous reproduisons ces définitions sociales, si souvent en désaccord avec notre expérience intérieure, mais nous finissons par y croire. Le comportement, en effet, est rarement *tout à fait* séparé du conscient. Le pouvoir de la société ne lui permet pas seulement de nous dicter notre comportement ; en outre, en tant qu'êtres psychologiques, nous intégrons ses impératifs qui, alors, nous appartiennent en propre.

Écoutons ce couple marié depuis sept ans et qui a une petite fille de cinq ans. La femme, vingt-neuf ans, est une couturière de talent capable de faire une belle carrière de modéliste. Pour être à la maison avec son enfant pendant une bonne partie de la journée, elle travaille le matin dans une boutique du voisinage où on lui confie les essayages et les retouches. Le mari, trente-deux ans, a un diplôme d'urbanisme et travaille à la mairie de la commune où ils vivent.

Je me sens très dépendante de Gary, mon mari, de bien des façons. Jusqu'à une époque toute récente, je ne savais pas conduire, si bien que j'étais obligée de compter sur Gary pour un tas de choses. J'ai compris au bout d'un moment que si je ne conduisais pas, c'était parce que j'en avais peur. J'étais persuadée que si j'apprenais à conduire, j'en profiterais pour m'en aller pour de bon. Et que ferais-je sans lui ? Maintenant, sans trop savoir pourquoi, cette idée ne me tracasse plus. Je crois que j'ai beaucoup plus confiance en moi qu'auparavant.

Un vieux proverbe dit : « Si tu tiens à garder ta femme, arrange-toi pour qu'elle soit toujours pieds nus et enceinte. » Les paroles de cette femme lui donnent raison, de même que le nombre croissant des divorces chaque fois que les femmes acquièrent une certaine indépendance financière *. Mais tant

---

* En Union soviétique ou en Chine populaire, le taux des divorces s'est accru à partir du moment où la réorganisation de l'économie a permis aux femmes d'intégrer le monde du travail aux mêmes conditions que les hommes. (Voir, par exemple, Ted Lapidus, *Women in Soviet Society,* University of California Press, Berkeley, 1978.) Aux États-Unis, l'afflux des femmes sur le marché du travail a pareillement accru le nombre des divorces, les femmes étant désormais capables de prendre des décisions matrimoniales qui leur étaient interdites jusqu'alors.

que les femmes restent « pieds nus et enceintes », personne ne remarque ou ne reconnaît les besoins de dépendance des hommes, à commencer par les hommes eux-mêmes.

Si sa femme est disponible comme il l'entend, l'homme est rassuré. Il peut même l'encourager à se montrer plus indépendante :

> Qu'elle dépende de moi, ça m'est égal et, au fond, ça me plaît assez. Mais c'était pour moi une vraie corvée de devoir l'accompagner partout où elle devait aller. Elle ne pouvait même pas se rendre au supermarché si je n'étais pas là avec ma voiture. Maintenant, elle sait conduire et ça la rend plus indépendante, ce qui n'est pas pour me déplaire.

Mais si elle veut se servir de sa liberté fraîchement acquise, c'est une tout autre histoire :

> Gary *dit* qu'il me veut plus indépendante et il m'arrive de le croire, mais c'est difficile à avaler. Je travaille à mi-temps, le matin, et je suis avec la petite Julie l'après-midi. Eh bien, si je ne suis pas là quand il rentre à la maison, quelle histoire ! Et maintenant que je sais conduire, s'il m'arrive de vouloir sortir le soir avec une amie, pour voir un film ou dîner, par exemple, monsieur n'est pas content du tout. Si je me passe de lui pour faire des courses, fort bien, mais si c'est pour me distraire, c'est une autre paire de manches !

Le mari :

> Ce n'est peut-être pas très raisonnable, mais je suis très contrarié si elle n'est pas là quand je rentre, ou si elle veut sortir avec ses amies. Je ne vois vraiment pas pourquoi elle a envie de me quitter comme ça. Est-ce que je la laisse tomber pour sortir avec des copains, moi ?

La femme :

> D'après lui, je ne dois pas sortir parce qu'il ne le fait pas lui-même. Mais ce n'est pas la même chose. Il ne veut aller nulle part, tandis que moi, j'ai envie de sortir, pas tous les soirs, bien sûr, mais une fois de temps en temps. Au fond, il est comme Julie : elle veut que je sois là, près d'elle, même quand elle joue et n'a pas besoin de moi. Si je m'éloigne, elle est bouleversée, ou on dirait qu'elle a peur de quelque chose. C'est la même chose

avec Gary ; tout se passe comme s'il avait toujours besoin de ma présence.

Le mari :

Je suis vraiment furieux contre Lois quand elle me compare à notre fille, comme si j'avais trois ans. Il ne faut quand même pas qu'une femme devienne trop indépendante, non ?

La femme :

Je passe mon temps à essayer de lui faire comprendre que je suis encore et toujours dépendante de lui. Je lui dis : « Tu vois bien que je ne suis pas indépendante ; nous faisons presque tout ensemble ; je te suis vraiment très attachée. Comment peux-tu dire que je suis indépendante ? » Mais je finis par comprendre que nous ne parlons pas de la même chose. En réalité, il est inquiet parce que je suis vraiment plus indépendante à l'intérieur de moi-même ; j'ai beau essayer de le lui cacher, ça se voit et il le sait.

Ce qui obsède tant d'hommes, ce qui gâche les relations du couple, c'est la peur que la femme ne devienne « plus indépendante à l'intérieur d'elle-même » et que, ayant moins besoin de son partenaire, elle ne soit libre de le quitter. Mais ce n'est pas simplement une menace à laquelle l'homme réagit vivement dans le présent ; cette menace lui rappelle amèrement une époque lointaine où une autre femme avait décidé de l'abandonner, époque qui a cessé de vivre dans la mémoire consciente de l'adulte, mais dont l'impact reste très actif dans la vie quotidienne.

Peu importe que tant d'hommes, de nos jours, pensent différemment et que, dans leur tête, ils comprennent que l'indépendance féminine, loin d'être une menace pour le mariage, est pour lui un enrichissement. Le cœur a d'autres soucis. Peu importe, également, que ces manifestations d'indépendance aient été pour ces hommes un attrait supplémentaire. La peur les ronge, même s'ils réussissent à ne pas la trahir par leur comportement. Et les femmes, conscientes de cette peur et en même temps inquiétées par l'apparition de leur propre indépendance, sont tacitement d'accord avec leur mari pour se battre non pas à propos du vrai problème, mais autour de thèmes symboliques.

Le conflit actuel de ce couple, après vingt et un ans de mariage, est un excellent exemple. Il est un entrepreneur de bâtiment de quarante-huit ans ; elle en a quarante-quatre et exerce la profession d'orthophoniste. Deux de leurs trois enfants ont déjà déserté le foyer familial : l'aînée s'est mariée à dix-neuf ans, au grand désespoir de ses parents ; la deuxième, étudiante, vit dans une ville universitaire lointaine et le troisième enfant, un fils, est lycéen et habite chez ses parents.

Pendant les premières années de leur mariage, la division du travail était claire et tout à fait traditionnelle. Le mari employait toute son énergie à bâtir son entreprise et la femme s'occupait des enfants et de la maison. Quand le plus jeune de leurs enfants entra dans l'adolescence, la mère reprit ses études. Après avoir passé un certificat pédagogique, elle se spécialisa dans l'orthophonie et c'est dans ce domaine qu'elle travaille avec succès depuis cinq ans. Le mari m'a parlé en détail des changements intervenus dans la vie du couple ; la facilité avec laquelle il passait de la fierté aux récriminations indiquait clairement son ambivalence. Finalement, avec la voix d'un père indulgent mais irrité, il dit :

> Ma femme a radicalement changé de personnalité il y a deux ans, et pour bien marquer la différence, elle a changé de prénom. Au lieu de Jeannette elle s'est fait appeler Judith. Elle est donc Judith pour ses collègues et ses amis, mais je continue de l'appeler Jeannette. Ça lui est égal.

« Comment savez-vous que ça lui est égal ? » demandai-je. « Je le sais, c'est tout. » « Mais comment ? » « Je ne pense pas que ça puisse lui déplaire. » Insatisfaite de cette réponse évasive, je le poussai plus loin : « Le lui avez-vous demandé ? » Il baissa le ton, montrant ainsi sa gêne : « Eh bien... oui, oui, je crois que nous en avons parlé. » Sa femme était d'un autre avis :

> J'en avais plus qu'assez d'être la petite Jeannette. Ça ne me ressemblait plus. Je suis une adulte et j'avais besoin d'un nom

d'adulte, un nom que j'ai choisi parce qu'il semblait m'aller bien ; un nom qui annonce qui je suis. Ça m'a demandé du temps, mais maintenant, tout le monde m'appelle Judith, même ma mère, oui, tout le monde... sauf Richard.

Je lui demandai : « Comment expliquez-vous son refus ? » « C'est facile à comprendre : il veut que Jeannette lui revienne. » « Vous avez l'air de lui en vouloir ? » « Bien sûr que je lui en veux ! » « Lui en avez-vous parlé ? » « A quoi bon ? s'écria-t-elle avec impatience. Nous savons tous les deux ce qui se passe en réalité. Mon changement de prénom le remplit d'angoisse. Comme s'il pensait qu'en acceptant Judith il devrait renoncer à tout ce qu'il aimait en Jeannette, c'est-à-dire, au fond, à tout ce qui lui rend la vie agréable. » Sur ce point, son mari est d'accord :

Ce n'est pas Judith que j'ai épousée, alors je garde Jeannette. J'ai l'impression que si j'introduisais Judith dans la famille, je me retrouverais avec une étrangère. Seigneur, voilà que je divague ! Comme s'il y avait deux femmes en une !

Il ne « divague » pas du tout ; c'est ce qu'il ressent et c'est ce qu'il redoute. Mais c'est paradoxal : cet homme, comme tant d'autres, a été attiré au début par une jeune femme pleine de vie et indépendante. (« Son père me disait que j'allais épouser un " phénomène ", mais à l'époque, je ne comprenais pas très bien ce qu'il voulait dire. ») Et s'il l'avait compris ? « Je sais maintenant que je veux la freiner, mais en vérité c'est son esprit d'indépendance qui m'a le plus séduit avant notre mariage. »

L'ennui, c'est que c'est encore ce qu'il apprécie chez elle, ce qui continue de l'attirer et qui l'aide à trouver sa propre vie dynamique et intéressante. « Tout cela — je veux parler de ce que je ressens — me rend parfois perplexe parce que Jeannette est une femme très stimulante et qu'en sa compagnie je me sens bien vivant. C'est quelque chose que je ne veux pas changer. » « Que voudriez-vous changer ? » demandai-je. « Je ne m'attendais pas à cette question et à vrai dire je ne sais pas très bien... Je crois quand même que je la voudrais moins résolument indépendante. Mais enfin, pourquoi n'accepte-t-elle pas d'avoir deux noms, et qu'on en finisse une fois pour toutes ! »

Ce serait pour lui une solution très rassurante. Mais le problème ne serait pas résolu pour autant. Ses difficultés, évidemment, ne viennent pas du changement de nom, ni même du fait qu'il la juge trop « résolument indépendante ». Il n'est pas non plus le « méchant » de la pièce qui ne pense qu'à réduire l'autonomie de sa femme. Cette dernière reconnaît qu'il l'a encouragée à avoir des activités hors du foyer. Elle dit :

> Il m'a toujours appuyée quand j'entreprenais quelque chose de nouveau. Il lui arrive de ronchonner de temps en temps, mais ça ne dure pas, contrairement à beaucoup d'hommes de notre entourage.

Ils savent également tous les deux que son indépendance à elle renforce de bien des façons leur union ; elle est dynamisée par son travail comme il l'est par le sien. A ce propos, il déclare :

> A mon avis, elle adopte trop facilement les idées nouvelles, les modes dont elle a connaissance dans le milieu où elle travaille. Je me contenterais d'un peu moins de changements. Mais je ne peux vraiment pas le lui reprocher, une bonne partie de sa vie se passe là-bas. Et c'est largement compensé par les ressources supplémentaires qu'elle apporte au foyer.

Mais sa position est ambivalente. Le changement est difficile ; il est toujours une source d'angoisse, même quand l'intellect tente de calmer les appréhensions. Jusqu'à maintenant, en dépit de son ambivalence, il s'accommode assez bien de l'indépendance croissante de sa femme et n'a pas permis au côté négatif de prendre le dessus. Mais le changement de prénom paraît plus grave et en principe plus menaçant, parce qu'il implique un changement intérieur fondamental dont la signification échappe encore à tous les deux. Il réagit avec angoisse, ce qui met en évidence sa propre dépendance qui, jusqu'ici, n'était guère visible.

Je dirai, pour conclure ce chapitre, que l'expérience de notre développement précoce se combine avec les définitions sociales des personnalités féminine et masculine pour permettre aux femmes d'être plus étroitement en contact avec leurs besoins d'attachement et de dépendance que ne le sont les hommes. Mais en attribuant ces besoins aux seules femmes, on continue de participer à la mystification des deux sexes, mystification qui rend un piètre service aux hommes, aux femmes et à leurs relations.

En attendant, le jeu, tel que nous venons de le définir, continue. Les problèmes de l'attachement et des relations, et leur importance relative dans la vie des hommes et des femmes, sont particulièrement apparents dans l'équilibre que chaque sexe, à sa manière, établit entre l'amour et le travail.

7.

AMOUR, TRAVAIL ET IDENTITÉ

*La vie n'est ni un spectacle ni une fête, elle est une
épreuve difficile.*

GEORGE SANTAYANA

L'amour et le travail, disait Sigmund Freud, il y a bien
longtemps, sont les deux principaux problèmes que doit
résoudre l'adulte s'il veut vivre de façon satisfaisante. C'est
encore vrai. Mais les problèmes, aujourd'hui, se posent différemment parce que nous essayons de nouveaux rôles et de
nouvelles règles, parce que ces deux éléments de la vie ne
nous semblent plus aussi distinctement séparés et que le travail n'est plus le domaine exclusif des hommes, ni l'amour
celui des femmes.

« Le mieux que l'on puisse dire de l'amour et du travail,
m'a dit un homme, c'est qu'ils coexistent » ; et sa femme de se
plaindre : « Il est terriblement difficile de les faire marcher de
pair, car on est sans cesse obligé de rétablir l'équilibre. »
« L'amour et le travail sont des *priorités rivales* * », m'a dit
une amie qui essayait d'expliquer ce que pouvait ressentir
intimement une femme exerçant un métier et qui, en même
temps, était épouse et mère de famille.

---

* Un grand merci à Arlie Hochschild pour cette heureuse for-
mule.

« Ma meilleure amie et moi disons en plaisantant — et au fond, ce n'est pas tellement drôle — que l'essentiel, à la maison, est de s'arranger pour que le feu couve sans jamais faire de flammes. » Et son mari : « Faute de temps, nous ne faisons jamais rien... pas même l'amour ! » « Je sais que c'est lamentable, explique sa femme, mais quand vient le soir, je suis dans un tel état qu'on ne peut plus rien me demander. »

« Priorités rivales » — expression éloquente dont le sens est immédiatement clair pour tous ceux qui vivent dans une famille où le rôle de la femme et celui du mari ne sont plus aussi nettement définis que naguère. C'est une lutte perpétuelle pour chacun des époux, mais les « priorités » ont un poids différent, comme le montrent ces propos d'un professeur d'université, âgé de quarante-deux ans :

Je fais des pieds et des mains ces temps-ci pour passer plus de temps avec les gosses, mais je n'y arrive pas. Carole peut arranger ses horaires de travail, mais pour moi c'est terriblement difficile. J'ai travaillé dur pour en être où je suis et je ne peux pas compromettre ma carrière. Je sais ce que je manque avec les enfants. Ce n'est pas parce que Carole me le dit ; je le sais, moi. Mais cette contrainte que mon travail exerce sur moi..., c'est vraiment irrésistible ! Pour Carole, ce n'est pas du tout la même chose, si bien que je me demande parfois si cela ne vient pas tout simplement du fait qu'elle est une femme et moi un homme.

« Que craignez-vous de compromettre ? demandai-je. Vous êtes titularisé et votre réputation est bien assise. »

Bien sûr, bien sûr. Mais pour maintenir sa réputation, on n'a pas le droit de s'endormir. (*Il s'arrête un moment pour réfléchir, puis reprend plus lentement.*) Il ne s'agit pas de cette vieille histoire de compétition, non, ce n'est pas du tout ça. C'est quelque chose qui a trait au travail lui-même. (*Geste d'impuissance.*) Je ne sais pas. Cela fait tellement partie de moi que j'ai l'impression que je devrais violer ma nature. (*Il rit.*) Après tout, le « psi », c'est vous ! Qu'est-ce que vous en pensez ? C'est une affaire de gènes, ou quoi ?

Cette attitude est commune à tous les hommes qui parlent maintenant de leur désir de vivre différemment et qui semblent comprendre tout ce qu'ils ont perdu en ne s'occupant pas plus activement de leurs enfants. Pourquoi en est-il ainsi ? Au niveau le plus visible, nous remarquons que, malgré tous les discours sur l'importance de la vie familiale et l'avenir de la famille, ni le gouvernement ni les entreprises ne font un pas sérieux vers les changements institutionnels qui, dans le monde du travail, permettraient aux hommes de jouer un rôle plus actif dans la famille. Cela ne suffit pourtant pas à expliquer pourquoi tant d'hommes, apparemment bien décidés, ont tant de difficulté à tempérer leur ardeur au travail en faveur de l'amour.

Au cours de ces dernières années, j'ai demandé à des centaines de personnes de tous âges et de toutes origines sociales de se définir en répondant à cette question : « Qui êtes-vous ? » Presque invariablement, les hommes m'indiquaient leur profession. « Je suis avocat. » « Je suis menuisier. » « Je suis écrivain. » « Je suis professeur. » Après s'être ainsi situés dans le monde du travail et dans le monde social, ils *pouvaient* alors, mais pas avant, me parler d'eux dans leur monde privé et me dire qu'ils étaient mariés, pères de famille, divorcés, etc. Cette tendance est si accusée que même dans les cas où le mari et la femme partagent les rôles familiaux, c'est presque toujours par son travail que l'homme se définit d'abord.

C'est ce qui rend le chômage si difficile pour un homme : il a le sentiment de s'être perdu, de ne plus savoir qui il est. Un ouvrier sans travail m'a dit en hésitant : « Quand on a du travail, on sait qu'on est quelqu'un. Il y a longtemps que je suis au chômage... Alors, je ne sais plus... On finit par oublier ce qu'on est... vous comprenez ? » Et un architecte, sur un ton rageur : « Je ne peux pas vous répondre que je suis architecte, parce qu'il y a longtemps que je n'exerce plus mon métier. Alors, la question reste posée : qui suis-je ? »

Ces deux hommes sont mariés et pères de famille. Comme leurs femmes travaillent à plein temps et qu'ils disposent eux-mêmes de tout leur temps, ils se consacrent à de multiples tâches familiales : soins aux enfants, cuisine, nettoyage, lessive et assurent même une permanence dans une crèche. Pourtant, ils ne se sont définis par aucune de ces activités et ils étaient incapables de me dire sur le ton de la confidence : « Je suis... »

Pour la femme, c'est une autre histoire. Même engagée très sérieusement dans sa carrière, elle continue de placer les relations et les soucis familiaux au centre de sa vie et de ses préoccupations. Quoi qu'elle puisse faire d'autre dans la vie, elle est aussi épouse et mère ; elle revendiquera ces identités et se définira principalement par elles, quel que soit l'endroit où vous la rencontrez : au bureau, au marché ou dans sa cuisine. Une femme médecin répondit ainsi à ma question : « C'est facile : je suis mère de famille, médecin et épouse... et je n'arrête pas de jongler avec les trois. » Et une juriste sans emploi n'eut aucun mal à me tracer ce tableau d'elle-même : « Je suis épouse, mère... et avocate à l'occasion. »

L'équilibre entre le travail et l'amour est différent pour les hommes et pour les femmes. On peut observer cette différence dans leur vie publique comme dans leur vie privée, dans leur façon de se définir eux-mêmes, comme nous venons de le voir, et dans les définitions qu'ils reçoivent de l'extérieur.

Il suffit, par exemple, de regarder la jaquette d'un livre écrit par un homme. On ne nous dit presque jamais s'il est marié et s'il a des enfants. La situation de sa femme n'a certainement que peu d'importance. Mais tous ces faits tiennent généralement une grande place dans la biographie d'une femme auteur. Grâce à ces informations, on la comprend en tant que personne, on sait comment elle vit. Pour un homme, ce n'est pas la même chose. On part du principe que ces réalités ne nous diront rien de ce qu'il est, de sa façon de vivre ni de ses engagements. Nous en savons assez dès qu'on nous parle de son travail et de l'endroit où il l'accomplit.

« Travaillons-nous pour vivre, ou vivons-nous pour travailler ? » demandait le grand sociologue allemand Max Weber. Cette question est toujours d'actualité. Amour et travail — un équilibre difficile pour la plupart des gens, mais prévisible. Historiquement, les hommes sont d'un côté de l'échelle, les femmes de l'autre. Et on comprend pourquoi si on songe aux qualités propres aux uns et aux autres. Le travail est rationnel et cognitif ; l'amour est émotionnel et affaire d'expérience. Qui dit travail dit maîtrise de soi, accomplissement, compétition, séparation ; qui dit amour dit prédominance des sensations et des sentiments, partage, union. Par le travail, nous manipulons l'environnement, nous cherchons à transformer telle chose en telle autre. La page blanche devient page imprimée ; un tas de bois et un sac de clous deviennent charpente. L'amour nous met en contact avec les gens et non pas avec les choses, avec la vie intérieure et non avec la vie extérieure.

Le problème étant ainsi posé, il semblerait que nous ne parlons pas seulement de la façon dont l'amour est séparé du travail, mais également de la façon dont les femmes et les hommes diffèrent quant à leur orientation vis-à-vis du monde. Non pas que les hommes n'attribuent aucune valeur à l'amour ni aux qualités qu'il requiert, ou que les femmes n'en accordent aucune au travail et aux attributs qui le caractérisent. Mais l'équilibre entre amour et travail est différent selon le sexe ; différence qui a de profondes conséquences sur la façon dont l'amour et le travail sont intégrés par l'homme ou la femme et par conséquent sur leurs relations au sein de la famille.

Par exemple, nous avons tous été témoins de la confusion qui peut se perpétuer dans certaines familles ; et beaucoup d'entre nous l'ont vécue. Nous avons pu également remarquer que dans ces scènes de la vie familiale, la mère se situe généralement au centre et le père à la périphérie. Les enfants se battent et la mère intervient. Un bruit de verre cassé et c'est la mère qui se précipite pour voir si quelqu'un est blessé. Et cela continue, jusqu'au moment où, exaspérée, elle appelle son mari au secours : « Mais enfin, tu ne te rends pas compte de ce qui se passe ? Tu n'entends donc rien ? » « Qu'y a-t-il ? » demande-t-il comme s'il venait de se réveiller. Et il ajoute : « Excuse-moi, je ne faisais pas attention. » « Comment peux-tu ne rien entendre ? » « Je n'en sais rien, répond-il sur la défensive. Je n'entends pas, c'est tout. »

Elle n'arrive pas à comprendre son comportement. « Comment peut-il rester tranquillement assis dans son fauteuil sans entendre les enfants, ni mes réactions ? » Il est perplexe devant celui de sa femme : « Pourquoi est-elle tout le temps en train d'intervenir ? Elle devrait laisser les gosses s'arranger entre eux. Et surtout, il n'y a pas de quoi crier. Qu'elle m'en parle calmement et je ferai ce qu'elle désire. » Et elle, excédée, au bord des larmes : « Pourquoi faut-il que ce soit toujours moi qui intervienne la première ? » Écoutez les deux versions de l'histoire données par ce couple, après six ans de mariage. Ils ont deux enfants. Lui, un programmateur de trente-trois ans ; elle, trente et un ans, informaticienne dans une banque. Le mari :

> Je vous jure que je fais de mon mieux ! Mais la plupart du temps, je ne sais pas exactement ce qu'elle veut. J'ai l'impression que, pour elle, je n'en fais jamais assez.

La femme :

> Il se coupe du monde environnant. Je n'arrive pas à comprendre comment il s'y prend, mais c'est bien ce qu'il fait. Je ne le crois pas insensible, non, mais il a la faculté étonnante de cesser d'être là. Je veux dire qu'il est là, bien sûr, mais en même temps il n'est pas là.

Le mari :

> Elle m'accuse en quelque sorte de m'escamoter et je ne vois pas très bien ce qu'elle veut dire. Je suis assis là, dans la même pièce qu'elle, sous ses yeux.

La femme :

> Il peut être installé dans la même pièce que nous, mais il ignore ce qui se passe autour de lui. Il s'entoure d'un mur infranchissable. La maison peut être en état de guerre, je peux crier

comme une folle..., il reste plongé dans son journal, sans même lever la tête. Il arrive quand même qu'il finisse par entendre quelque chose. Alors, il jette un coup d'œil et dit tranquillement : « Eh, là ! Qu'est-ce qui se passe ? » Je me sens à deux doigts de la crise de nerfs !

Le mari :

Il faut croire que j'ai effectivement la faculté de m'abstraire. Qu'y a-t-il de mal à cela ? Pourquoi devrais-je intervenir à tout bout de champ ? Notre vie serait sans doute plus facile si elle essayait de m'imiter.

La femme :

Il m'arrive d'essayer de faire comme lui, mais ça m'est absolument impossible. Tout se passe comme si un radar intérieur m'avertissait sans cesse de ce qui se passe dans la maison. C'est la même chose au bureau et je pense que c'est pour cela que je réussis dans mon travail : je sais toujours ce qui se passe autour de moi... comme si je faisais le guet.

Une autre femme, après avoir rendu grâce à son mari qui l'aide pour certaines tâches ménagères et éducatives, se plaint pour finir d'être la seule responsable de l'organisation, du planning et de la gestion du ménage.

C'est sur moi que repose la cohésion du foyer. Si je comptais sur lui pour prendre ce genre de responsabilités...

Son mari ne la comprend pas et se demande comment elle s'arrange pour être tout le temps occupée et pourquoi elle fait tant de choses toute seule.

Rien ne l'oblige à faire tout ça ; nous nous en tirerions très bien sans un tel perfectionnisme. Ni les gosses ni moi n'avons besoin d'un repas somptueux tous les soirs. Je ne sais pas pourquoi elle en fait tant ; il faut croire que c'est plus fort qu'elle, parce qu'elle ne m'écoute même pas.

Elle fait « tout ça » d'abord parce qu'on lui a appris à se soucier de ces choses, à se juger elle-même en tant que femme, épouse, mère d'après l'éducation de ses enfants, la qualité de sa cuisine, etc. Et elle fait « tout ça », aussi, parce que dans beaucoup de familles c'est encore le critère sur lequel elle est jugée par autrui : c'est encore ce qu'on attend d'une femme qui veut être à la hauteur du rôle qui lui est assigné.

Même chez les femmes qui ne maintiennent pas toutes seules la « cohésion du ménage », on entend, du moins en partie, le même refrain : « Je n'arrive pas à couper le contact et lui a du mal à l'établir », dit une femme. Et son mari : « Elle est toujours en alerte, particulièrement à propos de ce que font les enfants, et ce n'est pas mon genre. » Elle ne parvient pas à faire la sourde oreille, même s'il ne s'agit que d'un innocent babillage.

Ce n'est pas un comportement réfléchi pour aucun des deux. Étant donné la formation qu'ils ont reçue depuis la petite enfance — lui de s'occuper de ce qui se passe hors de la maison, elle de ce qui se passe à la maison —, ils font ce qui leur vient tout naturellement. Mais les difficultés qu'ils éprouvent à renverser les rôles, les efforts qu'ils doivent produire pour réaliser le moindre changement semblent indiquer que leur expérience précoce de la séparation et de l'établissement des limites du moi jouent ici également un rôle important. Dans les conflits de ce genre, l'attitude du mari ne s'explique pas seulement par son investissement dans le monde extérieur : il a appris très tôt à se séparer, à s'isoler, et c'est ce qu'il fait maintenant, tout en étant physiquement présent.

Il ne s'agit pas de savoir qui a tort ou raison. Personne n'est à blâmer. Les limites relativement rigides de l'homme lui permettent de se couper du monde extérieur, de rompre le contact ; les limites plus perméables de la femme l'empêchent de s'évader aussi facilement. Elle entend et lui n'entend pas. Parce que sa vie psychique a été entravée de bonne heure, il est difficile à l'homme de répondre en même temps à diverses sollicitations affectives. Pour la femme, au contraire, son expérience intérieure plus expansive l'a rendue à jamais sensible aux problèmes relationnels ; elle essayera toujours de s'entremettre dans les conflits, de les apaiser, de les arranger.

J'ai fait lire ces pages, avant leur publication, à une femme qui parvient à partager de plus en plus avec son mari les tâches ménagères et éducatives. Voici sa réaction :

> Il est très important de dire que les hommes ne semblent même pas penser à tout ce qui préoccupe les femmes... Je veux parler de tout le bagage que nous portons dans la tête. Je n'arrête pas de prévoir des anniversaires, de penser à inviter tels et tels amis que nous n'avons pas vus depuis longtemps et de songer aux mille et un détails de la vie des enfants. Je suis toujours en train de faire quelque chose et même si je ne le fais pas vraiment, j'y pense et j'étudie comment je m'exécuterai.

Le mari, qui ignorait ce que m'avait dit sa femme, a réagi différemment :

> A mon avis, il y a quelque chose que vous devriez certainement écrire : que les femmes s'embarrassent d'un tas de choses inutiles. C'est un gros problème entre nous. Suzanne ne me reproche pas de ne pas prendre ma part de responsabilités, mais elle m'en veut de ne pas me faire autant de soucis qu'elle. Elle appelle ça son « bagage » et me dit qu'il est très lourd. Elle ne comprend pas qu'il y a des moments où elle devrait le déposer. Il m'arrive parfois d'être désolé pour elle, parce qu'elle ne sait pas faire la part des choses et qu'elle est constamment sous pression. Je n'ai pas la moindre envie de faire comme elle, même si je le pouvais.

Et ils continuent de se battre, l'un contre l'autre et contre eux-mêmes. Mais l'enjeu de la bataille est obscur et échappe à leur contrôle. Les discussions ne portent pas seulement sur tel ou tel problème pratique du ménage, mais sur la question de savoir qui endossera la responsabilité de l'ambiance et du style de vie à l'intérieur de la maison.

Les difficultés, pour les hommes, s'aggravent du fait que l'initiative du changement vient en général de la femme. C'est elle qui souffre le plus du partage des rôles, elle qui veut modifier ne serait-ce que quelques règles, elle qui entrevoit plus ou moins nettement les nouveaux modes de vie familiale. L'homme, par conséquent, même s'il approuve les changements requis par sa femme, comprend en général moins bien qu'elle ce qui ne va pas et ce qu'il faut faire pour que ça aille mieux ; il ressent moins vivement le besoin de changement et a une position beaucoup plus ambivalente sur l'ensemble du problème. Voici, par exemple, ce que m'a dit en soupirant un homme de trente-deux ans, marié depuix six ans et père de deux enfants :

> Je regrette souvent de ne pas être né quarante ans plus tôt. Mon père et ma mère vivaient plus facilement. Maman s'occupait de tout et papa n'avait pas d'autre souci que son travail. Elle ne lui reprochait pas de ne pas « prendre sa part » (comme je déteste cette expression !) ni de nous négliger, nous, les gosses. Quand nous avions besoin d'une main ferme, elle le lui disait et il intervenait aussitôt pour nous faire marcher droit.

« Si je comprends bien, dis-je, vous rêvez d'un mariage plus traditionnel ? » Il réfléchit pendant quelque secondes et dit en riant :

> C'est un vague rêve, oui, peut-être, mais je n'y pense jamais sérieusement. Je n'approuve pas du tout la relation maître-esclave. Personne n'aime être domestique, même si les apparences sont sauves. Et, dans un sens, c'était bien la position de ma mère vis-à-vis de mon père. Non, vraiment, ce n'est pas du tout ce que je souhaite. Je suis fier de ma femme et de tout ce qu'elle est capable de faire et je ne veux rien changer. Seulement, c'est parfois difficile.

Parce que c'est « parfois difficile », les hommes regrettent l'époque où la vie de famille posait moins de problèmes ; mais le souvenir des réalités de leur enfance les fait réfléchir. Les jeunes femmes, elles, pensent à la vie que menaient leurs mères et refusent de subir le même sort :

> Il m'arrive d'être jalouse des femmes qui passent leurs après-midi dans le parc avec leurs enfants. Leur vie me paraît tellement plus tranquille, plus facile que la mienne. Mais quand je vois maintenant ma mère ou mes tantes, je me rends compte que leur vie est affreusement vide ; je sais d'où ça vient et je ne voudrais pour rien au monde vivre comme elles l'ont fait.

Les maris regardent du côté de leurs pères qui, aujourd'hui, regrettent une vie entièrement vouée au travail, au détriment de l'amour, et ils disent : « Sans aucun doute, il faut vivre autrement. »

> Mon père travaillait selon les règles de l'époque et qu'y a-t-il gagné ? Pas d'amis, guère de satisfactions avec ses enfants et un infarctus. L'expérience que je vis avec ma femme est terriblement difficile, mais c'est quand même mieux que ce qu'ont connu nos parents ; et nos enfants ont un meilleur sort, car ils entrevoient déjà des possibilités que nous ne soupçonnions même pas.

Les femmes qui ont du mal à se trouver une identité une fois parvenues au milieu de leur vie, disent à leurs filles : « Jamais plus ! »

> Je suis de la mauvaise génération et j'espère que les femmes, à l'avenir, ne seront plus contraintes de vivre comme nous l'avons fait. On nous a appris... non, on nous a obligées à croire que le travail de l'homme passait avant tout. Je n'aimais pas être seule à m'occuper sans relâche des enfants. J'aurais voulu que mon mari s'en occupe aussi. Mais je n'osais même pas le lui demander, car j'étais persuadée que c'était de mon côté que les choses clochaient.

Au même âge, les hommes qui ont souffert d'avoir vu partir leurs enfants sans les avoir vraiment connus, avertissent leurs fils : « Ça m'a coûté trop cher ! »

> Je ne pensais qu'à mon travail. Mais quand les enfants sont devenus plus grands, et surtout quand mon fils a eu de graves problèmes, j'ai commencé à voir les choses différemment. Je me suis demandé ce que j'avais fait de ma vie. J'ai compris que j'étais passé à côté de quelque chose de très important. Malheureusement, c'était trop tard. Impossible de rattraper toutes ces années !

« Trop tard ! » — ces mots nous font peur et nous renforcent dans l'idée de ne jamais avoir à les prononcer pour notre propre vie. L'équilibre est donc en train de changer. Peut-être trop lentement pour les plus intransigeants, peut-être trop vite pour les plus conservateurs. Mais tout le monde est d'accord : d'importants changements se sont produits au cours des deux dernières décennies. L'amplitude du changement est sans doute difficile à apprécier, mais la nouvelle idéologie s'est indéniablement répandue dans toutes les classes de la société. Il suffit de voir le nombre des pères qui, selon la pratique de plus en plus courante, assistent leur femme au moment de l'accouchement ; de voir aussi que l'immense majorité des hommes et des femmes avec qui je me suis entretenue reconnaissent qu'il est très important d'amener les pères à s'occuper plus activement de leurs enfants, et cela dès la naissance.

Quelle que soit leur origine sociale, les hommes, de nos jours, ne sont pas gênés de dire qu'ils souhaitent avoir avec leurs enfants des relations plus intimes que celles qu'ils avaient avec leur père. Un menuisier de trente ans m'a dit avec conviction après dix ans de mariage :

> Je me suis bien gardé de faire comme mon père ! Je n'ai jamais pu lui parler et je vous jure que mes gosses ne diront pas la même chose de moi ! Si mes souvenirs sont bons, il travaillait de huit heures du matin à cinq heures du soir et consacrait donc beaucoup de temps à la maison. Mais tout se passait comme si ce qu'il avait en tête était infiniment plus important que ce que j'avais à lui dire.

Les femmes parlent avec autant de conviction des avantages qu'apporte à la famille le fait qu'elles ne sont plus seules à assumer les responsabilités, comme le montrent ces propos d'une femme de vingt-neuf ans qui travaille l'après-midi dans une raffinerie :

> Dans l'ensemble, je crois que je m'occupe encore des enfants plus que ne le fait Arthur, mon mari. Toujours est-il qu'il est un vrai père, contrairement à beaucoup d'autres. Nos enfants savent que nous sommes deux à les aimer, à les punir et à prendre soin d'eux sur tous les plans. Arthur sait préparer leur repas et leur moucher le nez tout aussi bien que moi.
> Je travaille toutes les après-midi depuis un an. Au début, nous étions un peu inquiets de ce qui allait se passer, mais mainte-

nant tout marche bien. Il rentre à la maison à trois heures et demie ; il s'occupe du dîner, surveille les devoirs des deux grands, veille à ce que l'un ou l'autre aille chez le docteur ou le dentiste.

Avant que je me remette à travailler, il ne savait quasiment rien de ce qui se passait à la maison. Maintenant, il fait vraiment partie de la famille. Quand les deux aînés étaient tout petits, il était rarement avec eux, mais il tient vraiment une grande place dans la vie de notre petite dernière, à tel point que j'ai souvent l'impression qu'elle l'aime plus que moi. (*Elle s'interrompt pendant un moment et semble décontenancée.*) Je sais que ça peut paraître bizarre, mais de temps en temps, ça ne me plaît pas tellement. Je veux dire que je me sens un peu à l'écart. Mais dans l'ensemble, tout va bien.

En réalité, Arthur et moi sommes étonnés des bons résultats que nous avons obtenus pour tout le monde grâce à notre arrangement. (*Elle prend le temps de réfléchir.*) N'allez surtout pas croire que tout est facile. Nous avons encore nos différences et nos horaires de travail continuent de nous poser des problèmes. Mais... comment vais-je vous dire ça ? Oui... en résumé, tout va beaucoup mieux que nous ne le pensions, c'est tout.

Tout va beaucoup mieux, oui. Mais les couples de ce genre essayent de maintenir un équilibre difficile. Leurs difficultés viennent de ce qu'ils doivent lutter contre les obstacles placés sur leur route par leur environnement et contre leur propre résistance intérieure au changement.

Sur le plan social, le monde où ils travaillent tous les deux ne favorise guère leur tentative. Pour la plupart des couples, l'organisation du travail rend presque impossible le réaménagement de la vie familiale.

Le travail à mi-temps, surtout pour les femmes — qu'elles soient ouvrières, employées de bureau, ou qu'elles exercent une profession libérale —, est loin d'être un choix acceptable. Le congé de paternité est quasi inexistant. Dans les milieux plus éclairés, où il est en principe admis, il pose encore des problèmes, comme l'a constaté ce professeur de lycée peu de temps avant la naissance de son fils :

Quand j'ai dit au principal que je désirais prendre un congé de six mois à l'occasion de la naissance de mon enfant, il me répondit qu'il ne pouvait garantir mon emploi. Je m'adressai alors au conseil d'établissement, qui me fit la même réponse. C'est ainsi que mon projet tomba à l'eau. Les places dans l'enseignement sont rares, et je ne pouvais pas courir le risque de me retrouver sans travail.

Même dans les entreprises où le congé de paternité est admis, des règles tacites font que l'avancement du bénéficiaire est compromis. Deux ans après la naissance de sa fille, un jeune homme de vingt-neuf ans, plein d'ambition, m'a déclaré :

Je travaille pour l'une des rares sociétés qui accordent des congés de paternité. Il s'agit bien entendu de congés non payés, ce qui élimine la majorité des candidats. A ceux qui peuvent se permettre ce luxe, les dirigeants font comprendre que ce n'est pas le meilleur moyen d'avoir un avancement rapide... « Nous sommes tout à fait d'accord, mais faites attention ! » disent-ils.

Dès qu'il y a des enfants, d'autres problèmes se posent : qui s'occupera d'eux ? Si la femme assure le plus gros des revenus du ménage, ou si elle est mariée à un homme dont le salaire ne peut à lui seul couvrir les besoins les plus élémentaires, elle n'a pas le choix. Les enfants se trouvent alors le plus souvent dans une situation qui plonge leurs parents dans l'inquiétude. Si le choix existe, même les couples les plus décidés à changer les rôles et les règles risquent d'être dépassés par les difficultés qui se présentent. C'est ce qu'exprime cette femme, mariée à vingt-huit ans après avoir débuté dans la carrière qu'elle s'était choisie :

Nous nous étions bien mis d'accord avant de nous marier : nous allions continuer de travailler tous les deux en partageant les responsabilités du foyer. Deux mois avant notre mariage, à l'agence de publicité où je travaillais, j'avais décroché mon premier gros contrat. J'étais promise à une très belle carrière. Eh oui ! Tout s'annonçait merveilleusement... Nous avions tous les deux une situation et à la maison nous joindrions nos

efforts pour que tout aille bien. Seulement, nous ne savions pas. Seigneur, que nous pouvions être bêtes ! On nous avait prévenus, mais nous pensions : « Ce n'est pas à nous que ça arrivera ! » Oui, nous étions aveugles et terriblement prétentieux.
Vous voulez savoir ce qui s'est passé ? C'est facile à comprendre. Au début, tout allait bien. Puis il y a eu les enfants. Qui allait s'en occuper ? Ce fut déjà difficile avec un. Mais quand il y en a eu deux, je souffrais tellement, j'étais si tendue que j'ai opté pour la seule solution possible : je devais interrompre ma carrière pour quelques années. J'ai cru m'en tirer en travaillant à mi-temps. Mais le travail à mi-temps n'est pas tellement apprécié dans la publicité. Maintenant, je fais des petits travaux à la maison, en tant qu'indépendante. Pas grand-chose...

Ajoutons à tout cela le fait que, traditionnellement, les femmes gagnent sensiblement moins que les hommes. Tant qu'il en sera ainsi, la plupart des femmes continueront d'être les principales responsables de l'éducation des enfants et de l'entretien de la maison, en dépit des bonnes intentions que tout le monde clame. De même, tant que le travail des hommes et l'argent qu'il rapporte seront la source principale de leur prestige, de leur statut, de leur pouvoir et même de leur identité, la paternité, pour la plupart d'entre eux, restera un fait biologique et économique qui primera sur l'amour et la sollicitude.

En conséquence, dans la plupart des familles, c'est encore et toujours la femme qui cesse de travailler quand arrive un enfant, qui assume l'essentiel du parentage, particulièrement aux premiers stades de la petite enfance. Ici, comme pour les tâches ménagères, le père se contente d'aider la mère. Il est encore le baby-sitter de ses propres enfants. Une femme de trente et un ans, mère de deux petits enfants, décrit en quelques mots le sort d'une femme qui essaye de tout faire :

Ce qui me rend folle, ce n'est pas seulement de travailler dur ; c'est surtout de devoir changer de livrée trente-six fois par jour. J'ai l'impression de m'éparpiller, comme s'il y avait des morceaux de moi un peu partout. Mon mari prend sa part de corvées, mais ce n'est pas la même chose. Il me quitte pour aller travailler, fait là-bas tout ce qu'il a à faire et rentre. Tout s'est passé pour lui en un seul endroit. Il met tous ses œufs dans le même panier. Moi, je suis allée à vingt endroits, je me suis partagée entre quinze directions différentes.

« Pourquoi en est-il ainsi ? demandai-je. Pourquoi, par exemple, n'est-ce pas lui qui conduit les enfants à la crèche ? »

Parce que nos lieux de travail sont éloignés l'un de l'autre et que la crèche est plus près de moi.

« Pourquoi ? »

Nous avons pensé que les enfants devaient être près de moi pour que je puisse intervenir en cas de besoin.

« Votre mari est-il incapable de répondre à ces besoins ? »

J'avoue que nous n'y avons jamais pensé. Mais, de toute façon, mes horaires sont plus souples que les siens. Pour compliquer encore les choses, je travaille maintenant deux matinées par semaine à la crèche de Melissa, grâce à quoi nous n'avons rien à payer. Sinon, nous ne pourrions pas nous le permettre. Ces jours-là, je suis à la crèche de sept heures et demie à dix heures et demie, après quoi je vais travailler jusqu'à seize heures. A ce moment-là, je vais chercher les gosses aux endroits différents où ils se trouvent et je les conduis là où ils doivent aller, par exemple l'un chez le docteur, l'autre à la piscine... Les jours où j'ai la chance de pouvoir rentrer directement à la maison avec eux, j'ai l'impression d'être en vacances.

« C'est certainement un emploi du temps très chargé ! dis-je. Mais vous me disiez tout à l'heure que votre mari partageait les responsabilités et vous n'avez pas encore mentionné ce qu'il fait dans ce sens. »

Eh bien, il ne peut pas se charger de ce genre de démarches parce que pour rien au monde il ne s'absenterait de son travail. Pour le faire, il faudrait qu'il soit vraiment à l'article de la mort ! Quand je ne suis pas furieuse contre lui, j'arrive à le comprendre. Quand une employée s'absente à cause d'un enfant malade, ses chefs et ses collègues se plaignent, mais ils s'y attendent plus ou moins. Personne ne s'attend à la même chose de la part d'un homme.

De puissantes forces sociales interviennent ici ; des forces qui non seulement appuient les réactions des individus, mais qui en sont pour une grande part responsables. Quels que soient les changements qui ont eu lieu au cours de ces dernières années, le message est encore : les pères travaillent, les mères font leur « métier de mère », même si elles travaillent aussi. Le père peut être aussi inquiet que la mère de la maladie d'un enfant, mais cela, en général, ne doit pas l'empêcher d'aller travailler. « Je ne peux pas m'absenter, dit-il. On compte sur moi. » La mère, elle, reste au chevet de l'enfant. « Je ne peux pas m'absenter de chez moi, dit-elle. Mon enfant a besoin de moi. »

Dans son excellent article sur les joies et les problèmes du parentage partagé, la psychologue Diane Ehrensaft fait remarquer que l'expression « mère active » employée dans les statistiques nous est tout à fait familière, alors qu'il n'y a aucun équivalent pour les pères *. Il est en effet évident que l'expression « père actif » nous semblerait être un pléonasme. Bien sûr que les pères font partie de la population active ! De même, les statistiques officielles nous disent combien de femmes actives ont à la maison des enfants de moins ou de plus de six ans et combien sont sans enfant. A-t-on jamais vu des statistiques analogues relatives aux hommes ?

Il ne faut pas négliger ces indices des valeurs sociales. Mais il y a encore autre chose, qui se situe dans la structure psychologique des hommes et des femmes. Bien que cette psychologie découle des relations sociales et soit entretenue par elles, elle possède une vie et une force propres. Par conséquent, malgré les inconvénients de l'équilibre familial traditionnel, il existe aussi ce que les psychologues appellent des *avantages secondaires*. Ces avantages sont inscrits dans le

---

* Je dois beaucoup à cet article de Diane Ehrensaft, intitulé « Quand les femmes et les hommes maternent », *Socialist Review*, vol. 10, 1980, et aux longs entretiens enrichissants que j'ai eus avec elle.

système actuel des relations familiales et bien que, vus de l'extérieur, ils puissent paraître névrotiques, ils fournissent réconfort et soulagement à l'intérieur de la famille. Par exemple, si la maladie permet à l'enfant de s'attirer la sollicitude de ses parents, il a un certain avantage à être malade.

Il en est de même pour les relations traditionnelles à l'intérieur de la famille. Certains hommes savent maintenant que le pouvoir, le statut et le prestige qu'ils doivent à leurs activités dans le monde extérieur sont des avantages secondaires — une compensation pour ce à quoi ils ont dû renoncer dans le cadre familial. Cependant, les changements évoluent lentement et difficilement parce que ces hommes sont habitués depuis longtemps à ces avantages compensatoires qui ont pour eux une valeur affective. Quant aux femmes, pour qui les rapports intimes ont tant d'importance, elles ne renoncent qu'à contrecœur à leur relation privilégiée avec les enfants. Les avantages compensent largement les difficultés du maternage : le rapport très intime, la certitude que, quoi qu'il arrive, ce lien durera, le sentiment de puissance qu'éprouve la femme à l'idée qu'elle a marqué de façon indélébile la vie d'une tierce personne.

De toutes ces façons, les différences de leur monde interne s'allient au monde extérieur pour compliquer la tâche de ceux qui essayent de trouver de nouvelles manières de vivre — en raison d'un engagement idéologique, ou par nécessité économique, comme le montre l'histoire de ce couple :

Elle a trente-deux ans et prépare un diplôme de santé publique ; lui, trente-trois ans, a choisi pour des raisons personnelles et professionnelles de travailler dans un centre hospitalo-universitaire en tant que médecin. Sur le plan personnel, cette situation lui offre une rémunération régulière et un horaire stable ; il a donc du temps à consacrer à sa famille, contrairement aux médecins qui ont une clientèle privée. Sur le plan professionnel, il a été séduit par la possibilité de soigner une catégorie de malades n'ayant pas les moyens de recourir au secteur privé. La femme explique :

Mon mari envisage de quitter l'hôpital pour ouvrir un cabinet privé, et c'est à ce sujet que nous nous disputons. Je sais que l'argent supplémentaire qu'il gagnerait nous faciliterait la vie, mais je suis radicalement contre ce projet. Pour ces quelques dollars de plus, les enfants verraient beaucoup moins leur père.

Lui :

La clientèle privée est beaucoup plus rémunératrice. Les temps sont durs et nous aurions vraiment besoin de cet argent !

Elle :

A l'entendre, ce n'est qu'une question d'argent, mais j'ai du mal à le croire. Quand il voit ses camarades de faculté qui sont établis à leur compte, ça le démange : il voudrait réussir comme eux. Il a fait des études plus brillantes que la plupart d'entre eux et il ne peut pas supporter de se sentir inférieur.

Lui :

Je ne sais pas si elle a raison de ne voir là qu'une affaire de prestige. Mais je travaille comme un forcené à l'hôpital et j'estime que je devrais en être mieux récompensé. Par moments, je me sens découragé et je me demande pourquoi j'ai choisi ce métier.

Elle :

En général, je sais très bien ce que je veux, mais dans le cas présent j'avoue hésiter un peu. Je me pose cette question : « Est-il souhaitable qu'il renonce à faire ce qu'il croit devoir faire ? La famille n'en souffrira-t-elle pas ? » Il a fait des efforts pour ne pas être un mari comme les autres, pour sortir du cadre traditionnel, et il a obtenu des résultats positifs. Pour les hommes, la réussite dans le monde extérieur est quelque chose d'essentiel. S'il reste sur l'impression d'avoir raté sa vie, qu'en résultera-t-il pour nous tous ?

Lui :

C'est un sacré problème ! La régularité de mes horaires, à l'hôpital, me plaît beaucoup. En dehors de mon tour de garde de nuit, que je connais à l'avance, j'ai un emploi du temps régulier, comme si je travaillais dans un bureau. Quand nous

nous mettons à table, le soir, je ne crains pas d'être dérangé toutes les dix minutes par un coup de téléphone. Grâce à cela, je tiens une grande place dans la vie de mes enfants et, pour moi, c'est très important. Avec un cabinet privé, pas question d'avoir une telle vie familiale. Je sais tout cela, mais le statu quo m'imposerait un énorme sacrifice. Alors, je me dis que, de toute façon, il y aurait sacrifice... Il y a de quoi hésiter !

Cet homme et cette femme ne sont pas vraiment en désaccord. Ils savent tous les deux quelle serait la meilleure solution pour les enfants et pour leurs propres relations. Et ils ont l'un et l'autre envie de lutter pour atteindre cet idéal. Mais ils sont désemparés parce qu'ils savent aussi que l'une et l'autre solution risque fortement de nuire à leur mariage.

Elle sait ce qu'elle veut et désire par-dessus tout que son mari continue de participer à la vie familiale comme jamais il ne pourrait le faire avec une clientèle privée. Elle sait aussi qu'il souffre dans son amour-propre quand il se compare à ceux de ses collègues qui réussissent brillamment leur carrière en menant une vie familiale plus traditionnelle ; et elle sait que ce sentiment d'échec peut coûter cher à leurs relations intimes.

Son mari, lui aussi, se tourmente : s'il démissionne de son emploi à l'hôpital, comment pourra-t-il continuer de participer à l'éducation de ses enfants ? Et s'il ne gagne pas plus d'argent, en pleine période de crise économique, que deviendra son ménage ? Il fait de ce dilemme une affaire personnelle. S'ils ne peuvent pas vivre aussi confortablement qu'ils le voudraient, ce serait pour lui, et non pour sa femme, un échec. Il prétend que ce n'est qu'une affaire d'argent, mais il se surprend à penser un peu trop au succès des autres, à leur statut et à leur prestige supérieurs aux siens ; il est aigri parce qu'il se sent mal récompensé, non seulement en numéraire, mais aussi parce qu'il est privé de toutes les satisfactions que peut apporter la médecine et qui faisaient certainement partie de ses rêves d'étudiant.

Ces problèmes ne se posent pas seulement dans le cas des professions libérales. Un mécanicien de garage, marié depuis treize ans et père de trois enfants, m'a parlé du conflit qui l'oppose à lui-même et à sa femme :

> J'ai l'intention de m'établir à mon compte et nous en parlons beaucoup, Jane et moi. Depuis le temps que je travaille dans le coin, on me connaît bien et on me fait confiance. Les clients ne manqueront pas. Seulement, il faudra que je travaille davantage et, plus tard, même la nuit de temps en temps et Jane et les gosses me verront beaucoup moins.

Voici ce qu'en pense sa femme :

> Je ne suis pas du tout d'accord ! Tout ce qu'il gagnera en plus, ce sera sur le dos de nos enfants et sur le mien. A quoi bon avoir plus d'argent si c'est pour se priver d'une vraie vie de famille ? (*Gros soupir.*) Mais je m'inquiète pour lui et je me demande comment il réagira s'il ne peut pas réaliser ce projet qui lui tient tant à cœur. J'ai peur que la famille n'en souffre. C'est une de ces situations où personne ne peut gagner, quoi qu'on fasse.

Même avant le mariage, quand l'amour, en principe, est au maximum de son intensité, l'équilibre entre l'amour et le travail est ressenti différemment par l'homme et par la femme. C'est ce que montre le témoignage de ces fiancés, très amoureux l'un de l'autre, venus me demander conseil avant de se marier. Leur problème était le suivant : où allaient-ils vivre ? Laura avait une très belle situation sur la côte ouest ; Michael, à qui on venait d'offrir un poste intéressant dans l'Est, prit le premier la parole :

> Je sais que la carrière de Laura est aussi importante que la mienne et c'est là quelque chose que je respecte. Son dynamisme, sa volonté de réussir font partie de ce que j'apprécie le plus chez elle.

« Alors, demandai-je, où est le problème ? »

> C'est très simple. On me propose, à Philadelphie, une situation que je ne peux vraiment pas refuser. J'aime beaucoup Laura et, bien sûr, je veux qu'elle vienne là-bas avec moi.

Laura :

> Je suis littéralement déchirée par ce dilemme. J'aime mon travail. J'ai toujours rêvé de cette carrière et, ici, elle est assurée. J'ai beaucoup de bons amis, sur lesquels je peux compter. Jamais je n'ai été aussi heureuse ! Quand je pense que je pourrais tout abandonner, je suis triste à en mourir. Mais j'aime Michael. Profondément. Et je voudrais l'accompagner. Comment résoudre un pareil problème ?

A ma question : « Michael n'a-t-il pas d'autres situations en vue ? » il répondit :

> Il y en a d'autres, mais celle-ci est de loin la plus intéressante pour l'avenir de ma carrière. J'ai beaucoup travaillé pour la mériter et je ne vois pas comment je pourrais laisser passer une occasion pareille !

« Si Laura ne pouvait pas vous accompagner, est-ce que vous changeriez vos plans ? » La gorge serrée par l'émotion, Michael répondit :

> Non... Je ne pourrais pas les changer. Je n'ai pas le choix. Je dois accepter cette situation.

« Je ne comprends pas très bien, dis-je. Si vous décidez d'accepter cette situation, même si Laura ne peut ou ne veut pas vous suivre, il me semble que vous avez bel et bien fait un choix ; peut-être le regrettez-vous, peut-être auriez-vous préféré ne pas avoir à le faire, il s'agit néanmoins d'un choix. Et il est très important que cela soit bien clair pour vous deux. » Le jeune homme me regarda d'un air étonné et répondit pensivement :

> Je pense que vous avez raison. Je n'avais pas vu le problème sous cet angle. Je n'ai pas du tout le *sentiment* que c'est un choix. Si je ne saisis pas cette occasion, je ne connaîtrai jamais l'étendue de mes possibilités, je ne saurai pas si, ayant accepté, j'aurais réussi. Je ne peux pas refuser. Je n'en ai pas le droit. J'aime Laura éperdument et j'ai besoin d'elle, mais il faut que je parte.

« Et vous, Laura ? Quel effet cela vous fait d'entendre Michael dire qu'il doit partir, avec ou sans vous ? » Elle m'écouta la tête dans les mains, puis leva son visage baigné de larmes et dit d'une voix angoissée :

Je ne sais pas, non, je ne sais pas... Je comprends Michael et je sais qu'il doit accepter cette situation. J'essaye de me convaincre que je peux faire mon trou à Philadelphie comme je l'ai fait ici.

« Avez-vous demandé à Michael de se trouver ici une situation de compromis pour vous éviter ce changement ? »

Oui, bien sûr, nous en avons parlé, mais je ne pense pas moi-même que ce soit une bonne solution. S'il renonçait, il se sentirait floué, frustré. Nos relations en souffriraient.

« Et vous ? Qu'éprouveriez-vous si vous décidiez de renoncer à ce que vous avez ici en sachant qu'il ne ferait pas pour vous le même sacrifice ? »

C'est ce que je voudrais bien savoir ! Mais, voyez-vous, je m'en veux de ne pas pouvoir accepter de partir de bonne grâce. Je suis furieuse aussi à l'idée qu'en acceptant, je ferais quelque chose de bien féminin ! En réalité, je sais que le renoncement est plus facile pour moi que pour lui. C'est triste à dire, mais nous en sommes encore là, nous les femmes.
Ça ne changera donc jamais ? Est-ce que ce sera toujours la même chose — les hommes faisant leur sacré numéro et nous, les femmes, le nôtre ? Il dit qu'il m'aime et je sais que c'est vrai. Je n'ai jamais douté de sa sincérité. Mais si son amour compromet ses projets de carrière, alors il n'hésite pas. Et moi, me voilà prête à gâcher ma vie pour le suivre ! Est-ce que je l'aime plus qu'il ne m'aime ? Je ne le pense pas. Au fond, c'est tout simple : quand un homme met son amour dans un plateau de la balance et son travail dans l'autre, on peut prévoir à coup sûr de quel côté elle penchera. (*Profond soupir.*) J'ai parfois l'impression que nous sommes victimes d'un mauvais sort !

Il est certain que les choses ont déjà beaucoup changé. Les hommes n'ont jamais été aussi nombreux à s'engager à fond dans la vie familiale, de même que les femmes sont de plus en plus nombreuses à chercher de nouvelles manières de s'investir dans le monde du travail. Il est également certain que les hommes et les femmes réagissent différemment quand se posent des problèmes de répartition du temps, quand ils ont à prendre des décisions importantes ou quand ils doivent se définir eux-mêmes et se situer dans le monde extérieur. Les hommes, en général, continuent de vivre sur le mode rationnel, cognitif que le travail exige et c'est donc vers le travail qu'ils se tournent pour s'affirmer. Les femmes, elles, se sentent habituellement beaucoup plus à l'aise dans le monde affectif et empirique requis par les relations interpersonnelles et c'est dans ces relations qu'elles cherchent à s'accomplir. Pour les hommes, c'est encore et toujours le travail qui prime ; pour les femmes, c'est encore et toujours l'amour.

Mais la lutte ne se termine pas là. Sans aucun doute, la différence entre ce que nous *désirons* et ce que nous *faisons* n'est que trop souvent aveuglante. Mais le seul fait de désirer changer notre vie constitue un pas en avant, l'affirmation d'un nouveau plan de conscience annonciateur du changement. Le désir nous pousse à continuer de chercher de nouvelles manières de modifier les relations du couple et, chose aussi importante, de nouvelles manières d'élever nos enfants pour que, plus tard, les conflits que nous avons subis leur soient épargnés.

8.

ÉLEVER ENSEMBLE LES ENFANTS

> LA MÈRE : *Quand je soupèse les deux éventualités, j'aboutis à la même conclusion : si je travaille à temps complet, je me fais du souci pour Shana, notre petite fille ; si je travaille à mi-temps, je me fais du souci pour l'avenir de ma carrière. Mais je n'ai guère le choix : s'il le faut, je peux me trouver un autre travail, mais si je n'élève pas Shana maintenant, l'occasion ne se représentera jamais.*
>
> LE PÈRE : *Shana est une enfant merveilleuse ! Chaque fois que je la regarde, je ne peux pas m'empêcher de fondre ! Je n'ai jamais rien vécu de semblable. Évidemment, j'aimerais pouvoir passer plus de temps avec elle et la voir grandir. Judy a la chance de pouvoir le faire. Pas moi. Son travail offre plus de liberté que le mien.*

Les sentiments exprimés ci-dessus et les comportements qu'ils inspirent sont fréquents dans une société qui continue de soutenir l'idée que le maternage est le destin naturel de la femme. Aujourd'hui même, alors que l'on parle énormément de ces problèmes, le culte de la maternité grandit, renforcé par des théories psychologiques sur la primauté du lien mère-enfant et par une masse d'articles et de livres qui soulignent son importance sur le développement physique et affectif de l'enfant *. Les pères ont sans doute un rôle plus important au moment de la naissance mais, en ce qui concerne le maternage, c'est sur le lien mère-enfant que se concentre encore toute l'attention. Le père se tient toujours à l'écart du cercle magique.

Il semble intéressant de noter en passant qu'au moment même où les femmes ont proclamé leur émancipation — et où on a commencé à se demander : « Comment se fait-il que, jusqu'ici, seules les femmes ont materné ? Quelle est la conséquence de cette disposition sociale pour le reste de notre vie ? » —, les théories psychologiques sur l'importance du lien mère-enfant ont commencé à se répandre largement. Il est également intéressant de remarquer que ces théories sont répétées avec insistance, avec beaucoup d'autorité et en négligeant totalement tout ce qui prouve l'importance du lien père-enfant. Pourtant les preuves sont là et tout le monde peut les voir. Peut-être ne sont-elles pas très nombreuses, mais dans tous les cas où le père partage avec la mère la responsabilité du parentage, le lien père-enfant est aussi étroit, aussi évident que le lien mère-enfant prétendu unique.

J'ai moi-même observé certains de ces pères en train de donner le biberon à leur petit enfant, avec tous les signes d'un attachement réciproque : contact visuel, échanges de sourires, étreintes et caresses. J'ai vu des bambins ne faire aucune

---

* Parmi les ouvrages les plus importants, on peut citer : John Bowlby : *Attachment*, Basic Books, New York, 1969, *Separation*, Basic Books, New York, 1972 et *Loss Sadness and Despair*, Basic Books, New York, 1980 ; Selma Fraiberg : *Every Child's Birthright — In Defense of Mothering*, Basic Books, New York, 1977 ; John H. Kennell et Marshall H. Klaus : *Maternal-Infant Bonding*, C.V. Mosby Co., Saint Louis, 1976 ; René A. Spitz : *The First Year of Life*, International Universities Press, New York, 1965. Pour une appréciation critique récente de la recherche sur le lien, voir William Ray Arney : « Maternal-Infant Bonding — The Politics of Falling in Love with Your Child », *Feminist Studies*, vol. 6, 1980 ; Stella Chess et Alexander Thomas : « Infant Bonding — Mystique and Reality », *American Journal of Orthopsychiatry*, vol. 52, 1982.

différence entre leur père et leur mère au moment où ils cherchaient à être rassurés. Ils se tournaient tantôt vers l'un, tantôt vers l'autre, selon l'humeur du moment. Dans ces familles, j'ai pu observer des enfants plus grands ne faire aucune distinction entre la mère et le père, même dans leur façon de s'adresser à l'un ou à l'autre.

Et pourtant, ces évidences sont ignorées et on n'essaye même pas d'étudier les conséquences de ces nouveaux arrangements familiaux. Ces lacunes devraient nous inciter à nous demander si les nouveaux développements de la psychologie de la relation mère-enfant sont dus à la science ou à une idéologie ; ou si nous sommes en présence d'une théorie ou d'une politique ; ou encore, enfin, si elles ne sont pas une réaction inconsciente et craintive aux courants qui sont venus menacer l'équilibre traditionnel entre les hommes et les femmes, l'amour et le travail, la famille et la société.

Car c'est tout cela qui est en jeu quand on parle de restructurer la famille en donnant aux pères et aux mères un rôle égal. Comme je l'ai déjà dit, cet espoir n'aura aucune chance de se réaliser s'il ne se produit pas un profond changement dans l'organisation du monde du travail. Pour beaucoup, ce changement semble pour le moment impossible. Mais songeons aux millions de travailleurs sans emploi aux États-Unis. D'après les statistiques gouvernementales, près de 11 % de notre force de travail a été inactive pendant l'hiver 1983, pourcentage qui n'inclut pas les millions d'individus qui ne cherchaient pas de travail pendant la période considérée parce qu'ils savaient qu'il n'y en avait pas. Pourquoi n'augmenterait-on pas considérablement les offres d'emploi en remplaçant la semaine de quarante heures, actuellement en vigueur, par la semaine de vingt ou trente heures ? Impossible ? Utopique ? Catastrophique pour l'économie ? On a dit pire que cela quand la semaine de quarante heures, aujourd'hui sacro-sainte, a été proposée.

Sans aucun doute, l'idéologie qui entoure la maternité a de profondes répercussions sur notre comportement vis-à-vis d'elle. Ce ne sont pourtant ni l'idéologie ni la biologie qui sont, ensemble ou séparément, entièrement responsables de l'emprise exercée sur nous par le culte de la maternité. Le comportement et la pensée consciente s'adaptent certainement à l'idéologie. Mais si cette adaptation nous semble naturelle, c'est que nous avons tous été, hommes et femmes, élevés par une mère ; et que, en conséquence, nous développons des structures psychiques nettement différentes, c'est-à-dire des manières différentes de définir et de maintenir notre identité. Les hommes et les femmes qui se battent activement contre l'idéologie dominante sont donc eux-mêmes en lutte contre leur propre psychologie ; ils comptent les gains que leur rapporte leur nouveau mode de vie tout en restant conscients des conflits qui les opposent à leurs mondes interne et externe.

Tandis que j'écrivais ces phrases, je me suis souvenue d'une patiente, une jeune mère de deux enfants de moins de quatre ans. Elle travaille à mi-temps et son mari à trois quarts de temps afin de pouvoir partager les corvées ménagères et l'éducation des enfants. Un jour, dans mon bureau, cette patiente me parla des aspects positifs du parentage partagé :

> Nous nous complétons très bien. Dans la plupart des ménages que je peux observer autour de moi, l'un des parents a un rôle surtout affectif, tandis que l'autre assure l'essentiel de la formation intellectuelle des enfants. Cette coupure n'existe pas chez nous. Nous nous occupons à part égale des petits et nous sommes parfaitement interchangeables. Cela nous rapproche beaucoup, mon mari et moi. Je ne me contente pas de lui dire ce que font les enfants : nous sommes la main dans la main pour partager leur vie.

A peine venait-elle de s'exprimer ainsi qu'elle me révéla l'autre aspect. Et elle me parla avec tout autant de passion et de force de ses conflits relatifs à son travail et au fait qu'elle ne consacrait pas assez de temps à ses enfants ; elle me parla aussi de ses appréhensions : « Comment grandiront-ils ? Et, de mon côté, que perdrai-je ? » « Et votre mari, demandai-je, souffre-t-il du même conflit ? » « Non, répondit-elle. Son travail fait partie intégrante de lui-même et ne lui pose aucun problème. » « Et pour vous ? »

> C'est différent. Je sais que je ne serais pas vraiment heureuse si je ne travaillais pas ; mais le travail a pour moi beaucoup moins d'importance que pour lui. Je suis « mère » et ça, c'est autre chose ! Je me sens un peu gênée de devoir le dire, mais je comprends toute l'importance de ma maternité quand ma petite fille de quatre ans vient me dire qu'elle n'aura pas d'enfants quand elle sera grande. Je me sens vraiment rejetée et ça me bouleverse. D'un côté, je suis contente de voir qu'elle est capable de prendre une telle décision à son âge ; j'en aurais certainement été incapable. Et je me dis : « Tu vois, tu l'élèves bien, ça valait la peine de lutter. » Par ailleurs, je suis toute triste de savoir qu'elle ne veut pas être comme moi.

J'ai beaucoup réfléchi par la suite à ce que m'avait dit cette femme. Je me demandai comment il fallait comprendre ses propos et comment interpréter son conflit, partagé par tant de femmes. « Pourquoi, pensai-je, se sent-elle rejetée quand sa fille lui dit qu'elle n'aura pas d'enfants ? » Le fait que beaucoup de femmes ont du mal à se séparer de leur fille me semblait une explication incomplète. Je me demandai également ce qui se passerait si, au lieu de se dire : « Je ne serais pas vraiment heureuse si je ne travaillais pas », cette femme s'identifiait solidement à sa carrière. Et je me rappelai mes propres sentiments quand ma fille, à l'adolescence, n'était pas sûre de vouloir plus tard un enfant. Je me posai alors bien des questions : « Ai-je fait une erreur ? Dirait-elle la même chose si j'avais été pour elle une mère plus traditionnelle ? Est-ce pour elle une façon de dénoncer mon échec dans une des tâches les plus importantes de ma vie et bien que j'aie réussi ma carrière ? Aurais-je dû décider d'être avant tout une mère ? Est-ce que ça en valait vraiment la peine ? »

J'ai eu également un entretien sur ce point avec une collègue et amie, mère de deux enfants qui sont élevés à égalité par la mère et le père. Contrairement à ma patiente, son travail tient une grande place dans l'idée qu'elle se fait de sa propre définition. Un jour ou deux avant notre rencontre, elle avait surpris une conversation entre sa fille et son fils. Marta, dix ans : « Quand je serai grande, je n'aurai pas d'enfants du tout, parce que je veux être danseuse et que c'est très difficile d'être en même temps maman et danseuse. » Et Alexander, six ans : « Moi, quand je serai grand, je serai un papa et je resterai à la maison pour m'occuper de mes enfants. Je ne les enverrai jamais à la garderie. » La réaction de leur mère ?

> J'ai bien sûr eu un choc en apprenant l'opinion d'Alexander sur la garderie où il va tous les jours, mais j'ai été autrement secouée par la déclaration de Marta. Tout se passait comme si elle réfutait tout ce que je crois, tout ce pour quoi j'ai travaillé ; comme si elle repoussait ma vie et la nouvelle organisation familiale dans laquelle Dan et moi nous étions engagés à fond.

Je lui demandai : « La réaction d'Alexander ne vous inquiète pas ? » Et elle répondit en riant :

> Non, pas du tout. Je suis absolument certaine qu'il choisira une vie de travail et que celle-ci aura pour lui une importance énorme. Mais en ce qui concerne Marta... Quoi qu'elle fasse plus tard — sauf si elle adopte mon style de vie et mes valeurs —, j'aurai toujours peur de m'être trompée. De toute façon, aucune de nous deux ne pourra gagner.

Tout devenait clair : la femme qui cherche à intégrer une identité de travail à sa maternité a en elle deux moi qui entrent en conflit et qui placent la mère et la fille dans une situation difficile. Si la fille opte pour une vie plus traditionnelle que celle de sa mère, celle-ci en souffrira. Si elle en choisit une tout aussi à l'avant-garde que celle de sa mère, ou même plus, ce n'est pas plus satisfaisant. Les deux options, en effet, sont ressenties par la mère comme l'affirmation implicite de son échec ; elles lui semblent réfuter non seulement sa lutte pour le changement, mais son existence même.

Ma propre expérience témoigne dans le même sens. Lorsque ma fille décida d'entreprendre une carrière, je me sentis approuvée ; quand elle me dit qu'elle préférerait peut-être ne pas avoir d'enfants, désapprouvée. Quand elle changea d'avis au sujet de la maternité, je fus fière de ma réussite : j'avais donc une fille qui, comme moi, aurait un métier et des enfants.

Une semaine plus tard, j'eus un entretien avec le mari de mon amie à propos de la conversation entre les enfants. « Oui, me dit-il, je me souviens de cette conversation parce qu'elle m'a beaucoup étonné. » « Comment avez-vous réagi à ce qu'ils avaient dit ? » Il regarda le plafond pendant quelques secondes et dit pensivement :

> Pour Marta, je n'avais aucun problème. Je comprenais son point de vue : la maternité impose des contraintes. En ce qui concerne Alexander, ma première réaction fut de m'inquiéter de cette garderie qu'il fréquentait depuis trois ans. Je me suis demandé s'il pensait que nous voulions nous débarrasser de lui et s'il aurait préféré être davantage à la maison. Je lui ai donc posé des questions et il m'a parlé de ses copains avec lesquels il s'amusait bien. Cela m'a rassuré et m'a fait comprendre que c'était beaucoup plus compliqué que je ne l'avais pensé.

« Une fois rassuré, qu'avez-vous pensé ? »

> Je lui ai demandé s'il voulait vraiment être seulement un papa ou s'il voulait aussi travailler à l'extérieur, comme moi. Il m'a répondu : « Non. Je veux être un papa et rester à la maison. »

« Qu'avez-vous pensé alors ? »

> Eh bien, c'est très curieux. J'éprouvais un ensemble de sentiments complexes. D'une certaine façon, je ne suis pas *vraiment* inquiet pour son avenir : je suis sûr qu'il travaillera, tout simplement parce qu'il sera un homme. Mais par ailleurs...

« Quelle serait votre réaction si, en fait, il organisait sa vie pour rester à la maison et s'il faisait de sa paternité l'affaire la plus importante de son existence ? »

> (*Perplexe.*) Je ne sais pas... C'est difficile à imaginer, n'est-ce pas ?

« Pamela dit qu'elle aurait l'impression d'avoir raté sa vie si Marta devait ne pas avoir d'enfants. Et vous ? Auriez-vous la même impression si l'un de vos enfants, ou les deux, renonçait à fonder une famille ? »

Non. Je serais déçu si Alexander prenait cette décision et je souhaiterais certainement qu'il change d'avis. Mais ça ne serait pas la négation de ma vie. (*Il secoue la tête, étonné de ce qu'il va dire.*) Décidément, ces idées d'homme ont la vie dure ! J'avoue que j'aurais *certainement* le sentiment d'avoir raté ma vie s'il décidait de ne pas se consacrer à un travail ou à un autre, ou s'il était dans l'impossibilité de le faire.

Pour l'homme, le cœur de son identité réside dans sa capacité de maîtriser, de réaliser et de conquérir — qualités qui ont les plus grandes chances de pouvoir s'exprimer dans le monde du travail. Même s'il participe activement à la vie familiale, la paternité ne sera probablement pour lui qu'un appoint ; elle lui apportera des joies, des plaisirs et un dérivatif qui le soulageront des épreuves du monde du travail où il vit et où il doit quotidiennement faire ses preuves. Un père peut donc regretter que son fils décide de ne pas avoir d'enfants, mais ce n'est pas ressenti par lui comme la négation de sa propre vie et d'une partie fondamentale de son identité masculine. Mais que ce même fils renonce à s'engager dans le monde du travail, et le père éprouve une déception dont il ne se consolera pas.

Et les hommes qui veulent à tout prix avoir des enfants pour assurer leur immortalité, pour perpétuer leur lignée ? Ceux-là seraient sûrement déçus si leur fils, surtout, n'avait pas d'enfants ; mais leur chagrin ne viendrait pas tant de la décision de leur fils que de son refus d'assurer la descendance.

Ces différences de valeurs et d'orientation entraînent des complications particulières dans les familles où le parentage est partagé. Quand vient le moment de choisir entre les enfants et la carrière, l'immense majorité des hommes penchent encore du côté de leur situation et les femmes du côté des enfants. Ce même couple s'est exprimé à ce sujet. La femme :

> Notre petite fille avait un peu plus d'un an quand on m'a offert une belle situation qui m'aurait imposé un déplacement de quatre-vingts kilomètres, et une autre, beaucoup moins intéressante, mais qui était beaucoup plus près de chez moi. J'ai choisi la seconde, pour ne pas me séparer du bébé. Quelques années plus tard, quand notre fils avait à peu près un an, on a proposé à Dan un travail à plus de cent kilomètres de la maison et, bien sûr, il n'a pas hésité à l'accepter. Ce fut la pire année de notre mariage ! Je lui en ai voulu pendant très longtemps.

Le mari, qui l'avait écoutée tranquillement, s'agita sur sa chaise et dit d'un air gêné : « C'est vrai et je n'avais pas le choix : je *devais* accepter cette situation. »

Contrairement à tant d'autres, ce ménage a survécu à son conflit.

Certains hommes prennent une décision différente. Alors, d'autres problèmes se présentent. En essayant de trouver un nouvel équilibre entre leur carrière et la paternité, ils doivent le plus souvent sacrifier leur ambition à une vie familiale plus intime, plus chaleureuse.

> L'année dernière, j'ai refusé d'être muté au siège principal de la société avec une forte augmentation de salaire et la certitude d'un avancement rapide. Mais le siège est à cinquante kilomètres de chez moi et ce nouveau poste m'aurait imposé de fréquents déplacements. Pour toutes ces raisons, je n'aurais pas pu être un vrai père pour ma petite Lissa et en même temps bien faire mon travail. J'ai donc refusé et ma décision affectera toute ma carrière, mais pour rien au monde je ne me serais conduit autrement. Quand ma femme et moi avons décidé de partager à égalité l'éducation de nos enfants, nous avons envisagé toutes les éventualités. En m'engageant, je savais très bien ce que ça me coûterait.

En échange, ils profitent de tous les avantages que procure le partage de responsabilités qui, autrefois, n'appartenaient qu'aux femmes.

Le point le plus délicat de nos discussions fut de déterminer les limites de l'autorité de chacun vis-à-vis de Lissa. Il fut convenu que ma femme ne devait jamais intervenir quand j'avais adopté une position, même si elle était convaincue que « les mères sont plus compétentes » — et c'est bien ce qu'elle croyait la plupart du temps, du moins au début. Elle y croit moins maintenant, mais ça revient de temps en temps.

Les femmes qui renoncent ainsi à une partie du royaume féminin traditionnel ne sont pas sûres d'être récompensées par le monde extérieur à la famille, comme nous le montrent ces paroles d'une femme de trente-cinq ans :

Parce que mon mari consacre beaucoup de temps à sa famille, les gens font de lui un héros. Je n'ai pas envie de le faire tomber de son piédestal, mais de temps en temps ça me rend un peu furieuse. Peut-être qu'il ne deviendra jamais l'homme le plus célèbre du monde ni le président des États-Unis, mais il a quand même en compensation bien des satisfactions. Si vous passiez un moment dans le quartier, vous verriez la réaction du public quand on apprend qu'il est professeur ! Personne ne me regarde de la même façon quand on entend dire que, moi aussi, j'ai un métier.

Elle est assistante sociale et lui professeur dans une université très huppée. Un travail « féminin » et un travail « masculin », aussi distincts dans le domaine public qu'ils l'ont été dans le domaine privé, le second étant toujours estimé d'un statut supérieur, dans toutes les catégories du monde du travail. Entre une sténodactylo et un docker, une caissière de banque et un chauffeur de poids lourd, quel est le travail qui a le plus de prestige ? Quel est le mieux payé ? Ces différences sont, du moins en partie, responsables de l'hésitation de la femme entre le travail et la famille, entre son désir de voir son mari s'occuper davantage de la maison et de l'éducation des enfants et son peu d'empressement à céder une part de son autorité. La place défavorisée qu'elle occupe dans le monde du travail signifie qu'elle est mal récompensée d'avoir renoncé à l'autorité suprême qu'elle détenait autrefois dans les principaux secteurs de la vie familiale.

Il existe aussi des différences très nettes entre les hommes et les femmes dans leur façon respective d'aborder l'éducation des enfants ; ces différences, génératrices de conflits entre les parents, ont leur origine à l'époque de l'enfance où on apprend ce que signifie le fait d'être un garçon ou une fille, un homme ou une femme ; elles viennent aussi des épreuves qui leur sont imposées tandis qu'ils cherchent à établir les limites du moi.

Le problème n'est pas seulement de savoir qui fera ceci ou cela pour les enfants : qui les fera manger, les baignera, les conduira à l'école, etc. Les questions vraiment importantes sont les suivantes : Qui veillera à ce que les devoirs soient faits à temps ? Qui remarquera que Janet a besoin de nouvelles chaussures et que Billy doit se faire couper les cheveux ? Qui saura que le moment est venu de présenter le bébé au pédiatre pour une nouvelle piqûre et de conduire l'aîné chez le dentiste ? Qui vérifiera dans les livres que la croissance de l'enfant, sous tous ses aspects, correspond bien aux normes ? Qui entamera une discussion pour savoir s'il est temps de faire donner des leçons de natation à tel enfant, des leçons de musique à tel autre ? A qui suffira-t-il d'un coup d'œil pour savoir que l'enfant rentre à la maison avec un rhume ou une bonne grippe ou une crise d'asthme ? Quelques pères pourront répondre : « Moi ! » à certaines de ces questions ; la plupart des mères répondront la même chose pour toutes, et avec raison.

Il est évident que les pères peuvent apprendre à veiller à ces détails, comme pourrait en témoigner n'importe quel père célibataire. Le fait qu'ils s'abstiennent d'intervenir quand une femme se trouve dans les parages signifie deux choses. D'abord que la plupart des pères n'ont pas encore intériorisé les réalités du parentage, même s'ils sont bien décidés à les partager à égalité avec leur femme. Ensuite que cette égalité sera compromise tant que la mère figurera dans le tableau. Elle est incapable d'oublier certaines choses qui échapperont à son mari. Il peut dormir tranquille avec la certitude que le bien-être de ses enfants est en bonnes mains et que rien de ce qui est important ne sera négligé. La mère, elle, peut se dire dans un moment de colère : « Tant pis, ne bouge pas, ne fais rien et advienne que pourra ! » L'enjeu est la plupart du temps trop grave pour que beaucoup de femmes puissent prendre ce parti. Mais dans les rares occasions où elles le prennent, ça fait du bruit !

Le quotidien *Chronicle* et la chaîne locale de télévision de San Francisco ont exposé récemment l'histoire d'une mère qui s'était mise en grève : elle refusait de nettoyer la maison et de préparer les repas tant que son mari et ses enfants adolescents ne seraient pas d'accord pour l'aider. L'événement figura en bonne place dans le journal et fut diffusé par la télévision trois soirs de suite à une heure de grande écoute, si bien qu'il fut repris par plusieurs grandes chaînes nationales.

A peu près au même moment, ce journal publia en aussi bonne place un article où l'un de ses reporters racontait comment il avait vécu la victoire d'une équipe de football en finale du championnat national. « Je me sentais enfin un homme ! Je n'avais jamais rien vécu d'aussi important, même pas mon mariage et la naissance de mes enfants ! » A propos du déroulement de la partie, tant que la victoire n'était pas assurée, il écrit : « J'étais dominé par un seul et unique sentiment : la peur. Je me sentais affreusement en danger. Comme si je risquais une blessure mortelle, comme si un couteau menaçait de trancher mes artères les plus proches du cœur. » Et, finalement, après la victoire : « Mon meilleur copain était au volant tandis que, la tête à l'extérieur de la voiture, je hurlais ma joie... Je lui ai dit de mettre le cap sur Pontiac où nous allions fêter dignement l'événement... et au diable ma femme et les gosses, même si ça devait durer une semaine ! »

Cas extrême ? Peut-être. Bavardage ? Sans doute. Mais peut-on imaginer une mère de famille envisageant de telles choses et allant jusqu'à les publier dans un journal ? Les mœurs familiales évoluent, bien sûr, mais nos idées traditionnelles sur les mères et la maternité tiennent bon. Par exemple, même dans les rares occasions où une mère divorcée laisse de plein gré la garde des enfants au père, elle ne peut s'empêcher d'éprouver des remords. Et son entourage ne peut l'approuver totalement, même s'il peut comprendre intellectuellement son attitude. On se dit : « Comment a-t-elle pu faire une chose pareille ? »

La « culpabilité maternelle », sentiment connu de toutes les mères, n'a pas d'équivalent pour les pères. Cela ne veut pas dire que ceux-ci ne se sentent jamais coupables, mais plutôt que l'idée d'une « culpabilité paternelle » n'existe pas pour nous. Pour l'homme qui a décidé d'être un « bon père de famille », la culpabilité prend un tour très spécifique : il n'a pas pu assister à la pièce annuelle de l'école ; il a rabroué durement ses enfants hier soir parce qu'il était préoccupé ; il ne les a pas conduits au cinéma, malgré sa promesse. L'homme qui partage à égalité avec sa femme les responsabilités du parentage partage aussi la plupart de ses sentiments intimes. Lui aussi contrôlera son comportement, pensera à ce qu'il doit faire pour ses enfants et se sentira responsable quand les choses iront de travers. Mais même chez ces hommes-là, je n'ai jamais rencontré ce sentiment de culpabilité corrosif, obsédant, si commun aux femmes. Contrairement à elles, il n'est pas accablé par une idéologie contraignante. Il n'a pas intériorisé l'idée que l'avenir de son enfant ne dépend que de lui, que tout ce qu'il fait aujourd'hui peut avoir plus tard de lourdes conséquences : qu'une négligence peut être cause d'une maladie et que, pour éviter ces négligences, il faut être toujours présent et attentif.

Pour toutes ces raisons, la plupart des femmes n'acceptent pas de bon cœur de passer leurs journées loin de leur enfant et ce besoin de contact leur crée un problème. Mais c'est un problème qui ne dérange guère les hommes. Les femmes parlent souvent, et éloquemment, de ce qu'elles perdent quand elles ne peuvent pas materner convenablement leur enfant ; elles évoquent la profondeur et la primauté du rapport qui lie la mère et l'enfant, l'intensité de leurs interactions, la certitude d'être indispensable, la joie de partager le monde avec ce petit être aux yeux émerveillés, le plaisir de tout lui apprendre et d'apprendre avec lui, de le voir grandir et changer.

> Je me suis remise à travailler à plein temps beaucoup plus tôt que je ne l'aurais voulu, quand Ted a eu quatre mois. Ce fut un vrai calvaire. Je voulais travailler, mais je m'en voulais terriblement de renoncer au temps précieux que je pouvais passer avec lui. Maintenant, je travaille à mi-temps pour ne pas me priver du plaisir de le promener l'après-midi. Je veux voir et sentir les fleurs avec lui et le voir découvrir le monde.

Les femmes ne renoncent pas à la légère à cette position essentielle qu'elles peuvent occuper dans la vie d'un être humain. Plusieurs femmes qui vivent dans une famille où le parentage est partagé m'ont dit se trouver en compétition avec leur mari pour la première place dans l'affection de leurs enfants. L'un de ces couples, ayant deux enfants de trois et sept ans, offre un exemple typique. La femme :

> Je sais que c'est lamentable, mais je me sens encore la rivale de Mark en ce qui concerne les enfants. Je désire sincèrement qu'ils tiennent une grande place dans sa vie, mais... Eh bien, si je pouvais seulement être certaine d'être un peu plus importante que lui ! C'est affreux, n'est-ce pas ? Mais je ne peux pas m'en empêcher. J'ai l'impression que je ne serais pas une vraie mère si je n'occupais pas la première place dans leur affection.

Son mari entre en compétition avec elle, mais il ne cherche pas à obtenir la première place. Pour lui, comme pour la plupart des hommes, l'égalité serait déjà une très grande victoire.

> Lorsque nous commençons à rivaliser pour obtenir l'amour et l'attention des enfants, la situation devient terriblement tendue. Quand ils accordent à leur mère la première place, je souffre de me sentir délaissé. Elle a besoin de se savoir préférée et fait tout pour garder sa place privilégiée. De temps en temps, je me fâche et je lui fais une scène. Je ne cherche pourtant pas à

gagner la première place dans le cœur des enfants. Tout ce que je demande, c'est que la situation soit plus équilibrée.

Pour l'homme, qui se définit lui-même par rapport à ses relations avec le monde extérieur, c'est également là que se situe la véritable compétition. C'est dans son travail qu'il a besoin de se sentir supérieur ; dans le domaine des relations interpersonnelles, il est moins exigeant.

Pour la femme, c'est tout le contraire. Comme elle s'affirme avant tout dans le monde des relations interpersonnelles, c'est là qu'elle cherchera à s'imposer. Dans son travail, elle peut trouver de bonnes raisons de ne pas jouer le jeu de la compétition ; mais si quelqu'un, dans sa vie privée, tente de lui ravir sa suprématie, on voit alors une tigresse bien décidée à défendre son territoire.

On rencontre des familles où le père assure la plus grande part du maternage et s'attire la préférence des enfants, mais elles sont très rares. Dans ce cas, la femme culpabilise à outrance et se sent mal dans sa peau. Un couple, dont l'enfant unique venait d'avoir quatre ans, m'a parlé de ce problème.

Le mari :

> Je ne sais que dire de mes relations avec notre petite fille, Robbie. Nous nous sentons très près l'un de l'autre. Il n'y a aucun problème pour Alice. Je veux dire que ça ne lui déplaît pas vraiment, mais elle souffre beaucoup de voir Robbie se tourner automatiquement vers moi. Cette réaction s'explique : elle doit savoir que je la comprends mieux et que j'ai beaucoup plus de patience. Alice ne peut pas supporter ça et c'est le fond du problème. Elle se fâche et essaye de rivaliser avec moi et ça crée une tension insupportable entre elle et l'enfant et entre elle et moi.

La femme :

> Je n'arrête pas de me dire que je me conduis d'une façon stupide, mais c'est plus fort que moi. (*Elle me regarde droit dans*

les yeux.) Si vous avez des enfants, vous me comprendrez certainement. Comment une femme peut-elle se sentir bien dans sa peau si elle n'est pas certaine d'occuper la première place dans la vie de son enfant ? (*Luttant pour retenir ses larmes.*) Je connais par cœur tous les discours sur les hommes et les femmes, les mères et les pères, et je suis d'accord à peu près sur tout. C'est pourquoi Jeff et moi avons fondé notre union sur le partage de toutes les responsabilités. Mais ça ne change rien à ce que j'éprouve quand notre petite Robbie se jette dans ses bras à tout bout de champ. Je sais, bien sûr, que j'ai de la chance d'avoir un homme comme Jeff qui peut tant donner à un enfant. (*Petit rire nerveux.*) On le trouve merveilleux et on ne se gêne pas pour me le dire. Mais on ne me dit pas qu'on me trouve moins merveilleuse ! Je suis certaine que c'est ce que pensent les gens.

(*Haussement d'épaules impatient.*) Jeff me dit : « Qu'importe ce que pensent les gens ? » Évidemment, il peut dire ça, mais pour moi ça compte. Après tout, les femmes sont toutes supposées être des mères parfaites et si nous ne le sommes pas, c'est que nous ne faisons pas notre devoir ! Comment une femme peut-elle se sentir vraiment bien dans sa peau si elle ne remplit pas comme il faut son rôle de mère ? Essayez donc de me le dire !

Alors, c'est la bagarre avec Jeff ; et avec Robbie, par-dessus le marché ! J'ai parfois l'impression de jouer mon va-tout et c'est plus fort que moi, il faut que je me batte. Quand je gagne, je me sens merveilleusement bien. Quand je perds, je suis au trente-sixième dessous...

Quand on pense que la mystique de la maternité est si fermement enracinée dans notre conscience, il ne faut pas s'étonner que la plupart des femmes croient encore que le petit enfant ne peut être élevé que par sa mère. Une amie dont le mari, dit-elle, « materne » mieux qu'elle, après avoir lu ces lignes, a précisé :

Il me semble qu'il serait important d'ajouter quelque chose à ce sujet. Je veux parler du fardeau que les femmes désireuses de changer l'équilibre familial portent sur leurs épaules et du résidu psychique, si on veut, qu'elles ont en elles. J'approuve à cent pour cent le changement et, dans l'ensemble, je suis heureuse de savoir que les enfants obtiennent de mon mari ce qu'il leur faut quand je ne peux pas le leur donner. Je ne suis pas jalouse de leurs relations et même, la plupart du temps, j'en jouis par personne interposée. Quand je ne suis pas contente de moi, c'est uniquement parce que je n'accomplis pas convenablement la part qui me revient.

Évidemment, l'homme qui a l'impression d'avoir été un mauvais père souffrira, lui aussi. Mais il peut se réconforter en se disant qu'il se comporte de façon adéquate dans le monde extérieur ; la femme ne dispose pas de ce refuge. De même qu'il doit réussir professionnellement pour affirmer son identité, elle doit réussir dans le cadre familial. Quels que puissent être ses succès professionnels, son échec, en tant que mère, est ressenti comme la faillite de la partie la plus fondamentale de son identité.

Il est certain que le parentage est différent pour l'homme et pour la femme. Cette différence a été signalée et célébrée dans la littérature psychanalytique. La femme y est considérée comme établissant le contact avec le monde intérieur, l'homme avec le monde extérieur. Erich Fromm, l'un des néo-freudiens les plus éclairés, admet lui-même cette différence comme une chose allant de soi. La tâche de la mère, dit-il, est de procurer à l'enfant l'amour inconditionnel indispensable au sentiment de sécurité et à l'acceptation de soi. La tâche du père est d'assurer l'amour conditionnel qui pousse l'enfant vers l'autocritique et l'accomplissement de soi dans le monde extérieur.

Comme nous l'avons vu à maintes reprises dans ce drame du moi et de la société, les définitions externes coïncident étroitement avec les définitions internes. Les femmes insistent sur le fait que ce sont elles, et non leur mari, qui assument en grande partie la responsabilité de l'élément affectif du parentage, qui savent lire la température émotionnelle de la famille. « Dès que j'attire l'attention de mon mari sur un problème, m'a dit une jeune femme, il s'y intéresse tout autant que moi. Mais c'est presque toujours moi qui remarque la première qu'il y a problème. »

Pour le mari, c'est la *qualité* de l'attention requise qui pose problème, cette connexion psychologique qui suscite l'empathie et qui permet de connaître intuitivement les besoins de l'enfant ; et aussi le savoir-faire interpersonnel qui lui serait indispensable pour affronter les complications de ses relations avec l'enfant. Ce sont ces dimensions du parentage qui tendent à lui poser des problèmes et à éveiller l'angoisse de sa femme et, par conséquent, à le faire douter de lui-même et à se demander s'il remplit bien son rôle de père. Voici, à ce propos ce que m'a dit un père de deux enfants :

> Par moments, malgré tous mes efforts, je ne sais comment m'y prendre. Ma femme n'hésite jamais. Elle sait tout de suite ce que veulent les enfants. Pas moi. Je sais, je sais — il y a des choses que je fais aussi bien et même mieux qu'elle. Mais quand tout va mal, j'ai l'impression d'être un gros balourd qui, de toute façon, se trompera. Alors, elle quitte son travail, entre décontractée dans la pièce, jette un coup d'œil, flaire ce qui se passe et, en un clin d'œil, tout est réglé.

« N'avez-vous pas observé la même chose dans une famille conventionnelle, quand le père survient, prend les choses en main et met fin au désordre comme par magie ? »

> Bien sûr. Je me dis même parfois que celui qui n'est pas là a le plus de chance de faire mouche. Mais ça n'a rien de magique, croyez-moi. Je sais aussi que je suis un très bon père et que la plupart du temps je peux répondre aux besoins affectifs des enfants. Mais j'avoue que si je le fais pour soixante pour cent du temps, ma femme, elle, le fait pour quatre-vingt-quinze pour cent. Jamais je ne pourrai égaler son art d'être toujours là au bon moment.

Tout cela est vrai, mais il y a une autre réalité. En effet, l'attitude de la mère n'est pas entièrement positive, ni celle du père totalement négative. Il est certain que ce dernier est souvent trop éloigné, trop coupé de l'élément affectif de l'interaction pour pouvoir servir au mieux l'intérêt de l'enfant. Mais il est tout aussi certain que la mère peut s'investir excessivement dans son rôle de mère, ne laissant à l'enfant qu'un minimum de vie privée et compromettant ainsi la formation de son moi autonome.

En outre, il est indubitable que les femmes, en raison de leurs expériences précoces de croissance, sont plus douées que les hommes pour l'empathie. La plus grande perméabilité des limites de son moi fait que la femme est beaucoup plus apte à se mettre en relation avec autrui. Sa vie psychique plus complexe lui permet d'équilibrer plus facilement les exigences relationnelles. Quand les besoins affectifs de ses enfants, de son mari, de ses amis, de ses parents se présentent à elle tous ensemble, la femme sera moins portée que l'homme à lever les bras au ciel en signe de désespoir. Son mari la regarde avec admiration quand elle s'occupe de tous à tour de rôle. Et elle ne peut pas croire qu'il soit incapable de faire de même. Elle pense parfois qu'il agit par méchanceté, ou qu'il met de la mauvaise volonté à participer à la vie affective de la famille. Quoi qu'elle pense, la situation la rend plus sûre que jamais de sa sensibilité spéciale pour le parentage, certitude qui lui rend encore plus difficile la lutte qu'elle se livre à elle-même pour lâcher un peu les rênes.

De leur côté, les hommes ont leurs propres problèmes, leurs propres conflits intérieurs. La femme gagne en prestige quand elle accomplit bien son métier de mère ; mais que gagne l'homme qui consacre une part égale de temps et d'énergie à ses activités de père ? Dans le cercle étroit de sa vie où ces activités sont appréciées, il peut être considéré comme un héros. Mais pour le reste du monde — y compris souvent ses parents, ses frères et sœurs et d'autres membres de sa famille — il paraît un peu bizarre, ou pis, paresseux et efféminé. De plus, contrairement à sa femme qui, pendant son enfance, a rêvé d'être une « maman » et a joué à la poupée, il n'a guère pensé, à la même époque, qu'il pourrait être « papa ». Un père de trente-cinq ans, qui prend à cœur l'éducation de ses deux petits enfants, s'en explique ainsi :

Quand on est gamin, on ne pense pas qu'on sera sans doute père un jour. On sait qu'il existe là-bas, très loin, quelque chose qu'on appelle (*Il trace dans le vide des lettres énormes.*) PÈRE, mais c'est une notion abstraite qui existe en lettres capitales dans votre tête de gosse. C'est un peu comme quelque chose que tout le monde fait à l'âge adulte. On sait vaguement qu'on le fera un jour, mais ce n'est pas une préoccupation vraiment personnelle.

Ajoutons à cela les expériences de développement que nous avons examinées à fond (la façon dont, pour le garçon, le développement du moi et de l'identité de sexe exigeait le reniement de son identification avec sa mère, le resserrement consécutif de sa vie psychique, les limites du moi rigides et inflexibles qui en résultent), ajoutons donc ces expériences du début de la vie et nous comprendrons aisément pourquoi l'engagement du mari dans le parentage sera plus équivoque que celui de sa femme et pourquoi, aussi, il aura moins de ressources intérieures que sa femme pour le faire « naturellement ».

Nous voilà revenus, semble-t-il, au point de départ : au thème du complexe séparation-unité. La femme a des problèmes de séparation ; l'homme, des problèmes d'unité ; problèmes qui se manifestent dans les relations avec les enfants comme dans les relations du couple : elle cherche à se rapprocher et lui à se séparer ; elle a tendance à se sentir exclue et lui à se sentir victime d'une intrusion. C'est l'une des raisons pour lesquelles elle se tourne avec tant d'ardeur vers ses enfants, surtout quand ils sont très jeunes. Avec eux, il n'y a pas de mur, pas de barrière, et même, dans les premiers mois de la vie de l'enfant, aucune frontière. Avec eux, le rêve de la symbiose, de l'unité peut être réalisé. Paradoxalement, l'accomplissement de ce rêve peut être à la fois séduisant et opprimant ; il peut faire de la maternité une expérience en même temps exaltante et pénible.

Ce sont là des problèmes bien difficiles à résoudre. Jusqu'à aujourd'hui, le monde où les filles et les garçons ont grandi ne les a guère aidés à affronter les épreuves de la séparation et de l'unité ; de là vient un déséquilibre entre les sexes qui a d'énormes conséquences sur leurs vies respectives et sur la vie du couple. Mais cette situation n'est pas inéluctable. L'abolition de ces différences entre les sexes ne nécessiterait pas un monde idéal ; il suffirait d'un monde où les enfants, dès leur naissance, seraient élevés à égalité par le père et par la mère. Dès la petite enfance, les garçons et les filles auraient deux objets d'attachement, deux images auxquelles ils pourraient s'identifier.

Pour les garçons, la relation à une identité mâle serait plus directe, positivement définie par l'identification avec un personnage masculin et non pas négativement par la renonciation au personnage féminin, comme c'est actuellement le cas. Dans ces conditions, je pense que nous verrions disparaître l'obsession de la virilité, si commune chez les hommes. Et comme les garçons n'auraient pas à renoncer au *seul* être aimé du début de leur vie, ils n'auraient pas à dresser de rigides barrières défensives contre la vulnérabilité et la dépendance qui caractérisent les hommes élevés uniquement par une femme.

Pour les filles, l'attachement initial et l'identification aux deux parents rendraient la séparation moins lourde de conflits et de confusion pendant l'enfance ; le développement d'une identité bien limitée et autonome serait moins problématique à l'âge adulte. Pour les hommes comme pour les femmes, les limites seraient fermes là où il serait nécessaire de maintenir la séparation et perméables là où l'unité serait désirable. Pour les uns et les autres, l'identité sexuelle serait moins rigidement définie et vécue, et de façon moins stéréotypée ; les distinctions artificielles actuellement en cours entre le masculin et le féminin seraient éliminées par des expériences précoces permettant l'intégration en chacun de nous de ce qu'il y a de meilleur dans l'un et l'autre sexe.

9.

VERS LE CHANGEMENT

Et cet esprit incertain brûle du désir
De poursuivre le savoir comme une étoile
*   basculant derrière l'horizon,*
Au-delà des limites les plus reculées de la pensée
*   humaine.*

ALFRED, LORD TENNYSON

La fin d'un livre est comme le rideau qui tombe après la dernière scène d'une pièce. Mais, ici, la pièce continue bien après le dernier rappel. Car il s'agit de la vie et la vie est un processus sans fin. La lutte se poursuit avec une ténacité qui témoigne du besoin de changement et de la souplesse de l'esprit humain qui sous-tend cette lutte acharnée.

Intimité, esprit d'équipe, partage, communication, égalité : ces qualités que le couple cherche à introduire dans ses relations nous échappent la plupart du temps ; non parce que nos intentions sont vagues, mais parce que la structure traditionnelle du parentage s'allie aux épreuves qui accompagnent le développement de l'enfant et aux impératifs culturels relatifs à la masculinité et à la féminité pour créer des différences dans les structures psychologiques respectives des hommes et des femmes. Alors, inévitablement, la nature profonde de l'identité diffère selon le sexe, et notre manière de vivre nos relations (que ce soit avec l'amant, les enfants ou les amis) est assez dissemblable pour provoquer des mésententes et des incompréhensions.

Que faire, alors, de nos relations ? Pouvons-nous espérer voir aboutir les changements que nous désirons ? Il n'est pas facile de répondre à ces questions. Car s'il y a de bonnes raisons d'espérer, il y en a d'autres qui nous incitent à la prudence. Espoir, parce que la compréhension s'accompagne toujours de la possibilité de changement ; prudence, parce que l'origine de ce que nous voulons changer en nous-mêmes et dans nos relations est profondément enracinée dans nos structures sociales et psychologiques.

Si ce livre n'a enseigné qu'une seule leçon, j'espère que c'est celle-ci : la vie sociale et la vie individuelle sont continuellement en relation réciproque. La recherche du changement personnel, si elle ne s'accompagne pas d'efforts pour changer les institutions où nous vivons, n'aura que des résultats positifs très limités. Les changements recherchés ne seront totalement acquis qu'à partir du moment où nous comprendrons où se situent les racines de nos problèmes. C'est ce que montrent de toute évidence les témoignages inclus dans ce livre : les individus font un jour un pas vers le changement et reculent le lendemain.

Certaines choses, qui ne touchent pas la structure de la personnalité, sont plus faciles à traiter dans le cadre familial. La réorganisation des corvées ménagères et autres contingences domestiques, par exemple, ne demande aux époux que de la bonne volonté. Je reconnais toutefois que ce n'est pas une mince affaire ; mais elle est facile si on la compare à d'autres problèmes de la vie du couple, autrement plus profonds et échappant au contrôle conscient : comment satisfaire les besoins de dépendance, par exemple, ou comment concilier les besoins d'intimité et de distanciation. Car ils sont déterminés non seulement par les impératifs d'une culture, mais aussi par la structure des relations familiales — par le fait que c'est une femme qui a été l'objet de notre premier attachement, de notre première identification et par les problèmes de développement que nous avons dû affronter quand il a fallu se séparer de cette femme pour établir les limites du moi et l'identité de sexe.

Mais il pourrait en être tout autrement. La structure familiale n'est pas donnée par la nature, mais fabriquée par l'homme. Nous pouvons défaire ce que nous avons fait. L'idée d'un couple partageant à égalité le parentage n'est pas un rêve creux ni impossible. Comme l'indique tout ce que j'ai écrit ici, c'est ce qu'il y a de plus important à faire si nous voulons atteindre l'intimité si ardemment désirée dans nos relations.

Je sais que certaines personnes seront gênées de m'entendre parler de l'origine psychologique de notre malaise. Pour des raisons que je ne saisis pas bien, certains mettent les explications psychologiques sur le même plan que les explications biologiques et veulent qu'elles conduisent au pessimisme et au désespoir. Mais la réalité contredit cette appréhension. C'est ce que Freud nous a appris il y a bien longtemps : ce n'est qu'à partir du moment où nous avons pu atteindre les forces inconscientes qui guident si souvent notre vie, où nous avons pu les amener au niveau de la conscience et, par conséquent, les contrôler, c'est à partir de ce moment que nous pouvons orienter nos efforts vers le genre de changement indispensable pour soulager nos souffrances personnelles et collectives.

Telles étaient les prémices fondamentales des premiers temps du mouvement féministe et le but essentiel de l'éveil de la conscience. Des millions de personnes, par cet éveil, ont fait le premier pas, le plus important. Pourquoi, maintenant, la peur et l'angoisse nous feraient-elles reculer quand on nous demande de faire le pas suivant, c'est-à-dire de regarder en face les conflits dont nous souffrons encore et d'identifier leur source ?

Pour moi, il n'est pas douteux qu'ici, comme dans n'importe quel domaine de la vie, savoir c'est pouvoir. Faute de savoir, nous vivons dans l'illusion et, à la limite, dans le désespoir. Mon objectif principal est de porter remède à ce sentiment de futilité qui s'attache au changement de nos relations. Car le défaitisme survient non parce que ce que nous savons nous déprime, mais parce que nous avons été mal renseignés, parce que nous vivons depuis trop longtemps avec l'espoir fallacieux que les changements souhaités seraient plus faciles à obtenir qu'ils ne le sont en réalité. Alors, quand la réalité s'impose à nous, nous nous mettons en colère — contre nous-mêmes, en accusant notre insuffisance, et contre l'autre, en lui reprochant de ne pas savoir soulager la souffrance ni atteindre la perfection promise.

Mais, demandera-t-on, où tout cela mènera-t-il ceux d'entre nous qui ont été élevés par une femme ? Et ceux, encore à venir, dont le début dans la vie ne sera guère différent de ce qu'a été le nôtre ? Il est évident que ce nouveau savoir transformera en un clin d'œil le monde que nous connaissons. Sommes-nous donc condamnés à répéter sans cesse le même scénario, à rester intimes au sein du couple et en même temps étrangers l'un à l'autre ?

Les réponses à ces questions importantes ne sont malheureusement pas simples. Car il est vrai que mon analyse, ici exposée, aboutit à la conclusion que, étant donné les structures actuelles des personnalités masculine et féminine, il y a des deux côtés des limites aux changements possibles. Nous avons encore un long chemin à parcourir avant d'atteindre ces limites. En attendant, il y a beaucoup à faire pour détendre nos relations, comme en témoignent avec joie les personnes dont j'ai parlé et qui s'étaient engagées dans cette voie. Tandis que certaines des différences fondamentales entre hommes et femmes ne peuvent pas encore être effacées, le comportement déterminé habituellement par ces différences peut, lui, être modifié dès qu'on commence à comprendre leur origine. Et bien que certains de nos conflits internes puissent persister, en remodelant notre façon de vivre au sein de la famille — vis-à-vis du conjoint et des enfants —, nous préparons l'extension des limites du possible pour les générations à venir.

Il serait certainement plus réconfortant de terminer ce livre par une série de prescriptions faciles à suivre sur ce qu'il faut faire et ne pas faire. Mais les réconforts de ce genre ne manquent pas et, à notre grand regret, nous devons constater qu'ils n'apportent qu'un soulagement passager. Tout serait également plus facile si on pouvait dresser un tableau unique, exprimer une « vérité » unique à propos de notre façon actuelle de vivre et de ce que l'on peut espérer pour demain. En réalité, tout ce qu'on peut s'attendre à trouver pour le moment, c'est, au mieux, un mélange complexe de changement et de stabilité. Les gens évoluent et vivent une époque de transition. Dans cette évolution, des contraintes sociales barrent la route au changement ; et si on passe cet obstacle, il y en a d'autres, psychologiques, qui doivent être affrontés et maîtrisés. Des hommes et des femmes essayent de franchir ces obstacles, avec leur part de succès et d'échecs.

Je me suis souvenue de ce réseau de complexité l'autre jour en feuilletant le numéro du dixième anniversaire d'un grand magazine féminin : « Dix ans déjà... Le taux de mortalité des magazines est impressionnant, et pourtant, nous sommes toujours là... Il s'est passé bien des choses pendant ces dix ans... Les changements dureront-ils ?... Il est difficile d'imaginer un retour en arrière... Les femmes, mais aussi les hommes, veulent vivre différemment. »

Puis mon attention a été attirée par des lettres où des femmes racontaient leurs dix dernières années. Une mormone parle de sa lutte contre l'Église et conclut : « J'ai fait un bon bout de chemin, les amies ! Et je suis contente ! » Une autre femme raconte comment elle s'est mise à travailler à plein temps tandis que son mari devenait un « homme d'intérieur ». Une autre appelle son mari « un macho déguisé en agneau » — libéré en paroles et non dans ses actes. Une autre parle de son divorce, de son prix et du courage qu'il lui a fallu pour s'en sortir. Une autre dit de son mari : « Il râlait tout le temps parce que je lui demandais de m'aider ; maintenant, dix ans plus tard, il participe à fond et ne parle plus que de *sa* maison, de *ses* enfants. » Une autre, encore, se plaint : « Tout le monde parle du changement, mais rien ne bouge ! » Tous ces divorces et tant de souffrances. Tous ces mariages et toutes ces luttes. Des pages et des pages de lettres qui témoignent soit du grand nombre des changements, soit du statu quo... et peut-être résumées par celle-ci :

> Je ne pense pas que vous aimeriez une lettre qui vous dirait : « Il y a dix ans, mon fils est né... Je me suis occupée de lui toute seule. Maintenant, j'ai en plus une petite fille de trois ans et... je m'occupe d'elle toute seule. »
> Vous n'aimeriez pas lire : « Il y a dix ans, je me savais opprimée, mais je pensais m'en tirer par mes propres moyens. Maintenant, je sais qu'il ne faut pas rêver ! »
> Non, au lieu de ces tristes réalités, qui sont les miennes, vous préféreriez entendre parler de victoires... La semaine dernière, mon mari a remarqué que le cordon de l'un des chaussons de danse de ma fille était cassé. Il est allé chercher la trousse à couture et, au ravissement de ma fille (et au mien !), il l'a recousu ! L'autre jour, j'ai félicité mon mari pour un marché difficile qu'il avait réussi à conclure. Il m'a prise dans ses bras et m'a dit que je devais, moi aussi, être félicitée, parce que, sans moi, l'affaire n'aurait pas abouti. Combien c'est vrai ! Mais c'était la première fois, d'après mes souvenirs, qu'il le reconnaissait. Qu'en dites-vous ? N'est-ce pas formidable ?

Après avoir lu ces lignes, j'essayai de les rapprocher de ma propre expérience. Je me souvins du soir où, il y a plusieurs années, de vieux amis vinrent dîner chez nous. Ce soir-là, il se passa quelque chose de nouveau. Les femmes restèrent assises d'un bout à l'autre du repas ; les hommes firent le service. Il n'y eut aucun commentaire de la part des femmes, comme si tout était naturel. Mais toutes, nous savions...

Le changement est en marche.

Je rends visite à une amie. Nous bavardons dans la salle de séjour. Son mari travaille dans son bureau. Leur bébé de deux ans (j'ai failli écrire « le bébé de mon amie ») se réveille de sa sieste et se met à pleurer. Je regarde la maman, m'attendant à ce qu'elle aille voir l'enfant, mais elle reste tranquillement assise. Je lui dis : « Le bébé pleure... » « Je sais, répond-elle. Fred va s'occuper de lui. » « Mais... ne travaille-t-il pas ? » « Bien sûr... mais c'est son jour de garde. Moi aussi je dois interrompre mon travail quand c'est le mien. »

Une autre amie me téléphone. Elle a des ennuis de famille. Pouvons-nous déjeuner ensemble ? J'ai bien d'autres choses à faire, mais j'y vais. Chemin faisant, je commence à regretter le temps perdu... J'aurais dû reporter notre rendez-vous dans la soirée... Vraiment, je suis loin de faire passer mon travail avant tout, comme le ferait un homme ! Je retrouve mon amie ; nous bavardons ; je me rends compte que ce que je lui dis l'aidera à sortir de la crise qu'elle traverse. Je me sens bien — je suis heureuse d'avoir décidé de venir tout de suite. Je comprends que mon véritable engagement a une double finalité : mon travail et autrui. Je sais que je m'efforcerai toujours de concilier les deux.

Je passe un moment avec un garçonnet de dix ans qui a été élevé par ses deux parents dès sa naissance. Il s'exprime mieux, il est plus ouvert, plus en contact avec son affectivité que les garçons du même âge que je connais. Je pense : « Oui, cet éveil est certainement possible quand le père partage à égalité avec la mère la responsabilité de l'enfant. » Évidemment, on ne peut pas en être absolument sûr. Les enfants élevés de cette manière sont peu nombreux ; les recherches, à leur sujet, sont encore plus rares. Mais les quelques enfants que je connais, et qui sont dans ce cas (filles et garçons), manifestent à l'évidence une structure de personnalité différente. Plus tard, parlant avec le père de mon petit ami, je lui fais part de mes observations, persuadée que cela lui fera plaisir et qu'il sera fier de son rejeton. Il l'est. Mais il me regarde avec un rien d'inquiétude et me demande : « Mais comment se débrouillera-t-il plus tard dans la vie s'il n'est pas assez dur ? » Question d'un homme de la nouvelle ère, qui possède encore la mentalité de l'ancienne !

Une amie, âgée d'environ cinquante ans, qui, il y a quelques années, s'est retrouvée divorcée d'une façon tout à fait inattendue et sans aucune formation pour un travail quelconque, me parle de son inquiétude : sa fille de vingt-six ans est toujours célibataire. « Je pense qu'elle a sans doute eu tort de se faire avocate. Elle commence une brillante carrière et n'a pas besoin d'un mari. » Je secoue la tête, stupéfaite. Elle me regarde et dit : « Je sais, je sais ! Je suis stupide de dire ça après ce que j'ai vécu ? Ce n'est peut-être pas, d'ailleurs, ce que je pense vraiment. Mais pourquoi les femmes sont-elles obligées de faire de tels choix ? »

Un homme vient me consulter. La femme avec laquelle il vit lui reproche de ne pas être en contact avec ses propres sentiments. Elle ne peut pas continuer de vivre ainsi. C'est un homme agréable, souriant, charmant, prêt à rendre service. Il travaille beaucoup, est responsable et certainement plein de sollicitude : il pourvoit en grande partie aux besoins matériels de la femme dont il me parle et de son enfant. A une autre époque, qu'aurait-il cherché de plus ? Je lui demande : « Pourquoi consultez-vous *une* thérapeute ? » « J'ai essayé un homme, mais il m'a donné l'impression de ne pas s'y connaître plus que moi. » « Croyez-vous avoir vraiment besoin de ce " y " ? » « Non, je ne pense pas avoir vraiment besoin d'une thérapie, mais je suis persuadé que je peux apprendre à me mettre en contact avec mes sentiments et à les exprimer. C'est pour cela que je viens vous voir. »

Le changement est en marche...

Une femme de ma connaissance me raconte que, jeune fille, elle était résolue à ne jamais épouser un homme comme son père, c'est-à-dire un homme traditionnel, très autoritaire. A vingt-neuf ans, elle a épousé un homme doux, très gentil, qui s'inclinait de bonne grâce devant son assurance et sa fermeté. A trente-neuf ans, elle essaye de sauver son mariage et de trouver le moyen de respecter son mari. « Dans la partie la plus raisonnable de moi-même, dit-elle, je sais qu'il est exactement l'homme dont j'ai besoin et que je veux. D'un autre côté, influencée par le monde où nous vivons, je rêve d'une sorte de superman qui me donnerait le vertige ! »

Un homme me parle des difficultés qu'il a éprouvées à accepter que sa femme travaille. « Au début de notre mariage, ça n'aurait pas été possible. Je l'en aurais empêchée par tous les moyens. Mais maintenant, j'essaye de la comprendre. Je me raisonne. Je me dis que rien ne lui interdit de travailler si elle en a envie. Les enfants ont grandi, ils n'ont plus besoin d'elle à chaque instant. Pour moi, ce n'est pas facile. Je n'ai pas été élevé dans cet esprit. Mais le monde a changé... »

Un jeune homme que je connais bien avait décidé de se lancer dans la politique après avoir terminé ses études. Pendant ces dernières années, il a réalisé son rêve et semblait promis à une très belle carrière. Le mois dernier, à son grand regret, il a décidé de changer de cap. « La politique et la vie de famille sont incompatibles, m'a-t-il dit. Je veux être un vrai père. Je ne veux pas que ma femme élève seule nos enfants. »

Je donne une conférence sur les thèmes que j'ai abordés ici et je conclus sur l'importance d'accorder au père plus de place dans l'éducation des enfants et cela dès la naissance. Dès que j'ai terminé, une femme prend la parole : « Vous ne tenez pas assez compte des besoins de l'enfant ! Pour qu'ils puissent devenir des adultes sains et normaux, les bébés ont essentiellement besoin de leur mère. » Avant que je puisse lui répondre, cinquante mains se lèvent. « Je ne suis pas du tout d'accord avec vous, dit un homme à cette femme. Je suis aussi capable que vous de m'occuper d'un petit enfant ! » Puis une femme se lève pour donner les résultats d'une enquête de l'université Harvard prouvant qu'une bonne crèche, une bonne garderie ne peuvent que favoriser le développement des enfants en bas âge. Ces deux interventions sont vivement applaudies.

Le changement est en marche... Des hommes et des femmes tentent de sortir de l'ornière de la tradition. Ils modifient effectivement leur façon de vivre et ils s'en félicitent. Le lendemain, ils se réveillent déprimés en se demandant pourquoi leur monde extérieur et leur monde intérieur ne concordent pas. Ils parlent avec conviction du changement, mais leurs actes démentent leurs paroles. Tel homme, qui affirme aider sa femme à se faire une place hors de la maison, se plaint, en plaisantant, bien sûr, mais publiquement, de ce que « la vie, à la maison, n'est plus comme au bon vieux temps » ! Et sa femme, se sentant coupable, rentre sous terre. D'autres agissent dans le sens du changement tandis que leur langage contredit leur comportement. « A mon avis, la femme doit rester à la maison avec les gosses », grogne un homme qui travaille de nuit ; et il interrompt notre conversation pour aller s'occuper de son enfant parce que sa femme est à la boutique où elle travaille trois matinées par semaine.

Mais même dans les cas où le discours sur le changement dépasse de loin la réalité, les paroles ne doivent pas être prises à la légère. Elles témoignent d'une nouvelle façon de comprendre le monde et d'une nouvelle manière d'être, même si le changement reste à l'état de rêve. Ce discours exprime une nouvelle idéologie et cette idéologie est l'une des conditions essentielles du changement.

L'idéologie et la réalité interagissent de façon imprévisible. Tandis que les nouvelles conditions économiques se font sentir et que les femmes sont de plus en plus nombreuses à rejoindre le monde du travail, une prise de conscience se développe, qui est en contradiction avec l'ancienne idéologie concernant le partage traditionnel des rôles dans le cadre familial. Là où la nécessité économique est l'agent moteur du changement (nécessité qui s'est d'abord manifestée dans le monde ouvrier et qui gagne de plus en plus les familles appartenant aux classes moyennes), il est probable que le changement se produira dans les consciences avec un temps de retard sur celui des comportements. Là où la nouvelle idéologie donne une impulsion au changement, comme c'est le plus souvent le cas pour les classes moyennes et les professions libérales, les changements de comportements seront à la traîne du changement de mentalité.

C'est ainsi que certaines personnes parlent du changement sans le vivre, alors que d'autres vivent autrement sans le reconnaître. Pour ceux dont l'idéologie et le comportement coïncident le plus étroitement, comme c'est le cas pour les familles qui font de sérieux efforts pour mettre en place les nouveaux rôles et les nouvelles règles, il existe une troisième voie. Tout en vivant consciemment d'une manière non traditionnelle, ils sont souvent déconcertés par les conflits internes découlant de leur nouveau comportement.

C'est dans ces familles que se dessine le plus clairement le pouvoir de la psychologie que je viens d'étudier à fond ; une psychologie née de la structure de nos relations sociales, il est vrai, mais qui, finalement, surgit avec une vie et une force propres. C'est également dans ces familles que nous voyons les énormes possibilités d'un bouleversement. En effet, dans leur détermination de maîtriser non seulement les contraintes du monde social, mais également leurs conflits intérieurs, les adultes élaborent de nouvelles façons de vivre dans le monde extérieur et entre eux, qui leur apportent de nouvelles satisfactions dans leur vie intime. Et, pour autant que l'on puisse en juger d'après les premières observations, les enfants appartenant à ces familles jouissent de structures psychiques plus équilibrées qui leur permettront à l'âge adulte de vivre au sein du couple avec beaucoup plus d'aisance que nous ne l'avons fait pour la plupart.

Le changement est en marche... Nous sommes dans une ère de transition. Que cela nous plaise ou non, bien des difficultés guettent tous ceux qui sont en lutte avec eux-mêmes, avec les êtres qui leur sont chers et avec le monde extérieur pour introduire dans leurs relations un meilleur équilibre entre ces choses qui nous sont récemment devenues si précieuses : *intimité, esprit d'équipe, partage, communication, égalité.* Car les anciens modes de vie ont la vie dure, d'autant plus que la structure familiale reste la même pour l'essentiel et que la mère, la plupart du temps, est encore et toujours le personnage dominant de la petite enfance.

REMERCIEMENTS

Ma gratitude s'adresse avant tout aux femmes et aux hommes qui m'ont permis de pénétrer dans leur vie et m'ont confié leurs espoirs, leurs rêves, leurs joies et leurs déceptions les plus intimes. Sans eux, ce livre n'aurait jamais été possible. J'ai fait de mon mieux pour respecter la vérité et l'esprit de leur histoire.

Toute ma gratitude, aussi, à Karen Axelsson, Ani Chamichian, Peter Finkelstein, Susan Griffin et tant d'autres qui vivent dans mon entourage urbain et qui ont passé des heures à lire ces pages et à en discuter avec moi. De toute leur intelligence, de tout leur cœur, ils m'ont aidée à améliorer ce livre.

Edward Burlingame, directeur de publication chez mon éditeur, Harper & Row, m'a aidée pour sa part à franchir un cap difficile ; et Sallie Coolidge, avec son dynamisme et sa compréhension, a grandement facilité la mise au point définitive de l'ouvrage.

Mon agent littéraire, Rhoda Weyr, comme d'habitude, m'a soutenue de son amitié et de ses conseils judicieux. Je suis sûre qu'elle retrouvera dans ces pages les traces de son influence.

Susan Romer Kaplan, dès le début de mes recherches, s'est chargée avec compétence de certaines interviews. Et je remercie tout spécialement Elaine Draper, mon assistante de recherche depuis cinq ans, d'avoir mené à bien tous les travaux que je lui ai confiés, même les plus rebutants, et sans jamais se plaindre.

Mes patients méritent eux aussi d'être cités, pour tout ce

qu'ils m'ont appris, et tout spécialement ceux du groupe du lundi après-midi qui m'ont aidée à comprendre et à résoudre les problèmes posés par mes recherches et par la rédaction de ce livre. Et, bien sûr, je remercie du fond du cœur tous ceux et toutes celles qui m'ont autorisée à utiliser ce que je savais de leur vie.

Mes recherches sur l'amitié, dont je ne parle que brièvement dans ce livre, ont été facilitées par une bourse qui m'a été accordée pour trois ans par le département des sciences du comportement de l'Institut national de l'hygiène mentale.

Barbara Artson, depuis bien des années, a été pour moi la sœur dont je rêvais et qui m'avait été refusée. Sa gentillesse, son intelligence, sa bonne humeur et surtout sa profonde amitié ont été pour moi un cadeau précieux dont je ne pourrai jamais assez la remercier.

Kim Chernin, par sa prodigieuse intelligence et son sens peu commun de l'édition, a marqué de son sceau l'ensemble de mon livre. Je lui serai toujours reconnaissante de l'habileté avec laquelle elle a su tirer le meilleur de moi-même, intellectuellement et affectivement.

Michael Rogin m'a beaucoup aidée à préparer mon diplôme de fin d'études, il y a de cela bien des années, quand il était jeune professeur à Berkeley. J'étais étonnée à l'époque de la facilité avec laquelle il pénétrait dans le travail d'autrui et savait fournir des réponses qui venaient de l'intérieur et non de l'extérieur. J'enviais et je continue d'envier ce talent ! Tout mon travail, tous mes livres, et celui-ci sans doute plus que les autres, ont bénéficié de nos relations suivies.

Ma fille, Marcy, est toujours prête à lire les pages que j'écris, à compatir quand je n'ai pas le moral et à partager mon enthousiasme quand je suis en forme. Mais quand j'écris, elle se tient discrètement à distance et sait me protéger de toute intrusion indésirable. Elle est ce qu'une mère peut souhaiter de mieux — ma fille et mon égale, intellectuellement et affectivement.

J'en viens enfin à Hank, mon mari. Pendant les mois

difficiles consacrés à l'écriture et à la révision de mon livre, il s'est occupé de tous les repas, ce qui ne l'a pas empêché de lire plus d'une fois chaque ligne que j'écrivais. Nous discutions à perte de vue des problèmes posés par mon travail, non d'une façon abstraite, mais à travers notre propre expérience conjugale et tout ce qu'elle pouvait apporter à mon ouvrage. Ce faisant, nous avons l'un et l'autre évolué et progressé ; et nos relations, après vingt ans de vie commune, se sont encore approfondies. De bien des manières, ce livre est le sien tout autant que le mien. C'est pourquoi je lui ai adressé ma dédicace.

El Cerrito, Californie, 1er octobre 1982

TABLE DES MATIÈRES

**Au catalogue
Marabout**

Psychologie

Psychologie / Psychanalyse

Comprendre les femmes, Daco P. .... MS 0250 [09]
Dictionnaire des rêves, Uyttenhove L. .... GM 0046 [06]
Interprétation des rêves (L'), Daco P. .... MS 0002 [07]
Mystères de l'homme (Les), Dr. Moigno Y. .... MS 0786 [07]
Mystères de la femme (Les), Dr.Moigno Y. .... MS 0787 [07]
Prodigieuses victoires de la psychologie moderne (Les),
  Daco P. .... MS 0015 [09]
Psychologie et liberté intérieure, Daco P. [avr.] .... MS 0004 [N]
30 secrets de la réussite amoureuse (Les),
  Dr. Moigno Y. .... MS 0020 [07]
Triomphes de la psychanalyse (Les), Daco P. .... MS 0029 [09]
Voies étonnantes de la nouvelle psychologie (Les),
  Daco P. .... MS 0003 [09]
Vos secrets intimes, Dr. Houri Ch. .... MS 0021 [09]

Psychologie et personnalité

Art d'engager la conversation et de se faire des amis,
  Gabor D. .... GM 0104 [06]
Belles, intelligentes et seules, Cowan & Kinder .... MS 0780 [07]
Comment résoudre soi-même ses problèmes psychologiques,
  Samuel L. .... GM 0074 [07]
Connaissez-vous par la numérologie,
  Maisonblanche F. .... MS 1426 [06]
Connaissez-vous par votre écriture, Uyttenhove L. .... GM 0052 [07]
Développez votre intelligence, Azzopardi G. [mars] ..... MS 0024 [N]
Etes-vous surdoué, Fixx J. [fév.] .... MS 0031 [07]
Guide de la réussite (Le), Curcio M. .... MS 0707 [06]
Il (elle) boit, que faire?, Pacout N. [fév.] .... MS 0030 [N]
Méthode Coué (La), ... MS 0028 [07]
1000 citations pour réussir, Uyttenhove L. .... MS 0071 [07]
Parler en public, Pacout N. .... GM 0095 [07]
Qui êtes-vous? Groupe Diagram [juin] .... MS 0005 [N]
3000 mots d'amour, Uyttenhove L. .... MS 0746 [07]

Tests

Santé - Forme

Sexualité

Vie quotidienne

Formation
Parascolaire

Parascolaire/Formation permanente

Anthologie négro-africaine, Kesteloot L.	MS 0129 [09]
100 chefs-d'œuvre à la loupe, Borile G.	MS 0765 [14]
100 clés du succès aux examens et concours (Les), Guédon J.F & Gourmelin M.J.	GM 0096 [07]
100 dictées pièges, Franlain [avr.]	MS 0096 [N]
100 grandes citations expliquées, Désalmand P. & Forest Ph. [mars]	MS 0089 [N]
100 livres en un seul, Coremans J.F. & Arnould M.	MS 0087 [09]
5.000 mots d'allemand	MS 0066 [07]
5.000 mots d'anglais	MS 0067 [07]
5.000 mots d'espagnol	MS 0068 [07]
5.000 mots d'italien	MS 0069 [07]
Clés de la réussite (Les), Guédon J.F. & Promeyrat L.	MS 0749 [09]
Devenir Champion de dBase III, Mesters J.P.	MS 0107 [09]
Devenir Champion de Eurêka, Rousselet [mai]	MS 0117 [N]
Devenir Champion de Logo +, Grigorieff V.	MS 0106 [07]
Devenir Champion de MS-Dos, Virga	MS 0112 [09]
Devenir Champion de programmation structurée et de GW Basic, Laurent L.	MS 0111 [14]
Devenir Champion de programmation structurée et de GW-Basic T. 2, Laurent L. [mars]	MS 0115 [N]
Devenir Champion de VP Planner, Laloux D.	MS 0108 [07]
Devenir Champion de Word 3 sur IBM PC, Mesters J.P.	MS 0105 [07]
Devenir Champion des fonctions mathématiques et financières, Gille Ph. [mars]	MS 0116 [N]
Dictionnaire Collins allemand/français, français/allemand	MS 0251 [09]
Dictionnaire Collins anglais/français, français/anglais	MS 0252 [09]
Dictionnaire Collins espagnol/français, français/espagnol	MS 0253 [09]
Dictionnaire Collins italien/français, français/italien	MS 0254 [09]
Dictionnaire d'orthographe, Bled E.	MS 0086 [06]
Dictionnaire des termes juridiques, Colonna d'Istria P. [avr.]	FL 0025 [N]
Formules de chimie, Von der Weid J.N.	FL 0011 [07]
Formules de mathématiques, Von der Weid J.N.	FL 0010 [07]
Formules de physiques, Von der Weid J.N.	FL 0007 [07]
Grandes puissances (Les), Vallaud P.	FL 0008 [N]
Guide alphabétique des difficultés du français, Bénac H.	MS 0081 [07]

Vie professionnelle

Langues

Courrier des affaires en anglais (Le),
Olorenshaw R., Rogers P., Laughton S. .... MS 0088 [09]
5.000 mots d'allemand .... MS 0066 [07]
5.000 mots d'anglais .... MS 0067 [07]
5.000 mots d'espagnol .... MS 0068 [07]
5.000 mots d'italien .... MS 0069 [07]
Dictionnaire anglais/français des affaires,
Perin M.M [mai] .... FL 0015 [N]
Dictionnaire Collins allemand/français, français/allemand MS 0251 [09]
Dictionnaire Collins anglais/français, français/anglais . MS 0252 [09]
Dictionnaire Collins espagnol/français, français/espagnol MS 0253 [09]
Dictionnaire Collins italien/français, français/italien ... MS 0254 [09]
Grammaire facile de l'allemand (La), Schumacher N. MS 0060 [06]
Grammaire facile de l'anglais (La),
Cupers J.L. & Loriaux Ch. .... MS 0058 [06]
Grammaire facile de l'espagnol (La),
Curvers Ph., Martinez-Muller S. .... MS 0064 [06]
Grammaire facile du français (La), Cherdon Ch. .... MS 0061 [07]
Je parle allemand, Barreau A. .... FL 0006 [07]
Je parle anglais, Perin M.M. .... FL 0005 [07]
Je parle espagnol, Barreau A. .... FL 0009 [07]
Pièges de l'anglais (Les), Rogers P. & Olorenshaw R. MS 0062 [06]
15 minutes par jour pour apprendre l'allemand,
Van Ceulebroek N. .... GM 0010 [09]
15 minutes par jour pour apprendre l'anglais,
Van Wesenbeeck E. .... GM 0001 [07]
15 minutes par jour pour apprendre l'espagnol,
Blasquez M., Giltaire A.-C, Marquant H. .... GM 0040 [09]
15 minutes par jour pour apprendre l'italien,
Lebouc G. [avr.] .... GM 0114 [N]
15 minutes par jour pour apprendre le néerlandais,
Visser S. .... GM 0066 [06]

Livre + Cassette "Audio"

15 minutes par jour pour apprendre l'allemand,
Van Ceulebroeck N. .... GM 1010 [16]
15 minutes par jour pour apprendre l'anglais,
Van Wesenbeeck E. .... GM 1001 [16]
15 minutes par jour pour apprendre l'espagnol,
Blasquez M., Giltaire A.-C., Marquant H. .... GM 1040 [16]
15 minutes par jour pour apprendre l'italien,
Lebouc G. [avr.] .... GM 1140 [N]

Dictionnaires

Performance

Humour

Littérature

IMPRIMÉ EN FRANCE PAR BRODARD ET TAUPIN
1290D-5 - Usine de La Flèche (Sarthe), le 21-09-1990.

pour le compte des
Nouvelles Editions Marabout
D.L. octobre 1990/0099/175
ISBN 2-501-01402-2